JN116387

日本語と中国語の不定名詞句の対照研究

―「誰か」,「ある人」と"有人","有个人"を中心に―

由　志慎 著

日本語・日本語習得研究博士論文シリーズに寄せて

　博士学位は運転の免許に例えられることがある。一理ある考え方である。人は、運転が十分に上手になってから免許を取るのではなく、最低限の知識と技能を身につけた段階で初めて免許を取り、それから一生懸命に車を走らせて技術を上達させていくからである。

　しかし、立場を変えれば、これは盲点のある例え方だと評することもできる。なぜなら、免許の取り方と学位の取り方とではその性格に大きな開きがあるからである。免許を取る訓練の段階では、指導教官が隣の席に座って丁寧に教えてくれるが、それでも、よほど危険な状況に遭遇しない限り、運転に直接手を貸すことはない。また、免許を取得できるかどうかが決まる試験に際しては、あくまで受験者が自力のみで努力し、うまく行かなかったら、一律に不合格になる。

　一方、博士学位の場合はどうか。まず博士論文の作成においては、発想から表現まで指導教員が惜しまずに力を貸すことがある。さらによくないのは、そうしておきながら、一旦審査する段階になると、同じ教員が主査を務めてしまうことにある。このような調子だから、「手前味噌」の滑稽劇がひっきりなしに展開される。これによって、学位を取った人の一部は、学位を取った日が研究を止める日になってしまう。なぜなら、一人では研究を続けていくことができないからである。

　このような滑稽劇を根絶するためには、体制の根本的な改革が必要であり、教員の一人二人の努力だけではどうしようもない。しかし、このシリーズの企画に際しては、せめてこの風潮を助長しないように注意を払っていくつもりである。つまり、執筆候補者の選定に関して、学位申請に必要とされた「博士論文」を見るだけではなくて、学位取得から一定以上の年数が経過しても、依然として弛まず研究を続けられていることを必須条件として定めているのである。

　こうすることで、このシリーズの著者たちは、本書の背表紙に刻まれた著者名だけでなく、学会や研究会の壇上で活躍する実際の姿と、学会誌の目次や研究会のプログラムに頻出する名前とが、常に三位一体となった動的な存在であることが保証されるであろう。シリーズの刊行が学問隆盛の一助となることを切に望む次第である。

大阪府立大学　張　麟声

序　文

　本書の執筆者である由志慎氏は，城西国際大学大学院で私の研究室に在籍し，博士論文を指導した学生である。氏は，日本語の「誰か」，「ある人」及び中国語の"有人"，"有个人"を取り上げ，記述言語学の方法により，両言語の不定を表す名詞句の意味・用法，個別言語内の使い分け，言語間の類似点と相違点を明らかにすることを研究課題とした。また，この研究は，張麟声 (2011) によって提唱された「対照研究・誤用観察・検証調査三位一体」の研究モデルを援用し，2対4語の対応関係を，各用法に関する対照分析へと発展させることにより，中国語母語話者を対象とする日本語習得研究のための基盤作りを目指そうとしたもので，日本語教育に寄与するものと評価したい。

　中国語を母語とする日本語学習者が書いた，"有人"，"有个人"の日本語訳には誤訳がしばしば散見される。氏は，この誤訳の原因の背景には，これら4語の対応関係・非対応関係が十分に研究されていない現状があると考え，この4語の用法の相違を明らかにし，その成果を中国の日本語教科書に記載しようと考えたという。

　氏は，日本語の「誰か」，「ある人」の分析では，『現代日本語書き言葉均衡コーパス』から，中国語の"有人"，"有个人"の分析では『北京大学中国語研究センター CCL コーパス』『ビッグデータ及び言語教育研究所 BCC コーパス』から採取したデータを検討した。収集したデータは約1万件という膨大なもので，そこからさらに検索例を吟味し，研究対象の構文上・意味上の特徴に対し，独自の考察を加えている。

　本論では，まず，「誰か」には「格助詞顕在型（助詞が後続する）」と「無助詞型（助詞が後続しない）」が存在することに着目して分析・考察を行なっている。その結果，「誰か」における両者の使い分けについては，「誰か」節に連体修飾語がある場合は，「格助詞顕在型」しか使えないが，連体修飾語がない場合については，両者の置き換え可能性はガ格＞ヲ格＞ニ格の順となること，話し言葉・書き言葉ともに「無助詞型」が可能であることを明らかにした。これらは現代日本語の無助詞の記述に資するものである。

　次に，「ある人」の意味・用法に関する分析・考察の結果，「誰か」に見られる「無

助詞型」が，「ある人」には存在しないこと，「ある人」は格助詞により，「動作主」，「変化の主体」，「動作の対象」，「移動の到着点」などを表すだけでなく，主題マーカーにより，「主題」を表し，ほかにも，「ある人は～，ある人は～」のような構文によって，「対比」と「列挙」を表すことを明らかにした。さらに，「誰か」と「ある人」の使い分けについては，「構文的特徴」，「意味的特徴」，「主題化」，「談話的機能」，「指示性の性格」と「文体的特徴」の6点から両者の相違を浮き彫りにしている。

次に，"有人"と"有个人"の，「構文的特徴」，「意味的特徴」，「統語機能」と「指示性の性格」の使い分けについて詳細に論述し，そこから得た結論から，従来の現代中国語の不定名詞句の分類に，新たな形式の補充を提案した。

最後に，2対4語について，「意味的特徴」，「文法的特徴」，「指示性の性格」，「談話的機能」，「文体的特徴」という観点から対照分析を行い，これら4語の類似点と相違点から，各々の対応，非対応を示すことに成功している。

冒頭にご紹介した由志慎氏への指導は，2019年4月に私の大学院着任とともに始まった。

指導は，最初から最後まで，同期型のオンライン指導と論文のファイル交換である非同期型の指導の2本立てであった。

当初，日本語教師としての業務と論文執筆の両立を目指してスタートした博士後期課程であったそうだが，途中，指導教官が交代，その後，1年間教官不在となった後に，私が着任したという経緯がある。

氏は，頓挫していた研究，論文執筆を再スタートすべく，まずは，日本語文法学会へ『「誰か」における格助詞顕在型と無助詞の使い分け』を投稿，再投稿の後，掲載が決まった。次に，学会誌投稿への取り組みと同時進行で，2019年9月に論文作成計画審査を受験し，合格した。そこからの本格的な論文の執筆は，第1章序論部分完成が同年9月，論文の第12章終章結論まで書き終わったのが翌年2020年2月，仮提出が3月，予備審査が4月，本審査が7月と怒濤の日々が続き，毎日の指導を経て，8月26日は記念すべき公開発表となった。

博士論文作成に当たっては，巨大な構築物を創ることをイメージしてもらい，塵も積もれば山となるの喩えのごとく，博論のことを常に考え続け，一日も休まずに書くことが，博論完成へと辿りつく，シンプルではあっても最も確実な

方法であることを伝えた。指導の初日に，必ず毎日朝9時までには1頁でもいいので，執筆したものをメールで送付，私の査読を受けたら，その先を書き進めながら，修正原稿も同時に提出するという約束を交わし，奮闘の末，指導の最終日を迎えた。

　氏は，私にとって，博士論文指導をした学生第1号である。そのため，思い入れは深く，言葉通り二人三脚で進んだ1年4カ月は忘れ得ない日々として心に深く刻み込まれている。論文を完成した直後に，氏は「本当に必死でついていきました」と述懐している。

　氏と初めて言葉を交わした日のことを昨日のことのように覚えている。博論完成までのロードマップを示しながら，博論を書こうと思い立ったきっかけ，中国語を母語とする日本語学習者に役立つ教材作成のためには，不足している研究がまだ数多く残されている，その一部を自分自身が補充できたらと日本語教育に対する熱い思いを語ってくれた。

　氏は，鋼のような強い意志を持った女性で，有言実行型，非常な努力家で，それでいて，ゼミの同級生の面倒見もよく，ゼミ生全員から頼りになる大先輩として慕われている。研究者として素晴らしいだけでなく，学生を育て上げるという立場にある教師にとって最も必要な高い人間性を備えた女性である。

　今回出版される論文には独創性と新規性があり，価値ある論文と言える。氏の研究への取り組み意識・態度を支えている人間性から考えれば，今後の氏の成長と研究の進展が大いに期待できると考えている。

2021年9月5日　城西国際大学　板井　美佐

目　　次

第 1 章　序論

1.1　問題の所在

　日本語の「誰か」,「ある人」と, 中国語の"有人","有个人"は, いずれも不定を表す名詞句である。「不定」とは, 聞き手が当該の指示対象を唯一には同定することができない（と話し手が想定している）場合に用いられる指示のことである（建石 2017：3 ）。

　中国語の"有人"・"有个人"はともに不特定の人物, あるいは, 誰とは明確には確定できない人物のことを指す（中日大辞典第三版 2010）。同書には,"有人"の日本語訳は,「誰か」,「ある人」,「～人がいる／ある」などと記載されている。一方,"有个人"の日本語訳や例文を載せた辞書は無きに等しい。また,「誰か」と「ある人」に関する中国語との対応関係・非対応関係を明らかにし, 学習者の理解を促すような役割が期待できる教科書はほぼなく, 学習者へのこの文法項目に対する説明が足りていないという現状がある。

　上に述べたような状況にあって, 日本語教育の現場では, 初級段階は言うに及ばず, 通訳・翻訳レベルにある上級段階になっても, 学習者が"有人"・"有个人"のどちらにも「ある人」を使用することで, 日本語の運用上, 翻訳においては訳語上のミスを犯すケースが少なくない。これは中国語母語話者が"有人","有个人"とそれぞれに対応する日本語との対応関係・非対応関係が理解・把握できていないからだと考えられる。

　現場で使用されている日本語教科書において, 日本語と対照できる学習者の母語（中国語）による文法説明があれば, 学習者は正確に文法項目を理解でき, その結果, 誤用減少の効果が生じ, 同時に学習者は効率的に日本語を学ぶことができる。こうした方法は特に成人の学習者の場合に有効であると言われている（日本語教育学会（編）1982:78）。

　そこで, 本研究では, 中国語母語話者への日本語教育のため, 日本語と中国語の綿密な観察と比較・対照を通して, 日本語の「誰か」,「ある人」と中国語の"有人","有个人"を中心に, 両言語の不定名詞句における各々の意味・用法, 個別言語内の使い分け, 言語間の類似点と相違点を明らかにする。

1

1.1.1 中国人学習者の日本語翻訳の間違い

日本語教育の現場では, 学習者に下記の (1a) のような中国語の"有人","有个人"の文の日本語訳をさせると, (1b) のような「誰か」を使った訳文になるが, (1c) のような「ある人」を使った日本語訳もしばしば見られる。

（1）a. 有（个）人来了。
　　 b. 誰か来ました。
　　 c. *ある人が来ました。

そこで, これに関する調査を行った。調査概要は次の表 1.1 に示す。

表 1.1　"有（个）人来了"の日本語翻訳に関する調査概要

番号	項目	内容
1	実施時期	2019 年 1 月
2	調査協力者	日本語学習者 30 人 （初級 20 人, 中級 5 人, 上級 5 人）
3	調査形式	翻訳
4	調査ツール	WeChat[1]

調査内容は「教室で勉強している王さんに, 廊下からの足音が聞こえた。それで, 隣にいる李さんに"有（个）人来了"と言った」という場面を設定し,"有（个）人来了"を日本語に翻訳させる課題である。調査の結果は,「ある人が来ました」と答えた人は 6 人で, そのうち 4 人は初級学習者, 中級と上級学習者は各 1 人で, 全体の 20％を占めていた。

このような誤用が生じるのは, 中国語の"有人"あるいは"有个人"が日本語に翻訳される時,（2）のように「誰か」にも「ある人」にも訳される場合もあれば,（3）と（4）のように「誰か」か「ある人」のどちらか一方だけに訳される場合もあるからである。その原因は日本語の「誰か」及び「ある人」の使い分けに関わっている。

1　WeChat は微信のことであり, 中国で人気がある SNS の 1 つである。

（2）a. 假定<u>有个人</u>一不留神掉到泥塘里头，大声喊救命，只要我办得到，
　　　我一定救他。　　　　　　　　　　　　　　　　　　　　（BCC）

　　　b. <u>誰か</u>／<u>ある人</u>がうっかりして泥水に落ち，大声で「助けて」と叫
　　　んだとします。その時，私はできることなら助けてあげます。

（3）a. 如果你们乖乖听话，就不会<u>有人</u>伤亡。　　　　　　　　　　（CCL）

　　　b. きちんと言うことを聞いたら，<u>誰か</u>／＊<u>ある人</u>が死亡することは
　　　ないだろう。

（4）a. 前天上午，<u>有个人</u>戴付墨镜，悄悄溜进去登记的那是谁？　　（CCL）

　　　b. 一昨日の午前，＊<u>誰か</u>／<u>ある人</u>がサングラスをかけて，こっそり
　　　チェックインに忍び込んだんですが，それは誰ですか。

　日本語教育の現場で見られる学習者の上述した間違いを犯した原因は，中国語の"有人"，"有个人"と日本語の「誰か」，「ある人」とは場合によって対応したり対応しなかったりするからである。

1.1.2　日本語教科書における「誰か」と「ある人」に関する説明不足

　日本語教育学会が編集した『日本語教育事典』では，次のように，日本語教育において，学習者の母語と対照し教育する必要があると述べられている。

　　　日本語教育における文法は，あるいは，文法研究は，対照文法，対照
　　文法研究が有効な基礎と考えられ，その面の開拓も進みつつある。（中略）
　　学習者の母語の文法との対照によって，能率よく文法教育をする必要が
　　ある。
　　　日本語教育では，学習者の母語との対照文法が必要といわれるし，成
　　人の学習者の場合には有効でもあり，自然母語の文法との対照をするこ
　　とにもなる（略）。

　　　　　　　　　　　　　　　　　　　　　　　（日本語教育学会（編）1982:77-78）

　そこで，日本語の教科書において，どのように「誰か」及び「ある人」が取り上げられ，どのように説明されているかを調べるために，中国の大学で最も

多く使用されている以下の8つの教科書を調査した。

　まず，「誰か」については，『みんなの日本語』(1998) 以外の教科書では，「疑問詞＋か」という文型として取り上げられており，説明は副助詞としての「か」についてのみである。具体的には，以下の通りである。

① 『みんなの日本語初級Ⅱ』(p. 39) では，文型としての「疑問詞＋か」は取り上げられておらず，「誰か」は新出単語としてのみ処理され，"某人"という中国語翻訳が提示されただけで，ほかの説明はなされていない。

② 『新版中日交流標準日本語初級上』(p. 238) では，「疑問詞＋か」について (5) を取り上げ，「疑問詞の『いつ』，『どこ』，『だれ』のあとに『か』が付くと，"某時"，"某地"，"某人"の意味を表す」としている。また，「『いつか』，『どこか』，『だれか』，『何か』などは疑問を表さないため，平叙文に使ってもよい」と説明している。

（5）部屋にだれかいますか。（房间里有人吗？）

（『新版中日交流标准日本语初級上』2005:238）

③ 『日语精读第一册』(p. 75) では，「疑問詞＋か」を不定表現と説明し，「か」を副助詞とし，不特定の人と物事を表すと説明されている。「誰か」を単独で使う例文は1つも取り上げられていない。

④ 『新编日语第一册（修订本）』(p. 115) では，「疑問詞＋か」は不確かな意を表すと説明され，次の (6) を例文として取り上げ，そして，中国語の翻訳も提示されている。

（6）その部屋にだれかいますか。（那间房子里有什么人吗？）
　　はい，います。（有。）（『新编日语第一册（修订本）』2009:115）

⑤ 『综合日语第一册修订版』(p. 152) では，「『か』は疑問詞のあとについて，不特定を表す。すなわち，不確かな意を表し，平叙文，疑問文と命令文に使ってもよい」と述べられている。

⑥ 『基础日语综合教程1』(p. 105) では，「疑問詞＋か」を不定表現と説明され，

「か」はを副助詞とされ，不特定の人と物事を表すと説明されている。「だ
れか」を使う例文は 1 つも取り上げられていない。

⑦『新経典日本语基础教程第一册』（p. 41）では，「か」は副助詞で，「何」，
「誰」などのあとに付き，不確かさを表すと述べられている。そして，（7）
のような「誰か」の例文が提示されている。

（7）A：隣の部屋に誰もいませんか。
　　　B：いいえ，<u>誰か</u>います。

（『新経典日本语基础教程第一册』2014:41）

⑧『新综合日本语　基础日语 1　第 3 版』（p.70）では，「か」は副助詞で，疑
問詞のあとに付けられ，不確かさを表すと説明されている。例文として次
の（8）が取り上げられている。

（8）A：おととい誰か来ましたか。（前天有人来过吗？）
　　　B：いいえ，誰も来ませんでした。（没有，谁也没有来。）

（『新综合日本语　基础日语 1　第 3 版』2017:70）

表 1.2　日本語教科書における「誰か」の提示

出版年順	教科書	主編（出版年）出版社	初出現の課	提示された項目（有○，無×）
①	みんなの日本語第 2 版	スリーエーネットワーク（1998）スリーエーネットワーク	初級Ⅱ本冊31課	説明×例文×中国語訳○
②	新版中日交流标准日本语	人名教育出版社・光村図書出版株式会社（2005）人民教育出版社	初級上第20課	説明○例文○中国語訳○
③	日语精读	宿久高・周异夫（2006）外语教学与研究出版社	第一册第 6 課	説明○例文×中国語訳×
④	新编日语（修订本）	周平・陈小芬（2009）上海外语教育出版社	第一册第 7 課	説明○例文○中国語訳○

⑤	综合日本语修订版	彭广陆（2009） 北京大学出版社	第一冊第9課	説明○ 例文× 中国語訳×
⑥	基础日语综合教程	曹大峰・林洪（2010） 高等教育出版社	第一冊第6課	説明○ 例文× 中国語訳×
⑦	新经典日本语基础教程	贺静彬・于飞・胡小春 （2014） 外语教学与研究出版社	第一冊第3課	説明○ 例文○ 中国語訳×
⑧	新综合日本语基础日语 第3版	由志慎・李捷（2017） 大连理工大学出版社	第一冊第4課	説明○ 例文○ 中国語訳○

　　以上見てきたように，日本語の教科書では，多くは「誰か」を「疑問詞＋か」という文型として取り上げ，説明している意味は「不定」，「不特定」，「不確かさ」など様々で，統一されていない。そして，用法について説明されているものは教科書②『新版中日交流標准日本語』と⑤『綜合日語修訂版』のみであり，例文が取り上げられているものも上掲の半分のみである。さらに，「誰か」の中国語訳を提示しているものは①『みんなの日本語第2版』，②『新版中日交流標准日本語』，④『新編日語（修訂本）』，⑧『新綜合日本語基礎日語第3版』であり，この4つの教科書以外にはないということが分かった。

　　次に，教科書における「ある人」を見てみよう。『新経典日本語基礎教程』のほかの7つの教科書はいずれも連体詞の「ある」を新出単語として取り上げている。『新経典日本語基礎教程』の第1冊から第4冊までには「ある」と「ある人」のどちらも取り上げられていない。「ある人」の中国語訳を提示しているものは1つもないが，教科書の本文及び練習問題の中で取り上げられている文としては，次の2つの用例があるのみである。

（9）ある人は歌を歌っています。ある人は踊りを踊っています。ある人はお酒を飲みながら，美しい花を楽しんでいます。ある人は公園の中を散歩しながら，お花見をしています。

（『新編日語第一冊（修訂本）』2009：144）

(10) 車内には，立っている人も座っている人もいます。<u>ある人</u>は新聞を
　　読んでいます。<u>ある人</u>は寝ています。<u>ある人</u>は隣の人と話をしてい
　　ます。<u>ある人</u>は音楽を聞いています。<u>ある人</u>は外の景色を見ています。
　　　　　　　　　　　（『新综合日本语基础日语1第3版』2017:170-171）

　最後に，「誰か」と「ある人」の使い分け及びこの2つの名詞句の中国語訳
である"有人"，"有个人"との対応関係・非対応関係については，どの教科書
でも説明されていない。

　上述したように，中国の日本語教育現場で最もよく使われている教科書にお
いて，「疑問詞＋か」の説明が不十分なこと，「誰か」，「ある人」の用法に対す
る記述がないこと，「ある人」の中国語翻訳が提示されていないこと，さらに，「誰
か」と「ある人」の中国語訳"有人"，"有个人"との対応関係と非対応関係も
提示されていないことが分かった。

　中国語母語話者である学習者に対し，どのように「誰か」と「ある人」につ
いて説明すればよいのかについては，より分かりやすく，正確な説明内容が求
められるべきだろう。

　しかし，「誰か」と「ある人」に関する中国人日本語学習者のための文法説明が，
教科書に書かれてない場合が多いことは詳述した。この事実は，これに関する
言語学の研究成果がないからだと考えられる（張麟声 2016:134）。そこで，本
研究では，日本語の「誰か」，「ある人」と中国語の"有人"，"有个人"を取り
上げ，日中両言語における不定を表す名詞句の対照研究を行う。本研究の成果
により，今後，中国人日本語学習者に役立つような日本語教科書の提示・作成
につながればと思う。

1.2　本研究の目的

　本研究の目的は，中国語母語話者への日本語教育のために，日本語と中国語
の綿密な観察と比較・対照を通して，日本語の「誰か」，「ある人」と中国語の"有
人"，"有个人"を中心に，両言語の不定名詞句における以下のことを明らかに
することである。

①日本語の「誰か」の意味・用法を明らかにする。

②日本語の「ある人」の意味・用法を明らかにする。

③日本語の「誰か」と「ある人」の使い分けを明らかにする。

④中国語の"有人"の意味・用法を明らかにする。

⑤中国語の"有个人"の意味・用法を明らかにする

⑥中国語の"有人"と"有个人"の使い分けを明らかにする。

⑦日本語の「誰か」,「ある人」と中国語の"有人","有个人"の対応関係・非対応関係を明らかにする。

上述した7つの研究目的を明らかにすることにより，本研究成果が，中国人学習者向けの日本語教科書に記載されることで，今後，中国語母語話者に対する日本語教育研究に寄与できればと思う。

1.3　本研究の構成

本研究では，張麟声（2010）で提唱され，多くの研究成果（張麟声 2010,中俣 2010,中俣 2013,庵 2017,陳臻渝 2018 など）が納められた「対照研究・誤用観察・検証調査」という三位一体の研究モデルを援用し，日本語の「誰か」,「ある人」と中国語の"有人","有个人"の意味・用法を記述し，それぞれの使い分けを考察する。さらに，対照分析を行い，日本語と中国語の不定名詞句における類似点と相違点を提示したうえで，対応関係・非対応関係を検討する。なお，本研究で考える「対応関係」は翻訳形式の対応だけでなく，対照言語研究における意味・用法の対応についても含むものとする。

従来の対照研究では，両言語の翻訳形式による対照分析が多く行われてきた。しかし，そのような対照研究方法では両言語の対応関係・非対応関係という問題を解決することができない。そこで，本研究では，両言語の意味・用法の両面から，日本語の「誰か」,「ある人」と中国語の"有人","有个人"に関して対照分析を行う。

本研究では，上述した三位一体の研究モデルのうち，誤用観察・検証調査は行わない。それは，本研究が三位一体の研究モデルの第 1 段階の基盤研究だか

らである。そのことによって，本研究では解決しえない問題があるという限界
は承知している。しかし，本研究の中心課題は日中における不定名詞句の対照
研究であるという理由から，「対照研究・誤用観察・検証調査」という三位一
体の研究モデルの第 1 段階として，研究を行う。

　本研究は以下の 12 章から構成される。

　第 1 章の序論では，まず，問題提起をし，本研究の背景を示したうえで，研
究対象を検討する。次に，本研究目的と課題，そして，最後に，研究の構成を
示す。

　第 2 章では，本研究の理論的枠組みを提示する。まず，記述言語学的立場か
ら，指示と名詞句の概念を提示したうえで，指示性の分類については，徐烈炯
（1990:246）によって示された分類法を援用する。さらに，その分類された各々
の概念について提示する。次に，対照言語学的立場から，張麟声（2010）によっ
て提唱された「対照研究・誤用観察・検証調査三位一体」の研究モデルを援用
し，学習者の母語言語との対照分析を行うことで，中国語母語話者を対象とす
る習得研究のための基盤を作るという本研究の位置づけを示す。

　第 3 章では，日本語の不定名詞句「誰か」，「ある人」と，中国語の不定名詞
句"有人"，"有个人"に関する先行研究を整理し，先行研究の問題点と残され
た課題を示す。

　第 4 章では，本研究の方法について述べる。まず，記述言語学の研究方法を
用いて，日本語の「誰か」と「ある人」の意味・用法及び使い分け，また，中
国語の"有人"と"有个人"の意味・用法及び使い分けを研究する。次に，対
照言語学の研究方法を用いて，この 2 対 4 形式の中国語と日本語の名詞句の対
照研究を行い，両言語において不定と呼ばれることが多いこれらの表現の対応
関係・非対応関係を明らかにする。

　第 5 章では，「誰か」の意味・用法を考察する。まず，「誰か」における「格
助詞顕在型」と「無助詞型」が併存するケースにおいて，「誰かが」と「誰か」，「誰
かを」と「誰か」，「誰かに」と「誰か」の 3 対における「格助詞顕在型」と「無
助詞型」の使い分けを考察する。次に，「誰か」における「格助詞顕在型」の
みのケースにおいて，「誰かと」，「誰かから」，「誰かより」，「誰かへ」の意味・
用法を，「無助詞型」のみのケースにおいて，同格を表す「誰か」と呼格とし

ての「誰か」の意味・用法を記述する。さらに，主題を表す「誰か」と「列挙」を表す「誰か」の2つの項に分け，主題化した「誰か」について考察する。最後に，書き言葉における「誰か」の考察を行う。

第6章では，「ある人」の意味・用法を考察する。まず，格助詞を取る「ある人」においては，「ある人が」，「ある人を」，「ある人に」，「ある人から」，「ある人と」について考察し，次に，主題化した「ある人」においては，主題を表す「ある人」，「対比」を表す「ある人」，「列挙」を表す「ある人」について考察する。

第7章では，第5章と第6章の考察結果を踏まえ，「誰か」と「ある人」における構文的特徴，意味的特徴，主題化，談話的機能，指示性の性格と文体的特徴から類似点と相違点について考察する。

第8章と第9章では，それぞれ"有人"と"有个人"の意味・用法を記述する。まず，構文的特徴，次に，意味的特徴から"有人"と"有个人"を各々考察する。

第10章では，第8章と第9章の考察結果を踏まえ，中国語の"有人"と"有个人"の使い分けについて検討する。構文的特徴，意味的特徴，主題化及び指示性の性格に関する類似点と相違点について考察する。

第11章では，意味的特徴，文法的特徴，指示性の性格，談話的機能，文体的特徴という5つのカテゴリーをめぐって，日本語の「誰か」，「ある人」及び中国語の"有人"，"有个人"について対照分析を行ったうえで，両言語における不定名詞句である2対4形式の対応関係と非対応関係を考察する。

最後の第12章では，本研究の結果のまとめを行い，本研究の意義を示し，中国語母語話者への日本語教育に対して示唆を述べ，今後の課題を展望する。

以上をまとめると，本研究の構成は次の通りである（図 1.1）。

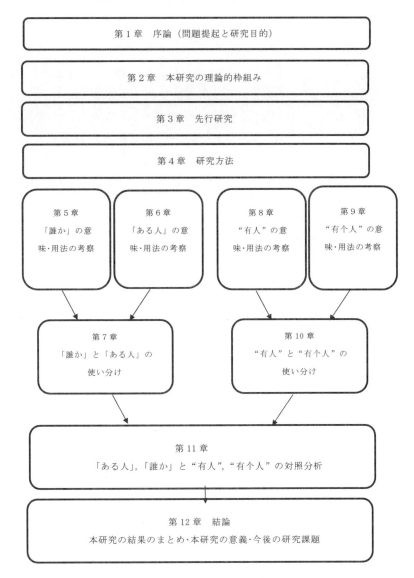

図 1.1　本研究の構成イメージ図

第2章　本研究の理論的枠組み

2.1　はじめに

　序論で述べたように，本研究は，中国語母語話者への日本語教育のために，日本語と中国語の詳しい観察と比較・対照を通して，日本語の「誰か」，「ある人」と中国語の"有人"，"有个人"を中心に，両言語の不定名詞句における類似点と相違点を明らかにすることを目的としており，記述言語学と対照言語学に基づいている。本章では，まず，記述言語学的立場から記述言語学の定義，「不定」と「名詞句」の概念，指示に関する分類と概念を述べる。次に，対照言語学的立場から母語話者への日本語教育のための対照言語学を述べる。最後に，「対照研究・誤用観察・検証調査三位一体」の研究モデルを述べ，この研究モデルの中における本研究の位置づけを示す。

2.2　記述言語学的立場

　本節では，記述言語学的立場から記述言語学の定義，「不定」と「名詞句」の概念，指示に関する分類と概念について述べる。

2.2.1　記述言語学と基本概念

　記述言語学（descriptive linguistics）とは，ある特定の一時期（一般に現代）における特定の言語または言語の変種の諸面を，実際の資料に基づいて整理・分析し，客観的・体系的・総合的に研究する言語学の一分野である。母語の話し手の実際の発話のサンプルを集め，一定の基準に基づいて音韻・形態・統語などの各分野の単位を定めて分類し，個別言語の全体的体系を作り上げることが主な目標である（田中 1988:159）。その方法としては，現実に準拠している規則を発見し，それらを記録することである（ジョン・ライアンズ 1988:49）。

　本研究で取り上げる「不定名詞句」に関しては，次のような理論に基づく。

　まず，「不定」は「指示」の範疇に属する。指示（reference）とは名詞句に

12

限り，文中の名詞句と外界の指示対象との対応関係を指す（日本語文法学会
（編）2014：250）。なお，名詞句は指示対象を持たない場合もあり，指示対象
の有無によって指示的用法(referential use)と非指示的用法(nonreferential
use) に分けられる。例えば，「猫がテーブルの下にいる」における「猫」は指
示対象を持つので，指示的用法であり，「ミケは猫である」の「猫」は「猫」
としての属性を表すので，非指示的用法である。本研究は名詞句の指示的用法
について考察するものである。

　次に，「句」とは単語が連続して 1 つのまとまった意味を表し，文を形成す
るものを指す。これは英文法の phrase に相当する。外形から言えば，構文的
に結びついた語連続で，文の構成要素となるものである。ただし，主述の構成
を持たない。例えば，「桜の花」，「昨日食べた魚」などを名詞句と呼ぶ場合の
「句」である。同様の単位を山田（1936）と橋本（1934）は「連語」と，松下
（1930）は「連詞」と呼んでいる。大槻（1890）と岡田（1900）はほぼ phrase
に相当する意味で「句」を用いたが，日本語文法学会（編）(2014:164)によ
れば，今日ではこの phrase の意味として「句」を用いる人が多いようである。
したがって，「名詞句」について言えば，「名詞句」とは，文中で名詞と同様の
機能を果たす句のことである。

　さらに，本研究で取り上げる 2 対 4 形式の日本語の「誰か」，「ある人」及び
中国語の"有人","有个人"の構成については，次の通りである。日本語の「誰
か」は疑問詞「誰」及び副助詞「か」の組み合わせで，「ある人」は連体詞「ある」
及び名詞「人」の組み合わせである。一方，中国語の"有人"は文法化された
機能語"有"及び名詞"人"の組み合わせであり，"有个人"は"有"と助数詞"个"
及び"人"の組み合わせである。したがって，日本語の「誰か」，「ある人」も，
中国語の"有人","有个人"もともに名詞句であり，聞き手が当該の指示対象
を唯一には同定することができないという用法があるので，不定を表す名詞句
である。

2.2.2　指示性に関する分類法

　指示性に関する問題は，現代の哲学者，論理学者，言語学者たちが非常に関
心を持っている問題である（徐烈炯・刘丹青 2018:138，筆者訳）。言語学界で，

名詞句の指示的意味に対する分類は，欧米の学者によって提示されて以来，様々に議論されてきている（徐烈炯・刘丹青 2018:139，筆者訳）が，そのうち最も通用していると言われる分類法の 1 つは，徐烈炯（1990:246）によって示されたものである。

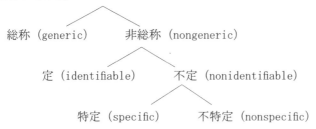

図 2.1　指示性に関する分類法

（徐烈炯 1990:246 によるものを筆者が日本語に訳し，英語訳を付け加えた）

　図 2.1 で示すように，名詞句の指示的用法はまず，「総称（generic）」と「非総称（nongeneric）」に分けられる。次に，「非総称」用法は「定（identifiable）」と「不定（nonidentifiable）」に，さらに，「不定」は「特定的（specific）」と「不特定的（nonspecific）」に分けられている。

　「総称」指示とは，ある種類（kind）全体を指す用法であり，「非総称」指示とは，特定の個体を指す用法である。例えば，「猫はよく眠る」という文における「猫」は，「猫」という種に属するものという解釈と，特定の猫（例えば「自分の飼っている猫」など）に対していつも成り立つ属性という解釈の 2 通りがあるが，いずれの「猫」も「総称」指示に含まれる。一方，「猫はあそこで眠っている」という文における「猫」は，特定の出来事を述べた，特定の猫のことを指すので，「非総称」指示となる（日本語文法学会（編）2014:361）。

　「定」指示，「不定」指示と「特定」指示，「不特定」指示については，建石（2017）は，次のように定義している。

　　定　指　示：聞き手が当該の指示対象を唯一に同定することができる
　　　　　　　　（と話し手が想定している）場合

14

不定　指示：聞き手が当該の指示対象を唯一には同定することができな
　　　　　　　い（と話し手が想定している）場合
特定　指示：話し手が当該の指示対象を唯一に同定することができる場合
不特定指示：話し手が当該の指示対象を唯一には同定することができな
　　　　　　　い場合

（建石 2017：3）

具体例を示すと，次のようになる。

（5）私には忘れられない恩師がいる。その恩師は自分の人生を変えた人
　　　でもある。（建石 2017：20）　　　　　　　　　　　＜定＋特定＞
（6）A：ほらっ，あの人，よくドラマに出ている俳優。渋い，二枚目の。
　　　　　誰？
　　　B：それって，田村正和のこと。
　　　A：そう，田村正和。私，あの人が好きなのよね。
　　　（建石 2017：21）　　　　　　　　　　　　　　　＜定＋不特定＞
（7）昨日一人の学生から質問を受けました。それは山田花子さんです。
　　　彼女は学内でも熱心なことで有名ですからね。　　（建石 2017：21）
　　　　　　　　　　　　　　　　　　　　　　　　　　＜不定＋特定＞
（8）このコーナーでは毎回ある人を取り上げて，その人物の生涯に詳し
　　　く迫ります。（建石 2017：21）　　　　　　　　　＜不定＋不特定＞

　（5）の「その恩師」は，話し手と聞き手のいずれもが指示対象を唯一に同
定できるので，「定」指示と「特定」指示となり，（6）の「あの人」は，話し
手は当該の指示対象を唯一に同定できないが，聞き手は同定できるので，「定」
指示と「不特定」指示となる。（7）の「一人の学生」も（8）の「ある人」も，
聞き手は当該の指示対象を唯一に同定できないので，いずれもが「不定」指示
となるが，前者は話し手が当該の指示対象を唯一に同定できるので，「特定」
指示であり，後者は話し手が当該の指示対象を唯一に同定できないので，「不
特定」指示である。

本研究では，上述した指示性に関する分類と定義に基づき，考察を行う。

2.3 対照言語学的立場

本節では，対照言語学的立場から対照言語学の定義，対照研究の目的と分類及び母語話者への日本語教育のための対照言語学について述べる。

2.3.1 対照言語学の定義

対照言語学（contrastive linguistics）は２つの言語の部分的体系（音韻・形態・統語・語彙・文字など）の記述を比較・対照し，両者の間の異同を明らかにする研究分野である（田中 1988:159）。多くの場合，２つの言語の共時態からある側面を取り上げて比べ，互いの相違を明らかにすることを目標とする（日本語文法学会（編）2014:387）。

2.3.2 対照研究の類型

対照言語学における対照研究は，Charles C.Fries（1945）によって提唱され，Robert Lado（1957）によって受け継がれて以降，全盛期に入る。その後，対照研究の論文が次々と発表され，多くの著作が出版された（張麟声 2007a）。この種の対照研究は，アメリカでは contrastive analysis（対照分析）と呼ばれ，効率的な第二言語教育を図るためのものと位置づけられていた（張麟声 2007a）が，ヨーロッパでは対照研究の目的は言語研究そのものであった（エリス・ロッド 1988）。

一方，日本においての対照的な研究の試みは山田（1908）から始まり，国広（1967）などの研究成果が出された。こうした研究が，「対照言語学」という独自の研究分野として扱われ出したのは 1970 年代半ば頃からだと言われている（石綿・高田 1990:194）。代表的なものとしては，大江（1975），国広（編）（1980-1982），石綿・高田（1990），野田（2001a）などが挙げられる。

また，対照研究の類型については，欧米では，第二言語教育のための対照研究と言語研究のための研究に分けられている（張麟声 2007a）のに対して，日本においては，井上（2002）で次のように，「対応記述型」と「類型設定型」

の 2 つに分けられている。

Ⅰ.「二つの言語の類似と相違を共通の枠組みのもとで整理して記述する」
　　ことに重点を置く＜対応記述型＞の対照研究
Ⅱ.「二言語間の類似と相違の背景にある一般的な原理と傾向性について
　　考える」ことに重点を置く＜類型設定型＞の対照研究

(張麟声 2007a：3)

　張麟声（2007a）では，井上（2002）で取り上げられた全ての対照研究が，
基本的には言語研究のための対照研究であると述べ，井上（2002）の言う＜対
応記述型＞を「先例参照型」と「交互観察型」の 2 つに分け，日本における対
照研究には「先例参照型」，「交互観察型」及び「類型設定型」の 3 タイプが観
察されると主張し，それぞれについて次のように述べている。

Ⅰ. 先例参照型
　　研究が進んでいる言語において確立された言語記述の原理，モデルあ
　　るいはさまざまなカテゴリーを，研究が相対的に進んでいない言語の
　　記述に応用し，研究が相対的に進んでいない言語の記述を発展させる。
Ⅱ. 交互観察型
　　どちらも研究が進んでいるとは言えない言語現象について，両側から
　　眺めながら，言語表現としての異同をとらえ，規則性を見付けていく。
　　結果的には，両方（片方だけの場合もありうるが）の言語の記述を発
　　展させることになる。
Ⅲ. 類型設定型
　　二つの言語において見られる体系的な対立を確認したうえ，言語の類
　　型を設定する。そして，その設定される類型の原理をより多数の言語
　　に応用して，仮説の当否を検討する。研究の成果としては，ある程度
　　普遍性を持つ類型の設定に成功する。

(張麟声 2007a：12-13)

さらに，張麟声（2007c：34-35）では，言語教育のための対照研究は3つの目的のために行わなければならないと主張する。

　　Ⅰ．母語によって解説される教材や辞書を編集する。
　　Ⅱ．母語によるプラス転移の効果を積極的に生かす。
　　Ⅲ．母語によるマイナス転移の言語的条件を確定する。

　張麟声（2017）は次のように，井上（2002）と張麟声（2007a）を踏まえ，言語研究のための対照研究を記述言語学の研究に役立つ対照研究と，類型言語学の研究に役立つ対照研究に分類し，さらに，張麟声（2007c）を踏まえ，言語教育のための対照研究を母語転移の考察に役立つ対照研究と，教材作成の促進に役立つ対照研究に分類している。

　　Ⅰ．言語研究のための対照研究[2]
　　　Ⅰ-ⅰ．記述言語学の研究に役立つ対照研究
　　　Ⅰ-ⅱ．類型言語学の研究に役立つ対照研究
　　Ⅱ．言語教育のための対照研究
　　　Ⅱ-ⅰ．母語転移の考察に役立つ対照研究
　　　Ⅱ-ⅱ．教材作成の促進に役立つ対照研究

（張麟声 2017：2，筆者訳）

　本研究はⅡの「言語教育のための対照研究」の立場に立ち，ⅱの「教材作成の促進に役立つ対照研究」を行うものである。

2　中国語の原文は下記の通りである。
　A服务于语言研究的对比研究
　　A-1 有助于语言描写性研究的对比研究
　　A-2 有助于语言类型特征研究的对比研究
　B服务于语言教学的对比研究
　　B-1 有助于探讨母语迁移的对比研究
　　B-2 有助于促进教材建设的对比研究

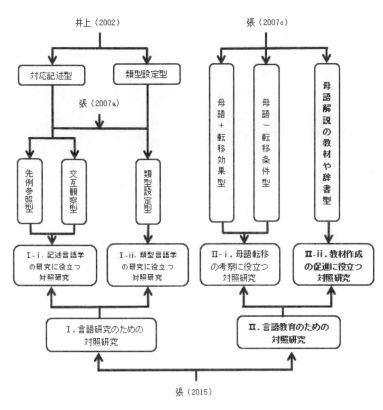

図 2.2　対照研究の類型と目的別のイメージ図[3]

2.3.3　「対照研究・誤用観察・検証調査三位一体」の研究モデル

　近年の第二言語習得研究のかなりの部分は，第二言語習得の理論から出発して仮説を導き出すものであるため（K. ジョンソン・H. ジョンソン 1999:155），学習者の母語のありように着目しない状態で，ある言語形式を取り上げて調査し，その結果を習得の状況として報告する性格のものになっていることが少な

3　図2.2は筆者によるイメージ図である。本研究で行われる対照研究はイメージ図の太字で示した。

くない（張麟声 2016:36）。張麟声（2016）は，中国語を母語とする学習者が
日本語を学習する場合，母語の知識が表記と意味という２つの角度から生かさ
れることを述べたうえで，これまでの第二言語習得研究のことを「規則発見型
習得研究」と呼び，一方，母語転移重視の習得研究を「仮説検証型習得研究」
と名づけ，「対照研究・誤用観察・検証調査三位一体」という独自の研究モデ
ルを提唱している。

　張麟声（2016）では，「対照研究」について次のように述べられている。

　　　　対照研究とは，学習者の母語と目標言語における，意味的に対応する
　　　と考えられる言語形式（a）に関して，その使用の諸相を対照して研究し，
　　　対応するケースと対応しないケースを見つける作業である。この場合の
　　　言語形式（a）は，抽象的な表示で，仮に学習者の母語と目標言語をそ
　　　れぞれＣ（中国語）とＪ（日本語）と仮定すれば，「Ｃのa」，「Ｊのa」の
　　　ように，二つのaが存在することが考えられる。　　（張麟声 2016:36-37）

次に，「誤用観察」については，次のように述べられている。

　　　　対照研究を通して，対応するケースと対応しないケースを突き止めた
　　　ら，その次にその非対応の部分に着目して学習者の言語運用を観察し，
　　　誤用が起きているかどうかを確認するというのが誤用観察である。

（張麟声 2016:38）

最後に，「検証調査」については，次のように述べられている。

　　　　対照研究を通して，文型に関する格助詞，助詞が対応しないことを突
　　　き止め，それから，学習者の言語からそのような誤用を観察できたのな
　　　らば，「中国語母語話者が「〜も〜も…」文型における「も」を習得す
　　　る場合，母語のマイナス転移が起こる」という仮説が自然に浮かんでく
　　　るであろう。そして，この仮説がどこまで正しいかを検証するために，
　　　調査をするのが，筆者が提唱している検証調査である。

（張麟声 2016：40）

　以上の「対照研究・誤用観察・検証調査三位一体」の研究モデルによる具体的な研究成果としては，張麟声（2010），中俣（2010），中俣（2013），庵（2017），陳臻渝（2018）などがある。本研究も，この「対照研究・誤用観察・検証調査三位一体」の研究モデルを援用し，研究モデルにおける第1段階である学習者の母語言語との対照分析を行う。本研究によって，中国語母語話者を対象とする不定名詞句である「誰か」，「ある人」の習得研究の基盤作りにつながればと思う。

第3章　先行研究

3.1　はじめに

　本章では，まず，日本語の不定名詞句に関する先行研究を中心に，「誰か」と「ある人」の研究を概観する。続いて，中国語の不定名詞句に関する先行研究を中心に，"有人"と"有个人"の研究を概観する。これら先行研究を概観したのち，残された課題を明らかにする。

3.2　日本語の不定名詞句に関する先行研究

　現代日本語におけるこれまでの研究を振り返ると，名詞・名詞句に関する研究よりも，動詞を中心とした述語に関する研究のほうが量・質ともに多い。一方，名詞に関する研究は連体修飾や指示詞に関するものが大半で，それ以外はほとんど研究がなされていないのが現状と言えるだろう（建石2017:1）。このことは，現代日本語には名詞に関わる統語要素として「冠詞」が存在しないことが関係していると考えられる。

3.2.1　不定名詞句に関する先行研究

　「不定」は指示の範疇に属する。名詞の指示に関する概念には様々なものが存在する。例えば，「特定」指示，「不特定」指示，「定」指示，「不定」指示，「総称」指示などがある。具体的に，以下の先行研究を取り上げることで概観する。
　田中（1981）は「指示」について次のように述べたうえで，名詞句の指示を「特定」指示と「不特定」に分類し，さらに「特定」指示を「唯一」指示と「総称」指示に下位分類をしている。

　　　一般に文とは，「あること，あるいはものについて，それがどうである，それをどうした，などなど」と言うことであるとすれば，いま問題にしているのは，その「あること，もの」を表わす言語形式，通常は名詞あるいは名詞相当の言語形式とそれが指示している「こと，もの」との関係であ

22

　る。一般にこうした関係についての問題を「指示」reference の問題とよぶ。

（田中 1981:2）

　また，名詞句が「特定」指示であるか「不特定」指示であるかは，その文の話し手がその名詞句の指示対象として特定のものを考えているか否かの違いに帰するとも述べている。

　金水（1986b）は田中（1981）とは異なる分類法を取り，名詞句の指示を「総称」指示，「定」指示，「不定」指示に分類し，「定」指示と「不定」指示を聞き手がすでに知っているか否かによって区別している。

　堀口（1995）は「指す対象の範囲が定まった」かどうかによって，「定称」と「不定称」と分類し，さらに「定称」をさらに「総称」（表しうるものの全てを指すもの），「限定称」（表しうるものの中のある個物のみを指すもの），「特定称」（もともと特定の個物のみを指すもの）と下位分類している。

　丹羽（2004）は定名詞句と不定名詞句の区別について，基本的には堀口（1995）に基づいて，次のように規定・分類している。

　　a. 定名詞句（同定可能な名詞句）とは，指示する対象範囲が定まっている名詞句であり，次のいずれかの名詞句からなる。
　　（ア）ある特定の個体を指示する名詞句　＜特定個体＞[4]
　　（イ）ある集合の全体を指示する名詞句　＜集合全体＞
　　（ウ）ある集合の特定の部分を指示する名詞句　＜特定部分＞
　　b. 不定名詞句（同定不可能な名詞句）とは，指示する対象の範囲が定まっていない名詞句であり，次のいずれかの名詞句である。
　　（エ）任意の個体，または，要素の定まらない集合を指示する名詞句
　　　　　　　　　　　　　　　　　　　　＜任意個体・集合＞
　　（オ）ある集合の任意の部分を指示する名詞句　＜任意部分＞

（丹羽 2004:2-3）

4　（ア）〜（オ）は堀口（1995）の記述であり，＜　＞内は丹羽（2004）が提示した略称である。

さらに,建石(2017)では,名詞の指示的機能について「特定」・「不特定」と「定」・「不定」を用いて論述している。「特定」指示と「不特定」指示については,話し手が同定できるかどうかを中心に,「特定」は話し手が当該の指示対象を唯一に同定することができる場合,「不特定」は話し手が当該の指示対象を唯一に同定することができない場合に用いられるとしている。次に,「定」指示と「不定」指示については,聞き手が同定できるかどうかを中心に,「定」は聞き手が当該の指示対象を唯一に同定することができる（と話し手が想定している）場合,「不定」は聞き手が当該の指示対象を唯一に同定することができない（と話し手が想定している）場合に用いられると定義したうえで,以下の表 3.1 のように名詞の指示に対する分類を示した。

表 3.1　建石（2017）における名詞の指示に対する分類

定性 特定性	定	不定
特定	固有名詞 前方照応に使用される指示詞	後方照応に使用される指示詞 「一＋助数詞＋の」・連体詞「ある」
不特定	ア系の指示詞 （疑問文の場合）	「一＋助数詞＋の」 連体詞「ある」・不定名詞

（建石（2017:4），下線は筆者）

　本研究の考察対象である「誰か」と「ある人」に関しては,建石（2017）のこの分類によれば,「誰か」は「不定」指示と「不特定」指示であり,「ある人」は「不定」指示と「特定」指示及び「不定」指示と「不特定」指示であると論じられている。

3.2.2　「誰か」に関する先行研究
　「誰か」に関しては,語構成から見れば,疑問詞「誰」に副助詞「か」を後続させ,組み合わせた名詞句である。「誰か」を取り上げて論じた先行研究は,尾上（1983），大鹿（1991），寺村（1991），于康（1999b），金井（2010）以外にはほとんど見当たらない。
　尾上（1983）では,「誰」と「誰か」のような語類を合わせて不定語と呼ばれ,

不定語の用法を「特定・明確化志向系用法」と「特定・明確不志向系用法」に分けられている。大鹿 (1991) においても,「誰」と「誰か」のような語類を不定語と呼ばれ,その理由について,「少なくとも,疑問詞,疑問語という用語はその実態に即していない場合があるし,『不定詞』と呼ぶのは品詞の一類のようにそれらに共通する強い文法的な特性を持っているかのような印象を与える」と説明されている。

寺村 (1991) は「だれ」,「いつ」,「どこ」,「なに」のような疑問詞を「不定名詞」と定義し,「だれか」,「いつか」,「どこか」,「なにか」などを「複合不定名詞」と呼んでいる。

于康 (1999b) は尾上 (1983) と大鹿 (1991) の説を基にして,不定語とは「なぜ」「なぜか」などのような語類の総称であり,疑問詞とは不定語のカテゴリーとして解答を志向する「なぜ」などのような語類のものであると定義している。

金井 (2010) では,「誰」,「どなた」を例に,日本語の不定語（句）の性質について考察している。不定語（句）は,「誰」を例にすれば,形態上の観点から,「誰」,「誰か」,「誰も」といった 3 つに分類でき,またその用法も,「疑問用法」,「不定個称」,「不定全称」といった 3 つに分類できるとし,形態上の 3 分類と用法上の 3 分類とは,どのような関係にあるのかについて,「内包」,「外延」という観点から,両者の関係を詳細に記述している。

日本語文法学会 (編) (2014) では副助詞の「か」を語構成要素とし,「誰」に付けると,不定語ができあがり,名詞としての用法,副詞としての用法,名詞と同格関係で組み合わさる用法があるという記述を行っている。

建石 (2017) では「誰か」のような名詞句を「不定名詞」として扱い,基本的に特定性で対立を構成している「ある＋ N」と合わせて考察の対象とした。「ある＋ N」と不定名詞は基本的には特定性で対立しているものの,「ある＋ N」が特定のものを表すことが取り消される場合があることを指摘し,その場合の事態は未実現で,名は具体的な人物・もの・こと・場所・時が定まっていないという特徴があることを示した。また,「ある＋ N」が特定のものを表すことが解消される場合に,事態の現実性という概念が有効であり,「ある＋ N」が使用されたものは当該の事態がより現実的で,不定名詞が使用されたものは当該の事態が非現実的であるという主張を行った。さらに,モダリティ表現に

も事態の現実性という観点は有効であり，意志を表す表現には話し手が当該の事態の生起を想定している現実的なものと，そのような想定がない非現実的なものがあることを主張した。しかし，願望・命令などの表現では，話し手が当該の事態の生起を想定した現実的なものは存在せず，非現実的なものしか存在しないと述べている。

3.2.3 「ある人」に関する先行研究

「ある人」は語構成から見れば，連体詞「ある」に名詞「人」を後続させ，組み合わされた名詞句である。「ある人」を取り上げて論じる先行研究は管見の限りではないが，連体詞「ある」の意味，用法，機能についての先行研究はいくつかある。

金水（1986b）は，名詞を修飾する成分の働きについて考察しており，連体修飾成分の機能として「限定」，「情報付加」，「存在化」という３つを提示している。「限定」とは「修飾される名詞の表す集合を分割しその真部分集合を作り出す働き」であり，「情報付加」とは「非限定的な連体修飾成分の機能」である。また，「存在化」は「指示対象が特定の個体であることを示し，名詞句によって指示される個体が『存在』することを聞き手に知らせる働き」と指摘している。本研究の考察対象となる連体詞「ある」に関しては，「存在化」を行い，話し手が「その個体が存在する」ことと「聞き手がその対象を知らない」ことをともに知っている時に使用されるという記述がある。

松本（1999b）は連体詞「ある」と「某」について，主に意味論的な観点から考察を行っている。連体詞「ある」の指示対象は単一であり，単一であれば個体に限らず，集合を指示対象とする名詞でも主名詞とすることが可能であると指摘している。また，連体詞「ある」の機能については，主名詞の表す集合から一要素を抜き出し，それを指示対象とすることがあり，要素のレベルについては，個体でも，個体の集合でも，「種」でも構わないという記述がある。

建石（2017）は連体詞「ある」の用法記述を行い，各用法間のつながりを意味や機能を考慮に入れながら考察している。連体詞「ある」には「聞き手に注目させる用法」，「聞き手に配慮する用法」，「事態の現実性を表す用法」，「構文的な用法」，「変項を表す用法」という５つの用法があることを指摘している。

また，それぞれの用法間には，特定の指示対象を表すかどうか，付加形式になりうるかどうか，といった違いがあることを指摘し，「ある＋N」が特定の指示対象を表す場合は聞き手に注目させる用法と聞き手に配慮する用法があること，特定の指示対象を表すとは言えない場合は変項を表す用法が基本にあり，構文的な用法と事態の現実性を表す用法がそこから派生すると位置づけている。

3.3　中国語の不定名詞句に関する先行研究

　中国語も日本語と同様で，定冠詞と不定冠詞がないため，定・不定を表すマーカーが存在しない。「定」指示と「不定」指示に関する研究は多くは主語・目的語の対立，主題化現象，"把"構文と"被"構文の構成条件を議論する際に，触れられている。明確に"有定（定指示）"と"無定（不定指示）"を示したのは，呂叔湘（1942）である。その後，1980年代に入って陳平（1987）が中国語における名詞性成分にかかわる概念を発表した。それ以降，名詞性成分における指示に関する研究が盛んに行われてきている。

　本節では，現代中国語における名詞性成分の指示の分類，各指示における名詞句の形，さらに，本研究の研究対象となる"有人"，"有个人"に関する先行研究を概観する。

3.3.1　不定名詞句に関する先行研究

　中国語の不定名詞句に関する研究は，呂叔湘（1942）によって明確に提示されている。呂叔湘（1942）は表現形式の角度から，2つの章に分け，それぞれ「定」指示と「不定」指示について，中国語における「定」指示と「不定」指示が表示される形式に注目し，考察を行った。しかし，呂叔湘（1942）の記述は中国語の「定」・「不定」指示が表示しうる品詞の考察のみであった。1960年代から，欧米で活躍していた中国人の研究者が新たな角度から中国語文法の考察を行い，「定」と「不定」の文における機能に注目し始めた。Chao（1979）は「定」と「不定」を文の構造と結び付けて考察を行い，「中国語は主語が指示する物事が『定』指示で，目的語が指示する物事が『不定』指示である傾向が強くあ

27

る」と指摘した。80 年代に，陈平（1987）により，中国語における名詞性成分にかかわる以下のような 4 組の概念が発表され，中国国内の中国語研究の世界に導入され，中国語の名詞における語用的機能に新たなページが開かれた。

「有指（referential）」と「无指（nonreferential）」，
「定指（identifiable）」と「不定指（nonidentifiable）」，
「実指（specific）」と「虚指（nonspecific）」，
「通指（generic）」と「単指（individual）」

（陈平 1987：109）

　陈平（1987）に触発され，王红旗（2004）などの研究がしばらく続き，その結果は，张斌（2010）『現代漢語描写語法（現代中国語記述文法）』の第 13 章「指称范畴（指示性カテゴリー）」として結実している。そこで言及されている語用的機能の体系は以下のようになっている。

指称成分＝无指成分（nonreferential）＋有指成分（referential），
有指成分（referential）＝単指成分（individual）＋通指成分（generic），
単指成分（individual）＝隐指成分（backgrounded）
　　　　　　　　　　　　＋显指成分（foregrouNded），
显指成分（foregrounded）＝定指成分（identifiable）
　　　　　　　　　　　　＋不定指成分（nonidentifiable），
不定指成分（nonidentifiable）＝実指成分（specific）
　　　　　　　　　　　　＋虚指成分（nonspecific）

（张斌 2010：792）

　そのうちの「定」と「不定」，「特定」と「不特定」については，次のように論述されている。「定名詞句」は，話し手が指示した対象が聞き手から同定できる（と話し手が想定する）指示対象を表し，それができなければ「不定名詞句」となる。「定」指示は「特定」指示で，「不定」指示には「特定」指示と「不特定」指示がある。話し手がある名詞句を使用する際に，もし指示した対象があるコンテクストに実際に存在する個体であれば，この名詞句は「特定」指示

である。もし指示した対象がただ総括して指す概念なら，その実体はコンテクストに存在する可能性もあれば，存在しない可能性もある。この名詞句は「不特定」指示である。

　したがって，（4）の"学生"も（5）の"学生"も聞き手には指示した対象が同定できないので，「不定」となる。また，（4）は話し手の指示した対象が実際に存在する人物なので，「特定」となるが，（5）は話し手の指示した対象が実際に存在する可能性もあれば，存在しない可能性もあるので，「不特定」となる。

　（4）宿舎里有一个<u>学生</u>。（宿舎に学生が 1 人いる。）（作例）

＜不定＞＜特定＞

　（5）下午你帮我叫个<u>学生</u>来。（午後学生を 1 人呼んできてくれ。）（作例）

＜不定＞＜不特定＞

　また，4 組の概念に関しては，陈平（1987）で次のような名詞句の形を取り扱っている。

　　A．人称代词　→（人称代名詞）

　　B．专有名词　→（固有名詞）

　　C．"这＼那"＋（量词）＋名词　→（指示代名詞＋（助数詞）＋名詞）

　　D．光杆普通名词（Bare Noun）→（裸の名詞）

　　E．数词＋（量词）＋名词　→（数詞＋（助数詞）＋名詞）

　　F．"一"＋（量词）＋名词　→（"一"＋（助数詞）＋名詞）

　　G．量词＋名词　→　助数詞＋名詞

（陈平 1987：114）

　これが，张斌（2010）に至れば，次のように修正されている。

　　A．专有名词　→（固有名詞）

　　B．同位短语　→（同格名詞句）

　　C．人称代词　→（人称代名詞）

　　D．"这＼那"＋（量词）＋名词　→（指示代名詞＋助数詞＋名詞）

29

E．光杆普通名词　→（裸の名詞）

　F．数词＋（量词）＋名词　→（数詞＋（助数詞）＋名詞）

　G．"一"＋（量词）＋名词　→（"一"＋（助数詞）＋名詞）

　H．疑问代词／"任何"＋名词　→（疑問代名詞／「いかなる」＋名詞）

（张斌 2010：792）

　さらに，不定名詞句が主語になった文は「不定名詞句主語文」というが，「中国語においては，主語は定名詞で，目的語は不定名詞であるという強い傾向がある」と，Chao（1979）は指摘したうえで，文頭には"一个"（1つ），"一件"（1件，1つ）のような不定名詞句は来にくいが，"有一个"（ある），"有个"（ある）のような不定表現は来やすいと述べている。例えば，次のような用例である。

　（6）有人来了。（誰かが来ました。）　　　　　　　　　　（Chao1979：47）

　朱德熙（1982）は中国語の主語と述語については，話し手が既知の事物を話題にするため，主語には既知の確定した事物が来，目的語には不確定の事物が来る強い傾向があると指摘している。例えば，"买书去"（本を買いに行く）は，"书"（本）は目的語で，不確定を表し，"书买来了"（本は買ってきた）は，"书"（本）は主語なので，既知の確定した本を指す。

　（7）a．来了一位客人。（あるお客さんが来ました。）
　　　　b．那位客人来了。（あのお客さんが来ました。）
　　　　c．＊一位客人来了。（あるお客さんが来ました。）
　　　　d．有一位客人来了。（あるお客さんが来ました。）（朱德熙 1982：111）

　さらに，上の（7）においては，通常 b は言えるが，c は非文で不適格である。このような場合，c の前に"有"を持っていれば，"一位客人"（あるお客さん）は主語から目的語に変化し，「主語に確定した事物が来る」というルールにも違反しない。形式上，d のように，"有一位客人来了"（あるお客さんが来た）は文頭にあるのが"有"という動詞で，これは主語がない文であるが，

意味上からみれば，事実上の主語は"一位客人"（あるお客さん）である。

　Chao（1979）と朱徳熙（1982）は中国語の主語に不定名詞句は来にくいと指摘しているが，"有"を文頭に持っていけば，文として成り立つと両研究において指摘し，"有"を存在を表す動詞として，考察を行った。

　范継淹（1985）は「数量名詞句」（例えば，（8）のような"一辆吉普车"（1台のジープ））と「数量詞以外の修飾語が含まれる数量名詞句」（例えば，（9）のような"一位来自哈尔滨的顾客"（1人のハルピンからのお客さん））を不定名詞句と扱い，新聞に見受けられる多量の実例の考察を通して，不定名詞句[5]主語文が非常に多く存在していると指摘している。

　（8）除夕的前一天晚上，湘西山区雪雨交加，<u>一辆吉普车</u>翻到河里。

　　　　　　　　　　　　　　　　　　　　　（光明日报，范継淹 1985：323）

　　　（大晦日の前夜，湖南省の西の地区では雪と雨が激しくなり，<u>1台の</u>
　　　<u>ジープ</u>が川の中に横倒しになった。）
　（9）<u>一位来自哈尔滨的顾客</u>在本市买了一台钢琴，由于没有包装，铁路不
　　　予托运。

　　　　　　　　　　　　　　　　　　　　　（北京日报，范継淹 1985：322）

　　　（<u>ハルピンからのお客様</u>は市でピアノを1台購入したが，梱包されて
　　　いなかったため，鉄道会社から託送の許可を与えられなかった。）

　さらに，范継淹（1985）は，（9）のように，不定名詞句が文頭の位置に現れる文もあれば，（8）のように，不定名詞句が副詞，擬声語，時間詞，場所詞などの後に現れる文もあると述べたうえで，不定名詞句主語文における構文的な特徴について，次のようにまとめている。

　　a．述語は動詞で，形容詞述語文は見られない；
　　b．述語が自動詞の場合は，複雑な述語構造を持つ；

c. ある文体においては不定名詞句主語文を使うことが妥当である。

　最後に，范継淹（1985）は，不定名詞句主語文は，中国語においては，珍しいものではなく，特殊表現でもないとしたうえで，不定名詞句主語文における不定名詞句は話し手の「新しい情報」の発信であり，聞き手にとっては「未知の情報」であると述べている。

　以上の范継淹（1985）の研究は，現代中国語の研究においては，中国語に不定名詞句主語文があると明確に指摘した最初の論文である。しかし，そこでの議論は不定名詞句を「修飾成分を含む数量名詞句」と定義づけたうえでのものであり，"有人"，"有个人"のような名詞句が文頭にある文を不定名詞句主語文としては扱っていない。

　黄師哲（2004）は中国語と英語の違いに着目しながら，中国語は文法的にテンス形式を持たない言語であるため，事態文としての不定名詞主語文の述語は，時間，場所，様態などの連用修飾語[6]による制約を受けると指摘し，范継淹（1985）の「b. 述語が自動詞の場合は，複雑な述語構造を持つ」という結論を一部修正している。例えば，(10) の"从清晨到现在"（朝から今まで），(11) の"在宿舍里"（寮では），(12) の"飞快地"（飛ぶように）は後部に続く述語を修飾している。

　　(10) 从清晨到现在，一个农民模样的人一直在大门外徘徊。

　　　　（朝から今まで，ある農民みたいな人がずっと門の外でうろうろしています。）
　　(11) 在宿舍里，一个清洁工发现了几只小猫。　　　（黄師哲 2004:103）
　　　　（寮では，ある清掃の人が何匹かの子猫を見た。）
　　(12) 一个战士飞快地跑了过来。　　　　　　　　　（黄師哲 2004:103）
　　　　（ある兵士が飛ぶように走ってきた。）

6　中国語では，"状语"といい，後部にある述語を修飾する。

　唐翠菊（2005）は，不定名詞句主語文における不定名詞句は「"一"＋量詞」を指すと明確に示し，"一个日本教官"（ある日本人の教官）のような生物名詞句と"一个手電筒"（ある懐中電灯）のような無生物名詞句に分けられると分類したうえで，述語の特徴に目を向け，生物の不定名詞句主語文における述語は他動性の高い構文であり，無生物の不定名詞句主語文における述語は他動性の高い構文もあれば，他動性の低い構文もあると主張している。

　雷桂林（2008）は，構文機能の角度から不定名詞句主語文の成立する条件を探ってみた結果，不定名詞主語文の主語には一定の描写的要素が含まれる必要があることを明らかにした。それは，不定名詞は描写的要素を伴ってはじめて定名詞に近い情報を持ち，主語の位置に現れる資格を持つようになるためである。また，このような描写された不定名詞は主語になっているものの，定名詞と等価ではないため，さらに述語も描写的要素を伴わなければならないという制約を受ける。不定名詞主語文がこのように一定以上の具体性を必要とするのは，同構文が場面描写機能を果たさなければならないためだと述べている。

　上述した先行研究では，「"一"＋量詞＋名詞」を不定名詞句とし，その不定名詞句がある主語文の構文的・意味的特徴について考察が行われたが，"有人"，"有个人"を不定名詞句として扱って研究されたものではない。

3.3.2　"有人"，"有个人"に関する先行研究

　3.3.1で述べた先行研究から分かることは，陈平（1987），张斌（2010）では"有人"，"有个人"を名詞句として取り扱っていないということである。現代中国語の研究においては，"有人"，"有个人"を不定名詞句として取り扱って研究を始めたのは蔡維天（2004）である。そのため，それまでは，"有"構文をめぐる研究と"有"の意味・用法に関する研究しか存在していなかった。

　中国語における"有"構文は形式と意味が豊かで，使用頻度が高い構文である。"有"構文に関する研究は，馬建忠（1898）から始まり，呂叔湘（1942）により正式に示された。

　まず，その定義については，狭広いくつかの立場がある。狭い捉え方では，"有"と，"有"と意味が対立する"没有"があり，これは"没"が文の述語あるいは述語中心語となっている文のことをいう。例えば，次のような例である。

(13) 玫瑰花有红的，有白的。　　　　　　　　　　　　（张豫峰 1998:28）

　　　（バラの花には赤いものもあれば，白いものもある。）

(14) 大门也有，小门也有。　　　　　　　　　　　　　（张豫峰 1998:28）

　　　（大きなドアもあるし，小さなドアもある。）

(15) 已经是半夜了，没有月亮，只有星星。　　　　　　（张豫峰 1998:28）

　　　（もう夜中なので，月はなく，星しかない。）

　このような狭い捉え方の観点を持っているのは，吕叔湘（1942），范晓ほか（1987），易正中（1994）などである。范晓ほか（1987）では，明確に“有”構文が「“有”と“有”が含まれる構造がある句が述語である文」と定義づけられ，易正中（1994）でも「“有”構文とは“有”が動詞で，述語である文のことである」と記述している。

　一方，広い捉え方では，“有”を含み，“有”が文の述語あるいは述語中心語となっている文のほかに，“有”が文の述語あるいは述語中心語でない文をも“有”構文という。詹开第（1981）では「動詞である“有”とその否定形式である“没（有）”を含む文を“有”構文と呼ぶ」と示している。例えば，次の（16）と（17）である。

(16) 这些人有的拉车，有的作小买卖，有的当巡警，有的当仆人。

　　　　　　　　　　　　　　　　　　　　　　　　　（詹开第 1981:29）

　　　（これらの人たちは人力車を引く人もいれば，小商いをする人もいるし，巡査になる人もいれば，使用人になる人もいる。）

(17) 我没有你跳得远。　　　　　　　　　　　　　　　（詹开第 1981:34）

　　　（私はあなたほど遠く跳んでいない。）

　さらに，吕叔湘（1942）は“户内一僧（扉の裏に坊主といふ者ありけり）”，“对林一小陀（向ふ側の森に小僧ありけり）”，“舟尾一小童（船尾に童ありけり）”のような，“有”という字が表示されなくても，“户内”（扉の裏），“对林”（向ふ側），“舟尾”（船尾）のような場所を表す名詞がある場合，時折“有”が省略できると指摘している。詹开第（1981）に至っては，“有些”のような語が

主語の所に現れる文も"有"構文と呼ぶと主張している。これに関しては，呂叔湘（1942），云汉・峻峡（1991）は"杯子里有些水"（コップには水が少しある）のような文における"有些"を「動詞＋数量詞」という構造と見るべきであり，"有"構文とは言えないと主張している。

　現在，中国語学界においては，狭い捉え方で"有"構文を見ている学者が多いようで，张斌（2010）の『现代汉语描写语法（現代中国語記述文法）』では，「"有"字句是指动词"有"（包括"没有，没"）做谓语中心词的句子（"有"構文は動詞としての"有"（"没有，没"を含む）が述語中心語となる文のことを指す）」と定義づけている。これで"有"構文の定義についての議論が落ち着いたように見える。

　次に，"有"の意味については，馬建忠（1898）は，"有"のような動作を表さない語も，動詞と同様に扱わなければならないとしている。

　　　　　凡动字所以记行也。然有不记行而唯言之不动之境者,如"有","无","在"
　　　　等字，则谓之"同动"，以其同乎动字也。　　　（馬建忠 1898：177）
　　　　（全ての動詞は動作を表す言葉である。しかし，動作を表す言葉もあ
　　　　れば，"有"，"无"，"在"などのような動かない静的なものを表すもの
　　　　もある。これらを"同動"（動詞と同様）と言い，動詞と同様に扱う。）[7]

　呂叔湘（1942）は馬建忠（1898）に賛同し，"有"を動詞と見るべきであると示したうえで，"有無文"を"有"が文頭にある文と"有"が文頭にない文の2種類に分類し，"有"と共起する"者"，"所"，"以"と"有"の否定形式である"没有"，"無"などの用法について考察した。続いて，丁声树ほか（1961）は，"有"の意味分析について，所属関係，存在関係，列挙関係，度量と比較関係を表すことを示している。Chao（1979）では，主に"有"という語について分析・考察した結果，"有"は動詞の一種であるとし，構文的特徴としては，"有"の前に"会"，"能"のような助動詞が付くことがあると論じられている。その後，詹开第（1981），易正中（1994）などでは，"有"の意味について，様々な

7　筆者が訳出。

解釈が出された。以上の研究は，"有"構文における "有" の基本的な意味は「所属」と「存在」だと示されているのが，類似点である。

　さらに，"有"構文の形式に関する研究は，馬建忠（1898）を嚆矢とし，呂叔湘（1942）により詳しく分類について示されて以来，1950 年代に，多くの研究者によって "有" 構文の構文上の分析研究が行われ，1980 年代に詹开第（1981）によって最初に網羅的に "有" 構文の構文における分類は次のようにされた。

    a. 名詞が 1 つのみの構文
    b. 名詞が 2 つある構文
    c. 名詞以外に動詞がある構文
    d. "有" ＋名詞の後に，形容詞か数量詞がある構文

（詹开第 1981：27-33）

　続いて，朱德熙（1982）では，"由动词 '有' 组成的连谓结构"（動詞の "有" によって構成された連述構造）と名づけた "有 N ＋ VP" は次の 6 種類に分けられている。

    a. 有可能下雨。（雨が降る恐れがあります。）
    b. 有事情做。（することがある。）
    c. 有个青年叫小晚。（晚という青年がいる。）
    d. 有话慢慢说。（話があるなら，ゆっくり話してください。）
    e. 有病不能来。（病気があるので，来られない。）
    f. 有三尺长。（長さが 3 尺ある。）

（朱德熙 1982：190-191）

　a〜f は「"有" ＋ N ＋ VP」という同様の形式を取っているが，実際にはそれぞれ異なると指摘された。本研究の対象である "有（个）人" が現れうるのは c タイプである。c タイプにおける名詞の前には通常数量詞があり，例えば "有一个青年叫小晚" とも言えるが，"有青年叫小晚" とは言えない。しかし，

この名詞が“人”であれば，“<u>有个人</u>丢了把斧子（斧を無くした人がいる／誰かが斧を無くした）”も“<u>有人</u>丢了把斧子（日本語訳は同前）”もどちらも言える。さらに，次の3つの例が挙げられた。

(18)　从前<u>有一个国王</u>最喜欢听故事。　　　　　　　（朱德熙 1982：192）
　　　（昔物語りを聞くのが一番好きな王様がいた。）

(19)　我<u>有一个朋友</u>会开飞机。　　　　　　　　　　（朱德熙 1982：192）
　　　（私は飛行機の操縦ができる友達がいる。）

(20)　他<u>有一个弟弟</u>被特务杀了。　　　　　　　　　（朱德熙 1982：192）
　　　（彼はスパイに殺された弟がいる。）

　文中の“N＋VP”は，いずれも「主体＋属性」の関係を表している。Nは，普通名詞の場合は数量詞が必要であるが，“人”のみが，数量詞があってもなくてもよいとされている。

　しかし，朱德熙（1982）では構文の種類が提示されたのみで，意味・用法については記述されていない。

　易正中（1994）では，“有”構文の最も典型的な構文形式は「N₁＋有＋N₂」であると指摘したうえで，この構文形式をさらに簡単な形式と複雑な形式に分けた。簡単な形式は「N₁＋“有”＋N₂」で，複雑な形式にはそれに「VP」が含まれ，「……有＋N₁＋VP＋……」のような形式となる。また，次のような“有人”の例が挙げられた。

(21)　<u>有人</u>生病了。　　　　　　　　　　　　　　　（易正中 1994：76）
　　　（病気になった人がいる／誰かが病気になった。）

　王亜新（2011）は，中国語学習者のために『中国語の構文』という著作を出した。ここでは中国語の各々の構文の構造と文型のバリエーションを分かりやすく説明しているだけでなく，“有”構文についても，詳しく説明し，細かく分類している。「存在」，「所有」と「状態・性質・程度など」を表す構文のほかに，連述構造で用いられる場合もあると提示している。これは普通「“有”

構文の拡張式」，または「"有"を伴う拡張構文」と呼ばれ，先行動詞句と後続動詞句の意味関係によって「兼語文タイプ」と「連動文タイプ」の2つに分けることができるとも提示している。次の（22）と（23）が取り上げられている。

(22) 我<u>有</u>一个<u>朋友</u>住在北京。　　　　　　　　（王亜新 2011：132）
　　　（私には北京に住んでいる友人がいる。）

(23) 我<u>有</u>一个朋友想给你<u>介绍</u>一下。　　　　　　　（王亜新 2011：132）
　　　（私はあなたに紹介したい友人がいる。）

　（22）のような文の構造は「主語＋"有"＋兼語＋拡張部分」で，文中の"有"の目的語の"朋友"（友人）は"住在北京"（北京に住んでいる）の主体（主語）を兼ねる。この文は「その人は何をするか」という「存在」の意味を表すことができる。一方，(23)のような文の構造は「主語＋"有"＋目的語＋拡張部分」で，文中の"朋友"は"有"と後続動詞句"介绍"（紹介する）の両方の対象（目的語）に当たり，「その人は何をするか／どうであるか」という意味を表す意味が薄れ，不特定の対象を表すように変わってくる。したがって，前者を「兼語文タイプ」と，後者を「連動文タイプ」と呼んでいる。

　范晓（1998）では，"有"構文を基本式「A+ 有 +B」と拡張式[8]「A+ 有 +B+C」に2分類し，A，B，C に当たる部分をそれぞれ前部，中部，後部と呼び，意味上から"有"構文をさらに細かく小分類した。张豫峰（1999）はこれを踏まえ，"有"構文の表す意味という角度から「叙述タイプ」，「描写タイプ」，「解釈タイプ」及び「評価タイプ」に分類した。

　陳風（2009）は，"有"の後に付く N と VP の意味関係に注目し，"有"構文を次の3種類に分けたうえで，この3種類の構文上の大きな相違は，A 類と B 類については「N」は「VP」に対して，もともとその構文成分として認められるものであるが，一方，C 類については「N」は「VP」に対してもともとその構文成分としては認められないという点にある。

8　范晓（1998）では，"延伸式"が使用されている。ここでの「拡張式」は筆者の訳出である。

A：「N」が「VP」の動作主で両者が主述関係を構成するもの

　(24) 有人在外面等你。（外で君を待っている人がいる。）
　(25) 有人给你打过电话。（君に電話してきた人がいる。）

B：「N」が「VP」の表す動作の対象または直接目的語となるもの

　(26) 我有一本书送给你。（あんたにあげたい本がある。）
　(27) 我有很多地方想去。（私は行きたいところが沢山ある。）

C：「N」が「VP」の動作主や対象または直接目的語以外のもの

　(28) 有机会去中国。（中国へ行く機会がある。）
　(29) 有实力夺金牌。（金メダルを獲得する実力がある。）

(陳風 2009：144)

　林芝羽（2013）では中国語の"有＋NP＋VP"（Aタイプ）と"有＋VP＋的＋NP"（Bタイプ）の相違と変換条件について文法的・意味的機能から考察した。しかし，"有人"がある文は研究対象から外されている。

　最後に，"有"の意味に関する先行研究を概観する。上述した研究では，いずれも"有"構文における"有"が動詞であると見られている。蔡維天（2004）では，生成文法の研究方法により，通時的考察と共時的考察を通して，"呈現"（現れる）の意を表す一部の"有"が虚化（文法化）されていると指摘された。

　孟艳麗（2009）では，"有"構文における"有"の文法的な機能は不定の話題を表すマーカーであると指摘されている。このマーカーは「存在」を表す存在文における"有"によって文法化された。その原因として，1つ目は文の環境の変化によって，"有"の「存在」を表す意が薄れたからである。2つ目は存在文における"有"が常に不定数量名詞句と一緒に現れるため，徐々に「不定」指示の意味が吸収されていき，"有"構文の文脈環境において，"有"の「不定」を表す意味が顕在化し，文法化のマーカーとなったからであると説明され

ている。

　蔡維天 (2004) と孟艶丽 (2009) の研究では,本研究の対象である“有人”と“有个人”が不定名詞句であることが証明されている。“有人”は“有”という文法化された不定を表すマーカーが連体修飾語として，名詞である“人”を修飾した名詞句の組み合わせである。

　なお，“有人”に関する研究は辞書類と原（1991）と王亜新（2001a）のみとなっているが，第 8 章で具体的に述べることとする。

　また，“有个人”に関する研究と“有人”，“有个人”の使い分けに関する研究は行われていない。

3.4　残された課題

　日本語の先行研究の概観から，まず，「誰か」と「ある人」について，意味・用法における語用的な機能をめぐって詳しく論じられているということが分かった。意味・用法に関する詳細な記述，特に統語的なレベルでの考察がなされた研究はまだ見当たらない。

　次に，「誰か」と「ある人」が両者とも不定を表す名詞句であることが分かった。意味上の類義表現であるため，使い分けることは難しい。したがって，両者の使い分けについて詳細に考察する必要性が生じる。

　さらに，日本語と中国語の不定名詞句に関する対照研究については，日本語の「誰か」，「ある人」と中国語の“有人”，“有个人”については触れられていない。

　以上を踏まえて，日本語の「誰か」，「ある人」と中国語の“有人”，“有个人”の考察を通して，日本語と中国語の不定名詞句の類似点と相違点を考察し，日中言語間の対応関係と非対応関係を明らかにすることが本研究の目的である。

第4章　研究方法

　本章では，まず，前章までの議論を踏まえ，本研究の研究方法を紹介する。

　本研究では，まず，記述言語学の方法を用いて，日本語の「誰か」と「ある人」の意味・用法及び使い分け，そして，中国語の"有人"と"有个人"の意味・用法及び使い分けを研究する。次に，対照言語学の方法を用いて，この2対4形式の中国語と日本語の名詞句の対照研究を行い，両言語において不定と呼ばれることが多いこれらの表現の対応関係・非対応関係を明らかにする。

　なお，具体的に分析する際に使用する用例として，日本語は『現代日本語書き言葉均衡コーパス[9]（オンライン版）』（以下，BCCWJ-NT と略称）から，中国語は『北京大学中国語研究センター CCL コーパス[10]』（以下，CCL と略称）と『ビッグデータ及び言語教育研究所 BCC コーパス[11]』（以下，BCC と略称）から採取する。また，日本語の『YAHOO[12]』，『Bing[13]』と中国語の『百度[14]』から検索した

9　『現代日本語書き言葉均衡コーパス』（BCCWJ）は国立国語研究所で開発され，現代日本語の書き言葉の全体像を把握するために構築されたコーパスであり，現在，日本語について入手可能な唯一の均衡コーパスである。書籍全般，雑誌全般，新聞，白書，ブログ，ネット掲示板，教科書，法律などのジャンルにまたがって1億430万語のデータを格納しており，各ジャンルについて無作為にサンプルを抽出している。オンラインで検索できる。「少納言」と「中納言」の2つのコーパス検索アプリケーションがあり，「少納言」は文字列検索（全文検索）だけであるが，「中納言」は形態論情報を利用した検索サイトである。本研究は中納言（BCCWJ-NT）を用いる。中納言のウェブサイトは https://chunagon.ninjal.ac.jp/ac.jp/bccwj-nt/search である。

10　『北京大学中国語研究センター CCL コーパス』（CCL）は北京大学の中国語研究センターで開発された，オンラインで現代中国語と古典中国語のコーパスにおける例を見ることができるコーパスである。現代中国語と古典中国語とを合わせた，4億7700万字の巨大なコーパスであることから，中国語のコーパスとしては最大級であると言っていい。ウェブサイトは http://ccl.pku.edu.cn:8080/ccl_corpus/ である。

11　『北京語言大学コーパス』（BLCU Corpus Center，通称 BCC）は北京語言大学で開発された，中国語を中心に，ほかの言語も検索できるオンラインコーパスである。言語本体の研究と応用言語研究に役立つオンラインのビッグデータシステムである。字数は150億字で，新聞・雑誌（20億），文学（30億），ウェイボー（30億），科学技術（30億），総合（10億）そして古代中国語（20億）など，複数の領域を含むコーパスであるというだけでなく，現代中国社会における言語生活を反映しうる大規模コーパスである。ウェブサイトは http://bcc.blcu.edu.cn/ である。

12　『YAHOO』は YAHOO！JAPAN（ヤフージャパン）のことを指す。ウェブサイトは https://www.yahoo.co.jp/ である。日本における検索エンジンとしては過半数のシェアを獲得しており，各検索プロバイダを抑えて業界トップの座にある。

13　『Bing』はビングと言い，Microsoft が提供する検索エンジンである。ウェブサイトは https://www.bing.com/ である。

14　『百度』はバイドゥと言い，中国で最大の検索エンジンを提供する会社である。ウェブサイトは https://www.baidu.com/ である。

用例も利用する。

　各研究対象を考察する際に使用する用例の件数と具体的な研究手順に関しては，日本語の「誰か」の場合は，BCCWJ-NT の「短単位検索」を用い，検索対象とするレジスター[15]とジャンル[16]にすべてチェックを入れて，「キー語彙素が『誰』，キーから後方 1 語　品詞の小分類が助詞 - 副助詞 AND 書字形出現形が『か』」で検索したところ，用例が 7938 件収集された。その中には，現代日本語とは言えない文体における用例，名詞述語文における名詞になる用例，「誰か一人」のような名詞句を作る用例など，本研究の研究対象にはならないものが 1242 件あったため，それらを取り除き，最終的に 6696 件収集した。次に，これらを用い，格助詞を後続させる「誰か」と格助詞を後続させない「誰か」に分けたうえで，「格助詞顕在型」と「無助詞型」が併存するケース，「格助詞顕在型」のみのケース，「無助詞型」のみのケースをめぐり，考察を行う。

　「ある人」の場合は，BCCWJ-NT の「文字列検索」を用い，検索対象とするレジスターとジャンルにすべてチェックを入れ，検索した結果，4424 件収集された。その中には，「デイトレードに興味がある人の助けになれば幸いです」の中の「興味のある人」のように，「ある」が動詞である用例，「ある人物」のような用例，古文のような本研究の研究対象とはならないものが 3858 件あったため，それらを取り除き，最終的に 564 件収集した。これら用例を「ある人」に付く格助詞と主題マーカーであるハに分けて，それぞれの意味・用法について考察を行う。

　中国語の"有人"と"有个人"の場合は，CCL と BCC で古代中国語を除くすべてのレジスターとジャンルにチェックを入れ，"有人"と"有个人"を検索したところ，各々の例が 3 万以上と 1 万以上あった。そのうち，例を各々

15　レジスターは言語使用域のことである。BCCWJ 中納言においては，特定のレジスターを指定して検索を行うことができることにされている。レジスターには，「出版・新聞」，「出版・雑誌」，「出版・書籍」，「図書館・書籍」，「特定目的・白書」，「特定目的・ベストセラー」，「特定目的・知恵袋」，「特定目的・ブログ」，「特定目的・法律」，「特定目的・国会議事録」，「特定目的・広報誌」，「特定目的・教科書」と「特定目的・韻文」の 13 の下位分類がある。

16　BCCWJ 中納言においては，チェックを入れたレジスターに対し，さらに詳細なジャンルを指定できるようにされている。例えば，「出版・書籍」と「図書館・書籍」の 2 つのレジスターには，それぞれ「0 総記」，「1 哲学」，「2 歴史」，「3 社会科学」，「4 自然科学」，「5 技術・工学」，「6 産業」，「7 芸術・美術」，「8 言語」，「9 文学」と「10 分類なし」というジャンルがある。

1000 件ずつ無作為にダウンロードしたところ, "帯<u>有人</u>情味"（人情味がある）, "所<u>有人</u>"（全ての人）, "<u>有人</u>類"（人類がある）や, "怀<u>有个人</u>兴趣"（個人の趣味がある）, "<u>有个人</u>家"（一軒の家がある）, "<u>有个人</u>账户"（個人口座がある）のようなものが出てきた。これらは本研究の対象ではないので, 削除した。その結果, "有人" の例を 1076 件と "有个人" の例を 1897 件収集した。これらを用い, "有人" と "有个人" の前部要素と後部要素に分けて, 構文上の特徴と意味上の特徴の考察を行う。

　また, 本研究では,「誰か」における「格助詞顕在型」と「無助詞型」の使い分け,「誰か」と「ある人」の使い分け, "有人" と "有个人" の使い分けに関する考察をする際に, 実例だけでなく, 考察対象である 2 つの形式間の置き換えによってできた例, 必要に応じて作例も利用する。実例はその都度例の出典を示すが, 筆者の作例は「作例」と示す。置き換えによる例, 作例の許容度をより客観的に判断するために, 日本語の作例を筆者が作成し, その文法性判断については 10 人の日本語母語話者が,「○」,「？」,「×」の 3 段階で判断した。用例の適格性への判断の正確度を確保するために, 7 人以上が○と判断した例は自然な例文とみなす。3 人以下が○と判断した例は不自然で成立しない例文とみなし,「*」を付けて表示する。そのほかの例文の適格・不適格の判定については不自然さを伴う揺れが存在する。揺れが伴う例文とは, 適格性が低いため不適格文相当と考えられるもの, 及び, やや適格性は低いものの適格文と同様に扱いうるものである。本研究においては, 前者・後者ともに「？」を付けて表示することとする。中国語の作例は筆者の内省によるものがほとんどであるが, 判断しにくい場合は 10 人の中国語話者に判断を依頼する。判断の基準は日本語の例の場合と同様である。

　なお, 各章の用例の ｛　｝内の前項はコーパスの記載通りに載せたものであり, 後項は置き換えによってできた用例である。

第5章 「誰か」の意味・用法の考察

第1章〜第4章では，まず問題提起をし，本研究の背景を示したのちに，記述言語学的立場と対照言語学的立場から，本研究の理論的枠組みを提示した。次に，日本語の不定名詞句である「誰か」，「ある人」と，中国語の不定名詞句である"有人"，"有个人"に関する先行研究を概観し，先行研究の問題点を明らかにし，残された課題を示したうえで，本研究の目的と方法について述べた。本章では，「誰か」の意味・用法について考察する。

5.1 はじめに

BCCWJ-NT の（1）では「誰かが」，（2）では「誰か」が用いられている。

　（1）するとこの話を壁ごしに聞いていた長屋の誰かが声をかけます。

　　　　　　　　　　　　　　　　　　　　　　　　　（戦後日本の大衆文化史）
　（2）正面玄関に，タクシーが停まる音がした。どうやら，誰か戻ってきたようだ。　　　　　　　　　　　　　　　　　　　　（約束の少年）

　（1）では，「誰かが」を「誰か」に置き換えることはできないが，逆に（2）では，「誰か」を「誰かが」に置き換え可能である。
　次に，「誰か」の置き換えについて，特定の助詞を後続させる場合と後続させない場合の例を見てみる。
　「誰か」は，文において，意味役割的に動作主，動作の対象，動作の相手，移動の方向や着点，ものの受け手などを表す場合に，「が」，「を」，「に」のような助詞を後続させる場合と，後続させない場合がある。

　（3）a. 誰か助けてください！　　　　　　　　　　（Yahoo！知恵袋）
　　　　b. ＊誰かが助けてください！
　（4）a. あなたの顔を見ると，ほかの＊誰か思い出す。

44

　　　b.　あなたの顔を見ると，ほかの<u>誰か</u>を思い出す。

　　　　　　　　　　　　　　　　　　　　　　　（マーフィーの法則）

（5）a.　身内の＊<u>誰か</u>何か起こったにちがいない。

　　　b.　身内の<u>誰か</u>に何か起こったにちがいない。　　　（禁断のときめき）

　上記の（3）〜（5）においては，「誰か」，「誰かが」，「誰かを」と「誰かに」はいずれも同様に動作主,動作の対象,出現の場所であるにもかかわらず,(3a)，(4b)，(5b) は正しいが，(3b)，(4a)，(5a) は不自然になる。その理由は，意味・用法上の違いが存在するからだと考えられる。

　5.2 で後述するが，これらの使い分けについては，管見の限り研究されていない。しかし，日本語教育の現場では，「誰かが」と「誰か」，「誰かを」と「誰か」，「誰かに」と「誰か」のような，形式に類似性がある表現を適切に説明できない状況にある。現場でのこのような困難な状況を打開し，日本語の教科書に本研究の成果を還元し，日本語教育にかかわる研究に示唆を与えることが本研究の目的である。

　なお，本研究では，格助詞を後続させる用法を「格助詞顕在型」と呼び，格助詞を後続させない用法を，「無助詞型」と呼ぶ。これについては，従来「はだか格」(鈴木 1972),「ゼロ格」(尾上 1987),「零形式」(石神 1989),「無助詞」(丸山 1996),「ゼロ助詞」(加藤 1997) などの呼称が用いられてきたが，まだ上述した先行研究間で見解が一致した概念ではないため，本研究では，「無助詞型」という術語を使うこととする。

　以下では，まず，先行研究を概観する。次に，「誰か」における「格助詞顕在型」と「無助詞型」が併存するケースの，「誰かが」と「誰か」，「誰かを」と「誰か」，「誰かに」と「誰か」の相違を捉える。その後，「誰か」における「格助詞顕在型」のみのケースの，「誰かと」，「誰かから」，「誰かへ」，「誰かより」，「誰かで」，「誰かまで」についてそれぞれ考察を行う。続いて，「無助詞型」のみのケースについて考察を行う。さらに，主題化した「誰か」についてその意味・用法を検討する。最後に，書き言葉における「誰か」について考察を行う。

5.2 先行研究

　「誰か」の意味・用法についての先行研究について示す前に，まず，日本語教育学，日本語記述言語学における主要な辞書類に見られる「誰か」に関する記述を見てみよう。

　日本語記述文法研究会（2009b）によって編集された『現代日本語文法7』においては，疑問語のあとに「か」を付けると，不定の対象を指すと指摘し，次のような例が取り上げられている。

　　（6）ドアの前に誰かいます。[17]　（日本語記述文法研究会（編）2009b:26）

　ここでは「誰か」のあとに格助詞が付く場合の例がなく，「無助詞型」との使い分けについても触れられていない。

　日本語教育学会が編纂した『新版日本語教育事典』（2005）には，「疑問詞＋か」や「誰か」などの記述は1つもない。

　日本語文法学会によって編集された『日本語文法辞典』（2014）では，「どこ」「誰」「何」などの疑問詞に「か」を付けると，不定語ができあがるとしたうえで，名詞としての用法，副詞としての用法，名詞と同格関係で組み合わさる用法があると提示したが，「誰か」の「無助詞型」と「格助詞顕在型」の「誰かが」，「誰かを」，「誰かに」との使い分けについては言及されていない。

　日本語学，日本語教育学における主要な辞書類においても，「誰か」における「格助詞顕在型」と「無助詞型」の使い分け関しては1つも触れられていない。

　次に，「誰か」における「格助詞顕在型」と「無助詞型」の使い分けについて触れた研究を取り上げる。

　金裕峺（1986）では，「『誰か』のような不定を表す名詞句は，文の前後の意味と文脈により格助詞を後続させたり後続させなかったりする。もし文の意味

17　『現代日本語文法7』（2009）では「だれか」と表記されている。表記を統一させるため，本研究では「だれか」の例を常用漢字である「誰か」で表記するとする。以下，各章において同様の表記を使用する。なお，ほかの表記については，コーパスからダウンロートした通りか直接引用通りを載せる。

理解に誤解などが生じない場合なら，格助詞を省略してもよい」と述べている。しかし，これは多数の具体的な例を挙げて綿密な考察を行ったうえで出された研究成果ではないことから，「誰か」の，後続する格助詞と文の種類によって使い分けがどう変化するのか検討する余地があると考えられる。

　姚佳秀（2016）では，「誰か」の構文的分布について，格助詞を後続させる場合の意味と用法に焦点を当てて分析を行い，次のことを論じた。

　　　　「誰か」が主語として機能する場合は，ガ格が省略されることがあるが，述語が命令形であるケースは，ガ格相当の無助詞型しか使えない。
　　　　「誰か」が目的語として機能する場合は，ヲ格を省略することが不可能である。省略されると，「誰か」が目的格を示すものか主格を示すものなのか，判断がしにくくなるからである。　　　　　　（姚佳秀 2016:64）

　しかし，以下の（7）と（8）を見ると，その指摘は言語事実を正しく捉えていないことが分かる。まず，「述語が命令形であるケースは，ガ格相当の「無助詞型」しか使えない」と論じられているが，（7）のような場合なら，使ってもよい。次に，「『誰か』が目的語として機能する場合は，ヲ格を省略することが不可能である」に関しても，（8）から言語事実が正しく記述されていないと言えよう。

（7）（教員が教室で学生に向かって）
　　　誰かがやりなさい！　　　　　　　　　　　　　　　　　　　（作例）
（8）「誰か呼んでくる？」
　　　「ああ，今来た！―おい！こっちだ！」と，怒鳴っている。
　　　　　　　　　　　　　　　　　　　　　　　　　　　　　（怪談人恋坂）

　次に，「無助詞型」の用法・機能については，尾上（1987），Masunaga（1988），丹羽（1989），大谷（1995a，1995b），野田（1996），加藤（2003）などの先行研究も挙げられるが，これらの研究では「誰か」の「無助詞型」は取り上げられておらず，全て普通名詞を研究対象とする分析・考察となっている。

普通名詞のあとに付くガ格は，口頭表現において「無助詞型」で表現されることがよくある。尾上（1987）では，「無助詞型」を取る文を3分類（aタイプ，bタイプ，cタイプ）している。aタイプの，「はさみある？」，「お湯あつい？」のような文は，「存在の質問文及びそれに類似のもの」で，「述語の側で『ある』と存在が承認されるのと同時に主語として措定される」という特殊性によって「無助詞型」を取ると説明されている。bタイプの，「この店安いんだ」「（見ろ！）あの猿，木から落ちたよ」のような文は，「discourse の中で初出の主語に対し，述語で積極的で新しく説明あるいは評価を与える」もので，題目－解説関係を帯びた文の主語に「無助詞型」を取るという理由が示されている。cタイプの，「ぼく，さびしいな」「あんた，先に行って」のような文は，主語が明示されなくても，内容として話し手自身のことや発話相手に対する語りかけにきまっているもので，主語と後続内容との関係は，ガ格を取るような積極的な論理関係ではないと説明されている。

　Masunaga, Kiyoko（1988）は，「助詞の省略は，ある NP[18] を deemphasize（強調しない）した結果である」という観点から終助詞付加（9b における終助詞「よ」と「ぞ」），ほかの強意語の存在（9c における「三度も」），ほかの要素に重点を置く場合と話し手・聞き手に共有された知識を用いる場合（10 と 11）に助詞が省略されると指摘している。

（9）a.（昨日ボストンで）「乱」{？φ／を} 見た。
　　　b.「乱」{φ／を} 見たよ。／見たぞ。
　　　c.「乱」{φ／を} 三度も見た。
（10）（相手が車を買おうとしていたのを知っているとき）
　　　山田君，車 {φ／？を} 買った？
（11）（何かを指し示して）これ φ 見て。

(Masunaga, Kiyoko1988)

　丹羽（1989）は，既知性と語順に注目して次のように述べている。

18　NP（Noun Phrase）は名詞句の省略形である。

a.「名詞φ」は，それが焦点の位置にあるのでなければ，その名詞の既知性が高いほど，また，文頭に近い位置にあるほど主題性が高い。逆に，名詞の既知性が低いほど，また，文中深い位置にあるほど主題性が低く格助詞の省略と考えて差し支えない。

b.「名詞φ」の主題性が高い場合は，「が」格，「を」格，及び「に」格の一部，「へ」格に限られる。

c.「名詞φ」の主題性の高低に関わる，名詞の既知性の高さとは，当該名詞が談話に登場しているか，発話時の状況，文脈から登場が予想しやすいかということである。

d. 名詞の既知性が高いほど，「名詞φ」の主題性が高いという原則と，文頭に近い位置にあるほど「名詞φ」の主題性が高いという原則とは，齟齬してはならない。

e.「名詞φ」の主題性が低い場合は，格関係が明確でなければならないという制約がある。そのため，

（ア）「名詞φ」と述語の間に他の要素が介在する場合や，

（イ）名詞と述語の関係が日常的に予想しやすいものでない場合は，その文の適格性が低くなる。

（丹羽 1989：54）

影山（1993）は，「ガ格」と「ヲ格」の例を取り上げて，話し言葉では基本的に動詞の直前にある名詞句の助詞が脱落しやすいと述べている。例えば，次の（12）では，（12a）に対して（12b）のほうが不自然である。

(12) a. 子供たちが本φ読むの見たことない。

b. 子供たち＊φ本を読むの見たことない。 （影山 1993：56）

大谷（1995a）では，上述した丹羽（1989）以外の要因が絡んでいると考え，より具体的な会話の状況を設定し，考察を行った。ガ格で助詞が省略できない状況でのヲ格における振る舞いを見ると共に，ヲ格においてヲを付けるよりも「無助詞型」が自然になる場合があることを指摘した。そして，ヲ格相当の「無

助詞型」は、「発見の状況においてヲ格の名詞が旧情報である場合、ダイクシス[19]を伴うヲ格の名詞を唐突に聞き手に提示する場合、談話の初期値が確認されていないうちに共有知識を疑問文の主題として対話に導入する場合」（大谷1995a:66）に生じると主張している。

　この大谷の主張を以下の例文で順次確認していく。

　　(13)　（山田の憧れの女性の薬指に指輪がはめられているのを発見して）
　　　　　佐藤：あっ、指輪｛φ／を｝はめてるよ。
　　　　　山田：えっ、ほんと？　　　　　　　　　　　　（大谷1995a:64）
　　(14)　（山田がその女性に送った指輪を、ちゃんとはめてくれているかどうか、佐藤に見てもらっている）
　　　　　山田：どうだ。見えるか？
　　　　　佐藤：あっ、指輪｛φ／?を｝はめてるよ　　　（大谷1995a:64）

　(13) も (14) もある事態を発見してそのまま表現した発話文である。(13)のように全体が新情報の場合にはヲ格でも「ヲ格相当」の「無助詞型」でもいいが、(14) のようにヲ格の名詞の表す内容が文脈上旧情報である場合、「無助詞型」のほうが自然になる。

　　(15)　まるこ：はまじー
　　　　　はまじ：なんだよー
　　　　　まるこ：これ｛φ／?ヲ｝あげる。南の島のおみやげ。
　　　　　　　　　　　　　　　　　　　　　　　　　　　（大谷1995a:64）

　(15) は、ダイクシスが用いられており、主題性が高い。

　　(16)　あ、あの指輪｛φ／＊ヲ｝どうした？　　　（大谷1995a:65）

19　ダイクシス（deixis）とは言語表現の中で発話場面の情報を組み入れなければ定義できない性質のことを指す。認知主体としての話し手（＝「私」）、発話時（いま）、発話場面（ここ）を基準とした情報管理のシステムであり、これらを基準点として相対的に定義される表現である（日本語文法学会2014:385）。

　親しい者同士の間では，話題としたい共有知識を，唐突に質問文の主題として対話に導入することがある。(16)の質問文の主題は，通常ハで表されるが，「談話の初期値」を確認しないうちにハを付けると，唐突である印象を与え，聞き手への配慮に欠けた，話し手本位の発話になる。(16)でφが最も自然な形になるのはそのためである。

　大谷（1995b）は現象描写文の「発見」の場（17と18），現象文に近い情報の流れを持つような判断文（19）においては「無助詞型」しか取れないことを指摘したうえで，非現場要素の新規導入表現における「ある事態を相手に提示する場合」(20)と「情報を求める場合」(21)に分けて，対話における知識管理を行うために「無助詞型」となる過程を指摘した。

(17)　（ずっと，山田さんを捜している。）
　　　甲：ねえ，そっちにはいない？
　　　乙：うん…あれっ！
　　　山田さん {φ／？が／？は} あんなところにいるよ。

（大谷 1995b：289）

(18)　（部屋の中に数人がいる）
　　　甲：（窓のほうを見て）雲行きがあやしくなってきたなあ。
　　　乙：雨，降ってる？
　　　甲：どうかなあ。降ってないんじゃないか。
　　　丙：えっ，降ってるじゃないの。
　　　乙：ちょっと見てみるよ。（窓を開けて言う）
　　　　あっ，雨 {φ／？が／？は} やっぱり降ってる！

（大谷 1995b：289）

(19)　（ふと，相手の服の裾を見て）そこ {φ／？が／？は} ほつれてるよ。

（大谷 1995b：290）

(20)　（妻に突然客が来た。まだ妻は帰宅していないので，客間に通しておいた。やがて妻が帰ってきたときの夫の発話）
　　　おかえり，お客さん {φ／が／＊は} 来てるよ。

（大谷 1995b：291）

(21)（「妹さん」の話で盛り上がっているとき）

　　君の妹さん ｛φ／＊が／は｝，もう結婚してた？　　（大谷 1995b：294）

　　ここまでは，「無助詞型」の用法・機能についての先行研究について述べて
きた。

　　次に，話し言葉と書き言葉における「無助詞型」の研究を概観する。野田（1996）
は話し言葉における無助詞の性質や機能について，詳細な検討を行っている。
ここで，野田（1996）の研究について概観する前に，話し言葉と書き言葉の定
義を行っておく。話し言葉とは音声によって話された言語であり，書き言葉と
は文字によって書かれた言語である。話し言葉は典型的には複数の人間で行わ
れる会話で使われるような言語であり，書き言葉は典型的には新聞記事や専門
書で使われるような言語である（日本語文法学会（編）2014：501）。

　　野田（1996）は，文体による違いや，主文の中と従属節の中の違いなど，未
だ手つかずの研究問題から出発し，話し言葉の無助詞を「主題性の無助詞」と
「非主題性の無助詞」に分けたうえで，それぞれの無助詞の性質や機能を，「は」
や「が」とも比べながら考察を行った。

　　書き言葉と話し言葉の，「は」と主題性の無助詞の概括的な使い分けについ
ては，野田（1996）は次の図 5.1 のよう示した。

	典型的な主題	典型的な対比
典型的な書き言葉	〜は	〜は
典型的な話し言葉	〜φ	〜は

図 5.1　書き言葉と話し言葉における「は」と無助詞

（野田 1996：270）

　　書き言葉と話し言葉の，「が」と非主題性の無助詞の概括的な使い分けを図
にすると，次の図 5.2 のようになる。

	述語の直前の主格	典型的な排他
典型的な書き言葉	〜が	〜が
典型的な話し言葉	〜φ	〜が

図 5.2　書き言葉と話し言葉における「が」と無助詞

（野田 1996：271）

　上の図5.1と5.2をもとに，野田（1996）の述べたところをまとめると，典型的な話し言葉においては，典型的な主題と述語の直前の主格に無助詞が使われるということになる。

　加藤（2003）では，話し言葉における格と無助詞の対応を論じたうえで，無助詞が有する談話上の基本機能として，脱焦点化機能を有すると論述している。まず，格と無助詞の対応については，用法を問わず無助詞化ができるのはガ格とヲ格のみであり，用法を問わず不可能なのはト格とヨリ格だけである。あとは，用法により，あるいは条件により，可能である場合と不可能である場合が混在していると指摘している。可能である場合と不可能である場合が混在する格については，次のように述べている。

　　　ニ格については，直接受身文，使役文，（形容動詞などを）連用成分にする用法などでは「無助詞型」が不可能であるが，それ以外の一般的用法では「無助詞型」が可能になることがある。ヘ格はニ格の用法の一部と重なっているとみることができるが，「無助詞型」[20] が可能である。デ格は基準の用法をやや例外的なものとみると，場所の用法（領域や分野など広い意味での「場所」，拡張用法なども含む）でのみ「無助詞型」が可能で，それ以外の用法では「無助詞型」ができない。つまり，「無助詞型」はきわめて限られているということである。カラ格はある種の条件のもとで「無助詞型」が可能になる。マデ格はほとんど不可能であるが，可能になる余地がある。ト格とヨリ格は不可能である。

　　　　　　　　　　　　　　　　　　　　　　　　　　　（加藤 2003：371）

　加藤（2003）によって出された前掲の考察結果をまとめると，次の表5.1となる。

20　加藤（2003）には，「無助詞化」で示されているが，本研究では術語の使用が混乱しないように，「無助詞型」で統一している。

表 5.1　加藤（2003）における格表示と「無助詞型」の対応のまとめ[21]

格表示	「無助詞型」が可能か否か
ガ格	無制限に可能
ヲ格	無制限に可能
ニ格	直接受身文，使役文，（形容動詞などを）連用成分にする用法などでは不可能であるが，それ以外の一般的用法では可能
ヘ格	ニ格の一部と重なる用法のみ「無助詞型」が可能
デ格	場所を表す用法のみ「無助詞型」が可能
カラ格	ある種の条件のもとで「無助詞型」が可能
マデ格	大凡不可能
ト格	不可能
ヨリ格	不可能

次に，「無助詞型」の機能については，以下のように論述している。

　　《ゼロ助詞》は脱焦点化機能を有する。脱焦点化機能とは，NP-CM-Pred という形式の文の中で，NP が最重要情報である，すなわち，Infop (NP) > Infop (Pred) が成り立つ，と解釈されるのを回避する機能である。従って，NP- φ - Pred という文では，情報の重要度は Infop (NP) ≦ Infop (Pred) と解釈される。　　　　　　　　　　　（加藤 2003:373）[22]

　下の（22）では，「テレビ」ということと「見る」ということについて，「を」という助詞があると，「テレビ」に情報提示上の重点が置かれてしまい，「テレビ」という情報だけが大きくなってしまう。しかし，「無助詞型」を使って脱焦点化すれば，「テレビ」と「見る」の情報としての大きさがそろい，「テレビ」のほうが情報として小さくなることもありえ，平坦な情報構造になるという。

21　表 5.1 は加藤（2003）によって整理された表である。
22　上 に 示 し た NP(Noun Pharase) は 名 詞 句，CM(Case Mark) は 格 助 詞，φ は ゼ ロ 助 詞，Pred(Predicator) は述語要素であり，Infop(x) は「それを含む発話における，x の情報としての重要度」を意味する表示形式を指す。

(22)（友人が遊びに来ている。話題が途切れたところで言う）

　　　「テレビ {φ／＊を} 見る？」　　　　　　　　　　　　（加藤 2003:374）

　以上から，不定を表す名詞句「誰か」の「格助詞顕在型」と「無助詞型」との使い分けについては，金裕凮（1986）と姚佳秀（2016）以外では，ほぼ研究がなされていないということを示した。また，前述 2 つの研究以外では，普通名詞句のみを研究対象として扱っているため，同様の条件のもとで不定名詞句である「誰か」の場合はどうなるのか，先行研究の結果が「誰か」のような不定名詞句にも当てはまるかについては，明らかにされていないことも示した。さらに，金裕凮（1986）と姚佳秀（2016）では，書き言葉と話し言葉に分けて考察を行なっていないので，両者を区別したうえで，書き言葉における「誰か」に関する考察を行うことが必要となることを述べた。

　以下，5.3 では，研究の方法について述べ，5.4 では，具体的な考察を行う。

5.3 研究の方法

　研究の方法に関しては，第 4 章で既に説明したが，「誰か」を考察するために，BCCWJ-NT から収集した用例，考察対象の 2 つの形式間の置き換えによる用例及び作例を利用する。置き換え用例，作例の許容度判断については，第 4 章で示した方法と同様である。なお，以下の用例の {　} 内の前項はコーパスの記載通りに載せたものである。

　BCCWJ-NT の「短単位検索」を用いて，「キー　語彙素が『誰』，キーから後方 1 語　品詞の小分類が助詞 - 副助詞 AND 書字形出現形が『か』」で検索したところ，例が 7938 件収集された。その中には，(23) のような現代日本語とは言えない文体における例，(24) のような名詞述語文における名詞になる例，(25) のような「誰か一人」のような名詞句を作る例など，本研究の対象にはならないものが 568 件あったため，それらを取り除き，最終的に 7370 件収集した。

(23) 菊を植ゑたのに付けた歌は，紀友則の，「一本とおもひし花をおほ沢
　　　の池の底にも誰かうゑけむ」であつた。　　　　　　　（露伴随筆集）

(24) 同時に眉も吊り上げたが，相手が誰かわからない，あるいは何の用かわからないといっているようだった。　　　　　　　　　（奥津城）

(25) 彼は何を見たか　恐ろしいことに，毎年誰か一人心臓発作で死ぬ。今年もまた犠牲者が出た。　　　　　　　　　　　　　（活字狂想曲）

　その中の「誰かが」，「誰かなど」のような，格助詞や副助詞が付く形の例は次の表5.2のようになった。

表5.2　BCCWJ-NT における「誰か」が後続する形の分布

カテゴリー	件数	カテゴリー	件数	カテゴリー	件数	カテゴリー	件数
誰かが	2564	誰かを	444	誰かに	1493	誰かと	13
誰かから	83	誰かの	646	誰かへ	4	誰かより	3
誰かで	1	誰かは	33	誰かなど	5	その他	23

　格助詞や副助詞を後続させない「誰か」の例は2058件残り，その前後関係から判断し，「誰か」の「ガ格相当」が703件，「ヲ格相当」が48件，「ニ格相当」が31件となり，次の表5.3のように整理した。なお，同格を表す「誰か」も602件あり，呼格としての「誰か」も674あるが，格助詞相当と異なるので，5.5.3.1で詳述することとする。

表5.3　BCCWJ-NT における「無助詞型」の「誰か」が格助詞相当の分布

カテゴリー	件数	カテゴリー	件数	カテゴリー	件数
「ガ格相当」の誰か	703	「ヲ格相当」の誰か	48	「ニ格相当」の誰か	31

5.4　結果と考察

　本節では，「誰か」における「格助詞顕在型」と「無助詞型」が併存するケース，「誰か」における「格助詞顕在型」のみのケース，「誰か」における「無助詞型」のみのケース，主題化した「誰か」と書き言葉における「誰か」に分けて考察を行う。

5.4.1「誰か」における「格助詞顕在型」と「無助詞型」が併存するケース

　表5.4が示すように，ガ格，ヲ格，ニ格といった「格助詞顕在型」の用例数と「ガ格相当」，「ヲ格相当」，「ニ格相当」のような「無助詞型」の用例数を比べると，「無助詞型」のほうが少ない。件数から，格助詞の「誰か」における助詞顕在型は無標で，「無助詞型」は有標であることが分かる。

表5.4　「誰か」における「格助詞顕在型」と「無助詞型」の件数

カテゴリー	件数	カテゴリー	件数
誰かが	2564	「ガ格相当」の誰か	703
誰かを	444	「ヲ格相当」の誰か	48
誰かに	1493	「ニ格相当」の誰か	31

　そこで，本節では，「格助詞顕在型」に対して，「無助詞型」がどのような条件で成立するのか，また，成立した場合，「格助詞顕在型」とは意味・用法上，どのような違いが見られるかについて考察する。

　なお，先行研究にもあるように，ガ格とヲ格とニ格とでは，必ずしも事情が同じではないので，以下では，5.4.1.1「誰かが」と「誰か」，5.4.1.2「誰かを」と「誰か」，5.4.1.3「誰かに」と「誰か」を3つの項に分けて検討する。

5.4.1.1「誰かが」と「誰か」

　「誰か」にガ格を取る場合は，意味役割的に動作や変化の主体を表す。2564件のガ格の例と703件の「ガ格相当」の「無助詞型」の例を観察し，両者が置き換えられるか，置き換えられる場合，意味用法上，違いが見られるかについて検討した結果は以下の通りである。

　まず，平叙文を見てみよう。(26)～(30)のように，「誰か」節[23]に連体修飾語[24]がある場合は，ガ格しか使えず，「無助詞型」は使いにくい。

23　節は，文の構成要素であり，1つの述語とそれに従属するいくつかの成分から成り立っている。意味的にはおおよそ1つの出来事や事柄を表している（日本語記述文法研究会（編）2010:12）。
24　本研究で扱う「連体修飾語」には「連体修飾節」も含まれている。記述の便宜上，連体修飾語で統一している。

(26)「彼女は最後のチェイン・スモーカー裁判官だな」わたしの右にいる
　　{誰かが／＊誰か}いった。　　　　　　　　（哀しみの街の検事補）

(27)「タクシー…」そばにいる{誰かが／＊誰か}車に乗って行けとすす
　　めたようだ。　　　　　　　　　　　　　　　　　　（ぐい呑み）

(28) 旗本を代表する河合又五郎を，大名を代表する{誰かが／＊誰か}
　　討たねばならぬ。　　　　　　　　　　　　　　　　　　（刃傷）

(29)「ありませんよ，そんなこと」富岡さんは苦笑をうかべた。「そうな
　　んですか…。じゃあ，ツアーの{誰かが／＊誰か}イタズラしたの
　　かしら」イタズラだとしたら，生命にかかわる危険なイタズラだ。

　　　　　　　　　　　　　　　　　　　　　　　（バリ島幽霊事件）

(30) 役所の{誰かが／＊誰か}，アカーキーに助言する。一番いい方法は，
　　一人の有力な人物に頼み込むことだ，と。　　（本をつんだ小舟）

　(26)～(30)は語や節によって被修飾語である「誰か」を修飾している。
例の上から順に，「誰か」は，「わたしの右にいる誰か」，「そばにいる誰か」，「大
名を代表する誰か」，「ツアーの誰か」及び「役所の誰か」というように限定さ
れている。つまり，「誰か」を修飾した連体修飾語や連体修飾節によって，「誰
か」の指示しうる物事（人）の集合から「誰か」を限定するのである。このよ
うな場合には，「誰かが」しか使えないということである。
　一方，「誰か」節に連体修飾語がない場合は，どうなるかを見ていく。次は，
連体修飾語がない平叙文の例である。

(31) 正面玄関に，タクシーが停まる音がした。どうやら，{誰か／誰かが}
　　戻ってきたようだ。　　　　　　　　　（約束の少年）（再掲）

(32)「あの齢で，独りというのは信じられない」「わたしも同感。{誰か／
　　誰かが}いるわよ」奈々の詮索じみた口調に好美が同意した。

　　　　　　　　　　　　　　　　　　　　　　　　　　（背徳）

(33) 叫び声があがり，群衆が押し寄せた。幻は走り，{誰かが／誰か}そ
　　の白シャツをつかんで，引き戻した。　　　　　（白い霧の予言）

(34) クラスメートとオシャベリしてたら，あなたの親友の悪口を{誰か

58

が／誰か｝いい出したの。さて，あなたはどうする？

(悪魔のいたずら心理ゲーム)

(31)～(34)のような平叙文においては，動作や変化の主体を表す「ガ格相当」の「無助詞型」の「誰か」とガ格の「誰かが」は置き換えられる。そして，置き換えられても意味が変わらない。

次に，疑問文を見てみよう。疑問文においては，次の (35)～(37) のようにガ格しか使えない。

(35)「普通なら，副社長とか，取締役とか，いろいろいるんでしょう？<u>その人たちの</u>｛誰かが／＊誰か｝後を継ぐんじゃないんですか？」
「そのはずでした」と，大沼岐子は言った。

(三毛猫ホームズのクリスマス)

(36) あれは老人の意志ではなく，<u>家族の</u>｛誰かが／＊誰か｝使嗾[25] したことなのだろうか？　　　　(菊池伝説殺人事件)

(37)「この紙は，<u>皆さんのお仲間の</u>｛誰かが／＊誰か｝持っていた紙ではないでしょうか？」浅見は言った。　　　(美濃路殺人事件)

ここで，ガ格しか使えないのは，平叙文の場合と同様であり，「誰か」節に連体修飾語が付いているからである。「誰か」節に連体修飾語がない場合は，通常は次の (38)～(42) のように「無助詞型」しか使えない。

(38) この週末にある一族の集まりに，｛誰か／？誰かが｝きみを招待した？

(真夏の恋の物語)

(39)「先生は何時ごろからここにおいでですか」
「四時からです」
「ほかには，｛誰か／？誰かが｝いますか」
「そう，警官がひとりきています」　　　(暗号と名探偵)

---

25 「使嗾」は「しそう」と読み，『大辞泉　第二版』によれば，人に指図して悪事などを行うように仕向けること，または，指図してそそのかすことを指す。

59

(40) アメリカのコインに変える方法を {誰か／？誰かが} 知りませんか？

(Yahoo！知恵袋)

(41) Hさん「…断崖に立っています」

　　私　　「まわりに {誰か／？誰かが} いるか？」

　　Hさん「誰もいません。これから，飛び降りようとしています」

(魂のメカニズム)

(42) 立ったまま，無言で室内を観察した。スウィートルームには，彼以外に五,六人の男がいた。「{誰か／？誰かが} 死体にさわったか？」ロビンソンはぞっとした。「いいえ」「少女の名前は？」「わかりません」

(氷の淑女)

　ただし,次の例のように,「誰かが」と「誰か」のどちらを使うことも可能なケースがある。

(43)「へえ。どうしてわかるんですか？ {誰か／誰かが} 知らせに来ましたか。」

　　「誰も来ないけどね。ここに坐って，黙って耳を澄ませていると…」

(美姫血戦)

(44)「上に行くと何があるの？」

　　「家がある」

　　「そこに，{誰かが／誰か} いるの？」

　　「いや，空家だ」

　　「そこまで行くんですか？」

　　「うん，行ってみよう」

(奥の細道失踪事件)

(45)「外側から，{誰かが／誰か} ここを操作している？」とぎれたガディスの言葉をひきとって，あきらがそう確認した。「だろうな」ガディスは口元をゆがめ，短く同意する。

(エクサール騎士団)

　(43)～(45)のような疑問文において，仮に「誰が」を使ったとしよう。例えば，(44)の「そこに，誰がいるの？」のような場合は，聞き手が「誰か

がいる」ことを既に知っていることを前提として，その「誰か」が誰なのかを知りたい場合に使われる。それに対して，答える側は，「誰か」を特定できる情報を伝えると考えられる。ここから，「誰かが」を使用する場合について類推すると，質問の焦点は「誰か」という人物の特定に当てられていると考えられる。

では，(38) 〜 (42) では「無助詞型」しか使えず，(43) 〜 (45) においては「無助詞型」・「ガ格」ともに使いうるのはなぜだろうか。(38) 〜 (42) では，(43) 〜 (45) のような質問の焦点を「誰か」という人物の特定に当てる必要がないからである。

一方，(38) 〜 (45) において，「誰か」が均しく使用しうる原因は，質問の焦点が (38) の「きみを招待した」，(40) の「知りません」，(42) の「死体にさわった」，(43) の「知らせに来ました」，(45) の「ここを操作している」という誰かの動作及び (39)，(41)，(44) の「いる」という誰かの存在の有無の確認に当てられているからだと考えられる。そこで，単に，聞き手が，動作の実施の有無，あるいは誰かの存在の有無を確認をする場合は，(38) 〜 (42) のように，通常は「誰かが」は使用せず，「誰か」を使用することになる。

最後に，命令文の場合を見てみよう。命令文においては，「誰か」節に連体修飾語がある例がない。連体修飾語がない場合，ガ格相当の「無助詞型」は 674 件もあり，非常に多く使われている。通常は以下の例のように「誰か」を使う。

(46) 恵里「何するんですか，やめてくださ〜い」恵達「(下手で恐くない)うるせえ」
　　　恵里「困ります，{誰か／＊誰かが}助けて」結構うまい，恵里。そのとき，ラジカセから割れたような音で高らかにヒーロー登場の音楽が鳴り。　　　　　　　　　　　　　　　　　　　　　　（ちゅらさん）
(47) 観念連合の不思議さに迫る学問は，まだ未発達だから，この方面については教科書も試験問題もないが，しかし，二十一世紀に生きる人には必要で有益な勉強だと思う。この学力を{誰か／＊誰かが}測定してください。　　　　　　　　　　（私が「この国」を好きな理由）

(48) 国内外を問わずなんですが，大きな野生のクジラを見たいのですが，
お勧めの場所があれば {誰か／＊誰かが} 教えてください。

(Yahoo！知恵袋)

(49) すみません，長くなりましたが，良ければ {誰か／＊誰かが} ご回
答下さいませ。　　　　　　　　　　　　　　　　　(Yahoo！知恵袋)

(50) 以前の何もしなくても良い常態に戻す方法，{誰か／＊誰かが} アド
バイスください…　　　　　　　　　　　　　　　　(Yahoo！知恵袋)

　上の (46) ～ (50) のような例では「無助詞型」しか使えず，ガ格は使いに
くい。ただし，(51) と (52) のように，他人のために行為の実行を求める場合，
「誰か」も「誰かが」も使え，置き換えられる。

(51) {誰か／？誰かが} コイツらに，ニンジンぶら下げてやってくれ～！

(Yahoo！ブログ)

(52) 「二階のお客さまはひどく酔っぱらっておいでらしいよ。さあ，{誰
か／？誰かが} 行って介抱してあげておくれ」といいもおおせず，
はやくもふたりのものがあがってくる。　　　　　　　　(水滸伝)

　他人のために行為の実行を求める強い意味を表す場合，「誰かが」を使って
もよい。ただし，(51) と (52) は必ず聞き手の誰かにやってもらいたいとい
う含意があるので，使用される可能性はごく低いと考えられる。
　以上から，「誰か」におけるガ格と「無助詞型」の使い分けについては，次
のような考察結果となる。

a. 「誰か」節の前に連体修飾語が付く場合は，平叙文においても，疑問文
においても，「誰かが」しか使えず，「ガ格相当」の「誰か」は使えない。
b. 「誰か」節の前に連体修飾語がない場合は，
(ア)平叙文においては，「誰かが」を使っても「ガ格相当」の「誰か」を使っ
てもよい。つまり，「誰かが」と「ガ格相当」の「誰か」は置き換えられ，
意味も変わらないということである。

（イ）疑問文においては，通常「ガ格相当」の「誰か」を使うが，範囲がかなりしぼられている場合，「誰かが」を使う。

（ウ）命令文においては，通常は「ガ格相当」の「誰か」を使うが，他人のために行為の実行を求める場合は，ガ格を使うケースもある。特定の聞き手を指定するためであろう。

5.4.1.2「誰かを」と「誰か」

「誰か」にヲ格を取る場合は，意味・役割的に動作の対象，使役の対象を表す。444件のヲ格の例と48件のヲ格相当の「無助詞型」の例を観察し，「誰かを」と「誰か」が置き換えられるか，置き換えられる場合，意味用法上，違いが見られるかについて検討した結果は以下の通りである。

まず，ヲ格の例には，「誰か」節に連体修飾語があるものが49件あるのに対し，ヲ格相当の「無助詞型」の例には，「誰か」節に連体修飾語があるものは1件もない。このことから，ガ格と同様に，「誰か」節に連体修飾語がある場合は，ヲ格しか使えず，ヲ格相当の「無助詞型」は使えないことが分かる。

(53) 漠然としたいい方は，背後の {誰かを／＊誰か} 暗示していた。

　　　　　　　　　　　　　　　　　　　　　（訃報は午後二時に届く）

(54) なぜなら，人は「死んではならない」と言うとき，具体的な {誰かを／＊誰か} 思い浮かべ，死が単なる生物学的な死，無機質な死とはならないからであると言う。　　　　　　　　　　　（新潟日報）

(55) 人はそれぞれ，困難を乗り越えるために力を貸してくれる {誰かを／＊誰か} 持っています。あなたにとっては誰ですか？　(shunsuke)

(56) あなたが好きになった人は，あなたの顔を見ると，ほかの {誰かを／＊誰か} 思い出す。　　　　　　　　　（マーフィーの法則）

(57) この時期に，龍が皇子らの {誰かを／＊誰か} 主に選ぶようなことがあれば，新東宮選びに影響を及ぼさずにはいないだろう。

　　　　　　　　　　　　　　　　　　　　　　　　　　（歳星天経）

上の(53)〜(57)では，語や節によって被修飾語である「誰か」を修飾する。「背

後の」,「具体的な」,「困難を乗り越えるために力を貸してくれる」,「ほかの」,「皇子らの」にそれぞれ限定される。つまり,「誰か」を修飾した連体修飾語によって,「誰か」の指示しうる人の集合から「誰か」を限定するのである。これらの (53)〜(57) は平叙文であるので, 疑問文の場合も同様か, 見てみよう。

> (58) あなたはポッター氏が<u>その弁護士たちの</u>｛<u>誰かを</u>／＊誰か｝雇ったかどうかご存じですか?　　　　　　　　　　　　　　　（情況証拠）
> (59) 貴方は, 最近, <u>そういう行為を行なう</u>｛<u>誰かを</u>／＊誰か｝何度も想像したのではあるまいか。　　　　　　　　　　　　　　　（象と耳鳴り）

疑問文である (58) でも (59) でも,「その弁護士たちの」と「そういう行為を行なう」という連体修飾語によって後続する「誰かを」を修飾する。この場合においても, 平叙文と同様で, ヲ格しか使えない。

> (60) サンパウロ大学に入るには,<u>日本人, 中国人, ユダヤ人の三人のうち</u>｛<u>誰かを</u>／＊誰か｝殺さないと入れないとよく言われていました（笑）
> 　　　　　　　　　　　　　　　　　　　　　　　　　　（世界の教育）

さらに, (60) においては,構文上には連体修飾語ではないが,意味的には「日本人, 中国人, ユダヤ人の三人のうちの誰か」になり, 意味上「誰か」を限定することになる。このような場合にも, ヲ格しか使えないのである。
　一方,「誰か」節に連体修飾語がない場合は, ヲ格と「ヲ格相当」の「誰か」は置き換えられ, 意味も変わらない。まず, 平叙文を見てみる。

> (61) できるできないはともかく,船長が航海の途中で｛<u>誰かを</u>／誰か｝雇ったとする。すると会社はほんのつけたしの報告を受け取るだけだ。
> 　　　　　　　　　　　　　　　　　　　　　　　　　　　（鋼鉄の罠）
> (62) ゾウはあわてて外へ出ていきましたが,まもなく全身を雪だらけにし,せなかに｛<u>誰かを</u>／誰か｝かついでもどってきました。
> 　　　　　　　　　　　　　　　　　　　（クレヨン王国王さまのへんな足）

(63) 「みなも存じているように，余には子がいない。明日にも {誰かを／
誰か} 養子にするかもしれない。それに，もしそのうち余が死ぬよ
うなことにでもなれば，遺言にもなるようなこの法度をかならずま
もるように。」　　　　　　　　　　　　　　　　　　　　（日本史史話）

　上の (61) 〜 (63) は原文にヲ格が使われているが，「ヲ格相当」の「無助詞型」
が使え，意味も変わらない。
　次に，原文において「ヲ格相当」の「誰か」が使われているが，「誰かを」
の使用も可能な例を見てみよう。

(64) 「どうしたらいいかしら？」
「かかりつけの医者はだれ？」
「知らないわ」
「{誰か／誰かを} 呼んだほうがいいな。ぼくが呼ぶよ。君はメレディ
スに話をしたほうがいい」
「メレディス！」　　　　　　（13 ヵ月と 13 週と 13 日と満月の夜）
(65) ホント つまらないです。{誰か／誰かを} 連れてくればよかった…。
（Yahoo ブログ）
(66) こんな自分がいやなのですが，それでもまた寂しさと喪失感を埋め
るために {誰か／誰かを} 好きになってしまいます。恋していなく
ても平気な人になりたいです。　　　　　　　　　（Yahoo！知恵袋）
(67) 相手がいなけりゃ，{誰か／誰かを} 紹介してあげるよ。
（オシャレ派トラベル英会話）
(68) 「お宅の近くの警察署から，{誰か／誰かを} 行かせることにします。
警部，それでいいでしょうか？」橋口が，狩矢に了解を求めた。
（京都・金沢殺人事件）
(69) 「分かった。{誰か／誰かを} 取りに来させよう」と組長が葉巻をく
わえた所で電話が鳴った。　　　　　　　　　　　　　（天空少女拳）

(64) 〜 (69) はコーパスの原文に「ヲ格相当」の「無助詞型」が使われている。

(64) ～ (67) における「誰か」はそれぞれ動詞か動詞句である「呼ぶ」,「連れる」,
「好きになる」,「紹介する」の対象であり，ヲ格を還元することができ，意味
も変わらない。続いて, (68) と (69) における「誰か」は使役動詞である「行
かせる」と「取りに来させる」の使役の対象であり，これもヲ格と置き換える
ことができ，意味も変わらない。

　次に，疑問文の場合を見てみよう。

(70) {誰かを／誰か} 傷つけたの？　　　　　　　　　　　（Yahoo！ブログ）

(71) 「{誰かを／誰か} 愛したことがある？」ふふふっ…。「友達とキスを
　　　したことある？？」 それは…企業秘密←　　　　　（Yahoo！ブログ）

(72) 彼女が, これより前に, {誰かを／誰か} 殺している？まさか良太を？
　　　（黄色い目をした猫の幸せ）

(73) わたしはフォークを置いた。{誰か／誰かを} 探しているの？「お座
　　　りなさいよ, サンディー」わたしは言い, マーラに警告の視線を送っ
　　　た。　　　　　　　　　　　　　　　　　（クッキング・ママの鎮魂歌）

(74) 「…で，ではお堀に {誰か／誰かを} 待っておるので？」 おるいは,
　　　足を動かして床に書いた。　　　　　　　　　　　　　　（陰の剣譜）

(75) 「フランソワーズ・サガンは，キミぐらいの年頃の時は，憂うつな時
　　　にはウィスキーを飲んだって言ってるよ。ねえ，飲みに行かない？」
　　　「…」
　　　「{誰か／誰かを} 待ってるの？」
　　　「…」　　　　　　　　　　　　　　　　　（センチメンタルエロロマン）

　(70) ～ (75) のように，疑問文においても，「誰かを」と「誰か」は置き換
えられ，意味も変わらない。

　次に，命令文におけるヲ格の「誰かを」と「ヲ格相当」の「無助詞型」であ
る「誰か」を見てみよう。

(76)「ばか！早く，{誰かを／誰か} 呼んできて！変身できなくされる前に」
　　　「セリ，やって」エイナが言った。　　　　　　（呪われた首環の物語）

(77) この悪臭から逃れなければならないわ。{誰かを／誰か} 探して―誰
でもいいから―助けてもらおう。　　　　　　　　　（拒まれた情熱）

(78) うるさいわね。そんなことより早く {誰か／誰かを} 呼んできて。
こいつらを連行してもらうわよ。　　　　　　　　　（ギルティートレイン）

(79) 「私もやるの」
「当たり前だ。おまえは彼の大事なパートナーだ」
「いいなあ。俺にも {誰か／誰かを} 紹介してくれよ，お兄さん」北
村が口を挟む。　　　　　　　　　　　　　　　　（Yahoo！ブログ）

　上の（76）～（79）から見ると，いずれも「誰かを」も「誰か」も使える。
つまり，（76）～（79）のような命令文においても，「誰かを」と「誰か」が置
き換えられ，意味も変わらない。
　さらに，否定文においては，次の（80）～（81）のような場合は，「ヲ格相当」
の「無助詞型」である「誰か」は使いにくく，ヲ格の「誰かを」を使うほうが
より自然である。

(80) 無理して {誰かを／？誰か} もとめないで！
　　　　　　　　　　（https://www.bing.com/，2020 年 4 月 3 日取得）

(81) この街のために優勝したい。でも，そのために {誰かを／？誰か}
犠牲にしたくない。
　　　　　　　　　　（https://www.bing.com/，2019 年 11 月 12 日取得）

　最後に，複文の場合を見てみよう。ここでは複文の中でも逆接条件節につい
てのみ取り上げる。それは逆接条件節以外の複文からは傾向・特徴が観察でき
なかったからである。
　逆接条件節におけるヲ格の「誰かを」についても，「ヲ格相当」の「無助詞型」
である「誰か」に置き換えることができない。例えば，次の (82)～(85) である。

(82) よって，公開処刑場で上述の目撃者たちを裏切るにせよ，非公式に
{誰かを／＊誰か} 処刑するにせよ，令状に名指しされた人物とは別

人を処刑することを当局に認めさせるのは不可能ではなかった。

（処刑と拷問の事典）

(83) 魔法省が，とにかく｛誰かを／＊誰か｝逮捕したって，見せびらか
したいはずだもの。　　　　　（ハリー・ポッターと炎のゴブレット）

(84) 自分より優れた人がいると妬んでしまう人がいますが，｛誰かを／＊
誰か｝妬んでも意味がないので今すぐ止めた方が良いです。

（https://www.bing.com/，2020年4月3日取得）

(85) ｛誰かを／＊誰か｝妬んだり，他人と比べて落ち込んでもしょうがない。
楽に生きましょう。

（https://www.bing.com/，2020年4月3日取得）

以上から，「誰か」におけるヲ格及び「ヲ格相当」の「無助詞型」の使い分
けについては，次のような考察結果となる。

a. 「誰か」節の前に連体修飾語が付く場合は，平叙文・疑問文・命令文の
いずれにおいても，「誰かを」しか使えず，「ヲ格相当」の「誰か」は
使えない。

b. 「誰か」節の前に連体修飾語がない場合は，

（ア）通常，平叙文・疑問文・命令文のいずれにおいても，「誰かを」を使っ
ても「ヲ格相当」の「誰か」を使ってもよい。

（イ）否定文と逆接条件節においては，「ヲ格相当」の「誰か」は使えず，
「誰かを」しか 使えない。

5.4.1.3「誰かに」と「誰か」

「誰か」がニ格を取る場合は，意味役割的に動作の相手，動作の対象，状態
の対象，使役の対象などを表す。1493件のニ格の用例と31件の「ニ格相当」
の「無助詞型」の用例を観察し，「誰かに」と「誰か」が置き換えられるか，また，
置き換えられる場合，意味用法上，違いが見られるかについて検討した結果は
以下の通りである。

まず，ガ格，ヲ格と同様に，「誰か」節に連体修飾語がある場合，ニ格しか
使えず，ニ格相当の「無助詞型」は使いにくい。

(86) 深夜の電話は不吉だ。鳩尾にいやな予感がうずまいた。<u>身内の</u>｛<u>誰かに</u>／＊<u>誰か</u>｝何か起こったにちがいない。　　　（禁断のときめき）

(87) 日本一を決めるその一瞬に，僕の頭上に打球が上がったとき，これは絶対に，<u>他の</u>｛<u>誰かに</u>／＊<u>誰か</u>｝捕らせたくない，と僕は思ったのだ。　　　　　　　　　　　　　（たかが江川されど江川）[26]

(88) 「嫌だって言ってるだろっ，<u>他の</u>｛<u>誰かに</u>／＊<u>誰か</u>｝頼めよ！」
（ケダモノは二度笑う）

　ガ格，ヲ格と同様で，「誰か」節の前にある「身内の」，「他の」によって「誰か」が修飾されている。このような場合には，「ニ格相当」は使いにくい。
　一方，「誰か」節に連体修飾語がない場合，(90) と (91) のように「誰か」と共起する動詞句が「〜てほしい」「〜てもらう」なら，ニ格の「誰かに」と「ニ格相当」の「無助詞型」である「誰か」は置き換えられ，意味も変わらない。

(90) どうしたらあいつを本当に幸せにできるか――｛<u>誰か</u>／<u>誰かに</u>｝教えてほしい。　　　　　　　　　　　（僕らのロビン・フッド宣言）

(91) 初めてヨガをやる場合，このポーズは特に｛<u>誰か</u>／<u>誰かに</u>｝そばに付き添ってもらうようにしましょう。　　　　　　　（マタニティ）

　ただし，上述した動詞句がない場合，下の (92) と (93) のような平叙文，(94) と (95) のような疑問文，(96) と (97) のような命令文のいずれにおいても，「ニ格相当」の「無助詞型」である「誰か」は使えず，ニ格の「誰かに」しか使えない。

(92) どうせどこかで｛<u>誰かに</u>／＊<u>誰か</u>｝バレる。そのときのために防波堤が必要だと思ったのだ　　　　　　　　　　　　　（左遷！）

26　BCCWJ-NT に上述のルールと適応しない例があった。下の (89) においては，「誰か」節に連体修飾語があるが，「無助詞型」を使っている。2001年文藝春秋から出版された『触角記』を調べると，「誰かに」との記載があった。コーパスに間違いがあったことが分かった。
　(89) いつだって，自分以外の<u>誰か</u>自分を知って欲しいと思っている。（触角記）

(93) その発言が {誰かに／＊誰か} 影響を及ぼすことなど考えに入れない。
　　　　　　　　　　　　　　　　　　　　　　　　　　　　　（好き勝手に生きる）

(94) 「ウォールストリート・ジャーナルの記事の件を {誰かに／＊誰か}
　　　お聞きになりましたか？」「なんの記事ですって？」　　　　　（血族）

(95) 「おじさん，救けて！わたし，怖いよ」
　　　「どうしたんだ！？ {誰かに／＊誰か} さらわれたんだな？」
　　　「うん，そう。知らない男がわたしの家に押し入ってきて，お母さん
　　　を縛ったの。わたしは外に連れ出されて，車のトランクの中に閉じ
　　　込められて…」　　　　　　　　　　　　　　　　　　　（非情連鎖）

(96) 「あなたの上司か院長に会えますかしら。わたしを追い返す前に，{誰
　　　かに／＊誰か} 訊いてみてください」　　　　　　　　　（到着時死亡）

(97) 商店街のふくびきで一度，プラダのバッグが当たったが，使うこと
　　　もなかろうと救世軍本部へ送った。{誰かに／＊誰か} あげてくださ
　　　い。そういう一行だけをつけて。　　　　　　　　　　　　　（受難）

　以上から，「誰か」におけるニ格と「ニ格相当」の「無助詞型」の使い分け
については，次のような考察結果となる。
　　a.「誰か」節の前に連体修飾語が付く場合は，平叙文・疑問文・命令文の
　　　いずれにおいても，「誰かに」しか使えず，「ニ格相当」の「誰か」は
　　　使えない。
　　b.「誰か」節の前に連体修飾語がない場合は，「誰か」と共起する動詞句
　　　が「～てほしい」，「～てもらう」であるケースの場合，「ニ格相当」の
　　　「誰か」と置き換えられ，意味も変わらない。ただし，上で述べた動詞
　　　句がないケースの場合は，平叙文・疑問文・命令文のいずれにおいても，
　　　「誰かに」しか使えない。

5.4.1.4 まとめ
　本項では「誰かが」と「誰か」，「誰かを」と「誰か」，「誰かに」と「誰か」
を中心に，「誰か」における「格助詞顕在型」と「無助詞型」の使い分けを明
らかにした。その結果を以下にまとめる。

70

　　a．「誰か」節に連体修飾語がある場合，平叙文・疑問文・命令文のいずれ
　　　においても，「格助詞顕在型」しか使えない。
　　b．一方，「誰か」節に連体修飾語がない場合については以下のようである。
　　（ア）ガ格
　　　　平叙文と疑問文では，「ガ格相当」の「誰か」と置き換えられ，置き
　　　換えても意味が変わらない。一方，命令文では，通常は「ガ格相当」
　　　の「誰か」を使うが，他人に対して行為の実行を求める場合は，「格助
　　　詞顕在型」も可能となることがある。
　　（イ）ヲ格
　　　　通常平叙文・疑問文・命令文のいずれにおいても，「誰かを」・「ヲ格相当」
　　　の「誰か」ともに使いうるが，否定文と逆接条件節の場合は，「ヲ格相
　　　当」の「誰か」は使えず，「誰かを」しか使えない。
　　（ウ）ニ格
　　　　「誰か」と共起する動詞句が「〜てほしい」，「〜てもらう」である場合は，
　　　「ニ格相当」の「誰か」と置き換えられ，意味も変わらないが，上述の
　　　動詞句がない平叙文・疑問文・命令文では，「誰かに」しか使えず，「ニ
　　　格相当」の「無助詞型」は一部のみである。
　上述した考察結果をさらに整理すると，以下のようになる。
　　a．「誰か」節に連体修飾語がある場合は，「格助詞顕在型」しか使えない。
　　b．「誰か」節に連体修飾語がない場合について，「格助詞顕在型」と「無助詞型」
　　　が置き換えられる可能性の高さの程度を示すと，ガ格＞ヲ格＞ニ格の順
　　　となる。
　従来の「無助詞型」に関する研究は普通名詞を対象とする研究が中心になさ
れ，ガ格とヲ格の場合は省略も，「無助詞型」もどちらも可能であるという記
述が多かったが，5.2の先行研究で示したように，加藤（2003）は綿密な考察
を通し，格助詞と「無助詞型」の対応について，「ガ格とヲ格では用法による
無助詞化の制限はない」と結論づけている。
　本項では，「誰か」節に連体修飾語があるか否かに基づき，「無助詞型」が可
能な条件についての考察をした。考察の結果，「誰か」の前に連体修飾語があ
る場合は，「格助詞顕在型」しか表示されず，「無助詞型」は不可能であるとい

うことが明らかになった。

　また，加藤 (2003) では，ニ格の場合は，直接受身文,使役文,(形容動詞などを)連用成分にする用法などでは「無助詞型」は不可能であるが，それ以外の一般的用法では「無助詞型」は可能になることがあると述べている。しかし，本研究では，ニ格で，「誰か」と共起する動詞句が「～てほしい」「～てもらう」であるケースの場合,「無助詞型」は可能であるが，そうでない場合は,「無助詞型」は不可能であることが分かった。

5.4.2「誰か」における「格助詞顕在型」のみのケース

　5.3 で示したように，BCCWJ-NT からダウンロードした「無助詞型」の「誰か」の 2059 件の例には，同格を表す「誰か」を除いて，ガ格相当，ヲ格相当とニ格相当の例しかなかった。これは,「誰か」において「無助詞型」が可能な格表示がガ格，ヲ格，ニ格に限られることを示すことができるのか，逆に，ガ格，ヲ格とニ格以外は「無助詞型」が不可能になるということであると言えるのかを，いずれも検証する必要がある。

　5.4.1 では,「誰か」における「格助詞顕在型」と「無助詞型」が併存するケースにおける,「誰かが」と「誰か」,「誰かを」と「誰か」,「誰かに」と「誰か」について，例を取り上げて述べたが，5.4.2 では,「誰か」における「格助詞顕在型」のみのケースの場合にどうなるかについて,「誰かと」,「誰かから」,「誰かへ」,「誰かより」,「誰かで」,「誰かまで」に分けて具体的な考察を行う。

5.4.2.1「誰かと」

　「誰か」にト格を取る場合は，意味役割的に相手を表す。ニ格は方向性がある動作の相手を表すのに対して，ト格は，対等の関係で主体と関わる相手を表す。ト格の相手としての意味には，共同動作の相手，相互動作の相手，基準としての相手がある。

　ト格の例は 13 件しかないが，これらの用例を観察し，意味用法上検討した結果は以下の通りである。

　　(98)「私，ここで，{誰かと／＊誰か} 一緒にごはんを食べるのがひさし

　　　　　　ぶりで」言葉を切り，女は涙を拭っている。　　　　（人生ベストテン）

(99)　「わたしね，タックが酔いつぶれる時は，必ず，そこにいたいの。彼
　　　　を独りにしておきたくない。彼が，わたし以外の {誰かと／＊誰か}
　　　　一緒にいるのは嫌」　　　　　　　　　　　　　　（透明な貴婦人の謎）

(100)　河合が電話で {誰かと／＊誰か} 話し，しばらくすると立派な口髭
　　　　をたくわえた大男が現れた。　　　　　　　　　　　　　（小説宝石）

(101)　すれ違ったあと，おばさんはきっとそこで買物をしている {誰かと
　　　　／＊誰か} 協子の噂をするのだろう。　　　　　　　（青春と読書）

(102)　菜摘はダイニングルームの椅子に座って，{誰かと／＊誰か} 電話
　　　　で喋っている。夫かもしれない。　　　　　　　　　　（週刊朝日）

(103)　僕は，この後何度も何度も，この「{誰かと／＊誰か} 似ている」に
　　　　戻ってきます。　　　　　　　　　　　　　　　　　　（一冊の本）

　(98) と (99) は「一緒に食べる」，「一緒にいる」の共同動作の相手を表す。
(100) 〜 (102) は「話す」，「協子の噂をする」，「電話で喋る」という相互動
作の相手を表す。(103) は「似ている」の基準としての相手を表す。これらの
例における「誰か」はいずれもト格の使用が求められており，無助詞型が不可
能となっている。

5.4.2.2「誰かから」

　「誰か」にカラ格を取る場合は，意味役割的に起点，動作の主体を表す。カ
ラ格の例は83件あるが，これらの例を観察し，意味用法上，検討した結果は
以下の通りである。

　まず，起点を表すカラ格を取る「誰か」を見てみよう。起点とは，具体的・
抽象的な移動を伴う動作において，その移動の始まる位置のことである。「誰か」
におけるカラ格の起点としての意味には，移動の起点，方向の起点などがある。

　移動の起点とは，事物がある位置から別の位置と移動する時，移動前に存在
する場所である。移動に具体的な移動と抽象的な移動がある。例えば，(104)
〜 (106) は前者の所有権の移動の起点で，(107) 〜 (110) は後者の情報・伝
達行為の起点である。

(104) 私は，{誰かから／＊誰か}《高給》を貰っていたわけではありませんから，本当に放浪生活をしていました。　　　（デュシャンは語る）

(105) このように，皆が{誰かから／＊誰か}利益を得ようとしている。その結果，どうだろう！　　　（アドルフ・ヒトラーの青春）

(106) いや，無論，島崎氏がやったのではなく，島崎氏自身は，それを{誰かから／＊誰か}預かり，どこかに運んで行くところだったんじゃないかと思うんですが。そう考えていいですか？

（二階堂警部最後の危機）

(107) たとえば，ある日，ご近所の{誰かから／＊誰か}，このあいだ横浜や目黒，吉祥寺などで，あるひとを見かけた，という話をきいたとします。　　　（青い青い空の下でつかまえて）

(108) だから，その話は，家の中で決してしないでほしい。その内，君もどうせ{誰かから／＊誰か}耳にするだろうから，予め言っておくよ。　　　（三毛猫ホームズと愛の花束）

(109) 〈モネ〉は捕らわれた同志の{誰かから／＊誰か}自分の名前と住所が漏れることを予想し，身を隠してしまったのだ。

（鴉よ闇へ翔べ）

(110) ただ，{誰かから／＊誰か}電話がかかってきて，席をはずしたのが気になる。　　　（神戸新聞）

　これらは具体的な移動の起点を表すが，次の（111）～（113）は抽象的な移動の起点を表す。移動を伴わない動作であっても，受身と似た意味をもつ定型的な表現で，その動作を行った人物がカラ格で起点として表示される。「誰か」という主体が何らかの行為や影響を受ける際の相手である。

(111) カイロにいる{誰かから／＊誰か}そのような暗示と受け取れる脅迫をそれとなく受けたのか。　　　（外交官Ｅ・Ｈ・ノーマン）

(112) つまり，君のお姉さんはどこだかわからないけど，べつの『アルファヴィル』みたいなところにいて，{誰かから／＊誰か}意味のない暴力を受けている。　　　（アフターダーク）

(113) ウェストンが陸上の{誰かから／＊誰か}逃げてくると信じこんだオパールは，弓を下に置き，エアボートをスタートさせるために一段高い座席に上った。　　　　　　　　　　　　　（狂おしい血）

　次に，動作の主体を表す用法を見てみよう。受身文における動作主のマーカーとしてのカラ格が23件もあった。例えば，次の(114)〜(117)であるが，(118)のような文は受身文ではない，やりもらいの文でも「なにかする」という動作の主体を表す。さらに，(119)のような文においては，受身文でもやりもらいの文でもないが，「おそわる」は意味上に受身を表す動詞であるため，ここのカラ格も「動作の主体」を表すことになる。

(114) 僕は生まれてこのかた，ただの一度も，{誰かから／＊誰か}そんなことを言われた経験がなかったのだ。　　　　　（海辺のカフカ）

(115) 「マスター。この店が，{誰かから／＊誰か}，恨まれてるってことないのかい？」「ありません，ありませんよ。」
　　　　　　　　　　　　　（マリア探偵社危険なクリスマス）

(116) 彼を見ると，キャサリンは，震える仔犬を思い出す。きっと過去に，{誰かから／＊誰か}大きな心の傷を負わされたのだろう。
　　　　　　　　　　　　　　　　　　　　　　　　　（明け方の夢）

(117) 苗字というものは自分で名乗ったものなのですか？それとも{誰かから／＊誰か}強制的につけられたものなのですか？自分で名乗ったものが多いと思われます。　　　　　　　（Yahoo! 知恵袋）

(118) {誰かから／＊誰か}何かをしていただいた，その感謝の気持ちを，別のところへ，さらに違うかたちで「お返し」することが自然にできたら，どんなにか素晴らしいでしょう。　　（朝には紅顔ありて）

(119) あわててハンケチをとりだすと，鼻におしあてて，後頭部の首筋をかるくたたいた。子どものころに，{誰かから／＊誰か}おそわった止血法であった。　　　　　　　　　　　　　　　（時間の檻）

　最後に，カラノという複合格助詞にあるカラ格を見てみよう。カラ格はノと

複合格助詞を構成し，後部の名詞を修飾する。例えば，次の（120）〜（123）である。

(120) もしかしたら，このためにほかの｛誰かからの／＊誰かの｝誘いを断ったかもしれないのに。　　　　　（半熟たまごのレジスタンス）

(121) 若い人はほとんどと言っていいほど，片手に電話を握って歩いている。待ち合わせの連絡のためなのだろうか，｛誰かからの／＊誰かの｝誘いを待ち受けているのだろうか。歩きながら話す。しゃがんで話す。乗り物の中で話す。レストランで話す。　　　（ネコ型のすきま）

(122) ｛最初誰かからの／＊誰かの｝お歳暮かな，と思ったら，モニター用の試供品。　　　　　　　　　　　　　　（Yahoo！ブログ）

(123) 夫は携帯を常に自分の側に置きどうやら｛誰かからの／＊誰かの｝メールを待っているようなのです。　　　　　（Yahoo！知恵袋）

上の（120）〜（123）におけるカラ格はいずれも「無助詞型」が不可能となっている。

5.4.2.3 「誰かへ」

「誰か」にヘ格を取る場合は，意味役割的に着点を表す。つまり，移動の方向を表す。カラ格の例は４件しかないが，これらの例を観察し，意味用法上，検討した結果は以下の通りである。

(124) あなたのお金は，自分の命よりも大切ですか。あるいは，よいものがあなたのところへとやって来る一つの通り道にすぎず，また｛誰かへ／＊誰か｝と渡していくものですか。
　　　　　　　（今日から人生が変わるスピリチュアル・レッスン）

(125) 冒頭に「謹書」とあるように，この『日記』は｛誰かへ／＊誰か｝みせるために清書したらしい。　　　　　　　　　（前田慶次）

（124）のヘ格は後続する動詞句の「渡していく」の「着点」を表す。（125）

は「着点」よりも「みせる」の「対象」を表すと言うほうがより適切であろう。
「動作の対象」を表すニ格と同じ用法である。

> (126) それは，たとえば祖国とか，{誰か<u>への</u>／＊<u>誰かの</u>} 愛とかのため
> でもいいし，あるいは医療問題について闘っているときでもいいわ
> けですね。　　　　　　　　　　　　　　　　　　　　　（大往生）

　さらに，(126) のような「ノ」と構成された複合助詞の「ヘノ」の例もあり，
後ろにある「愛」という名詞を修飾する。
　上の 4 つの例における〈格はいずれも「無助詞型」が不可能となっている。

5.4.2.4「誰かより」

　「誰か」にヨリ格を取る場合は，意味役割的に比較を表す。つまり，比較の
基準を表す。ヨリ格の例は 3 件しかないが，これらの例を観察し，意味用法上，
検討した結果は以下の通りである。

> (127) 私が受けた教育を実践している人たちにとって，小学生にもならな
> い子どもたちが，大人たちと同じ言葉を使って話したり書いたりす
> ることはあたりまえだったので，私が {誰か<u>より</u>／＊<u>誰か</u>} 優秀で
> あると思ったことがないのです。　　（ひとが否定されないルール）
> (128) 人と人とを比べる必要が，どうしてあるの？どうして，{誰か<u>より</u>
> ／＊<u>誰か</u>} 上に，人は，ならなくちゃならないの。
>
> 　　　　　　　　　　　　　　　　　　　　　　　　（Yahoo！ブログ）
> (129) 私はいつでも自分を優秀な子どもだと思っていました。もちろん，{誰
> <u>かより</u>／＊<u>誰か</u>} ではありません。私自身がきのうの自分よりきょ
> うの自分を優秀だと感じていたのです。
>
> 　　　　　　　　　　　　　　　　　（ひとが否定されないルール）

　(127) ～ (129) はいずれもヨリ格によって比較の表現が表される。これら
のヨリ格は「無助詞型」が不可能である。

5.4.2.5「誰かで」

　デ格は意味役割的には手段，起因・根拠，主体，限界，領域，目的と様態を表す。「誰か」におけるデ格の例は次の（130）で，1件しかない。

　　(130) 俺も彼に飢えていた。独り寝がこんなにつらいものだとは思わなかっ
　　　　　た。だからといって他の {誰かで／＊誰か} 埋め合わせるわけにも
　　　　　いかない。そんなことをすれば昴を怒らせてしまう。

　　　　　　　　　　　　　　　　　　　　　　　　　　（執事は夜に嘘をつく！）

　この例から見ると，ここでは「手段」に属する方法という意味役割であろう。「ほかの誰か」という方法を通して埋め合わせるという意味になる。ここのデ格では「無助詞型」は不可能である。

5.4.2.6「誰かまで」

　マデ格は意味役割的には「着点」つまり「範囲の終点」を表す。「誰か」におけるマデ格の例は BCCWJ-NT には1件もなかった。『YAHOO！JAPAN』で検索したところ，以下の例があった。

　　(131) 知らない {誰かまで／＊誰か} 届いてほしい。
　　　　　　　　　　（https://twitter.com/you_say_plb，2019年11月12日取得）

　（131）の「誰かまで」は「着点」を表す。ここのマデ格は「無助詞型」が不可能となっている。

5.4.2.7 まとめ

　本項では，「誰か」における「格助詞顕在型」のみのケースの場合における「誰かと」，「誰かから」，「誰かへ」，「誰かより」，「誰かで」について形態ごとに具体的な考察を行った。「誰か」におけるト格も，カラ格も，ヘ格も，ヨリ格も，デ格も，いずれも「無助詞型」が不可能であることが分かった。

　加藤（2003）では，本項で考察したト格，カラ格，ヘ格，ヨリ格，デ格，マ

デ格は,「ヘ格はニ格の用法の一部と重なっているとみることができるが,『無助詞型』が可能である。デ格は基準[27]の用法をやや例外的なものとみると,場所の用法でのみ『無助詞型』が可能で,それ以外の用法では『無助詞型』ができない。つまり,『無助詞型』はきわめて限られているということである。カラ格はある種の条件のもとで『無助詞型』が可能になる。マデ格はほとんど不可能であるが,可能になる余地がある。ト格とヨリ格は不可能である」と述べている。

本研究の考察結果と加藤(2003)との比較の結果をまとめると,次のようになる。

表5.5 加藤(2003)の考察結果との比較

格の種類	加藤(2003)の考察結果	本研究の考察結果
ヘ格	ニ格の用法の一部と重なっているため,可能	不可能
デ格	場所を表す用法は「無助詞型」が可能	不可能
カラ格	ある種の条件のもとで「無助詞型」が可能	不可能
マデ格	大凡不可能	不可能
ト格	不可能	不可能
ヨリ格	不可能	不可能

表5.5で示したように,普通名詞はヘ格,デ格,カラ格においては「無助詞型」が可能であるのに対して,「誰か」のような不定名詞句では不可能である。また,普通名詞も,「誰か」のような不定名詞句も,ト格とヨリ格における「無助詞型」は不可能であることが分かった。

5.4.3「誰か」における「無助詞型」のみのケース

5.3で示したように,BCCWJ-NTからダウンロードした「無助詞型」である「誰か」の2058件の例には,ガ格相当,ヲ格相当とニ格相当の例のほかに,同格

---

27 加藤(2003)は益岡・田窪(1992)と鈴木(1972)などを参考にし,「無助詞型」の考察を行った。ここの「基準」の用法として取り上げた例文は次の通りである。

(132)b. (靴下を安く買ったという話をしたところ,値段を聞かれて答える)「三足{で/φ}800円」
(加藤2003:364)

を表す「誰か」の用例も 602 件あり，呼格としての「誰か」の用例も 674 ある。

5.4.1 では，「誰か」における「格助詞顕在型」と「無助詞型」が併存するケースにおける，「誰かが」と「誰か」，「誰かを」と「誰か」，「誰かに」と「誰か」について，5.4.2 では，「誰か」における「格助詞顕在型」のみのケースの場合にどうなるかについて，「誰かと」，「誰かから」，「誰かへ」，「誰かより」，「誰かで」に分けて，例を取り上げて考察を行い，各々の意味・用法について述べたが，本項では，同格を表す「誰か」と呼格としての「誰か」について，具体的な考察を行う。

5.4.3.1 同格を表す「誰か」

「誰か」が助詞を後続させない例には，ガ格相当，ヲ格相当とニ格相当の「無助詞型」の例のほかに，次のような例が 603 件ある。

(133) 〜 (135) の例はいずれも「誰か」が，後ろにある「知らない人」，「とても強力な方」，「地元民」と並んで，新たなより大きい名詞句を構成し，同格関係で組み合わさる用法である（日本語文法学会（編）2014:70）。同格関係（apposition）とは，1 つの要素が同じ種類の別の要素と並置されている統語関係であり，特に，異なる指示対象を持たない名詞句間の関係についていう（Peter Hugoe Matthews 2009:250）。このような場合には，「無助詞型」しか使えない。これらの例は平叙文の例であることから，「誰か」と後続する名詞句の間に格助詞が入れば，統語的には非文になる。

(133) 誰か知らない人が，乳母のとなりにいた。　　（ワイルド・スワン）
(134) 稲妻は一瞬，明るく輝く。誰かとても強力な方が怒っているのかもしれない。　　　　　　　　　　　　　　　　（化学実験とゲーテ…）
(135) 裏を取りたいので，誰か地元民に聞いてみることにした。ちょうど下校中の小学生がいたので，さっそく聞いてみた。

（モーニング娘。パパラッチ）

次に，疑問文の場合を見てみる。例の (136) と (137) の「誰か」は，その後ろにある「落札してみた人」，「知っている人」と新たな名詞句を作り，同

格関係を構成している。その間には格助詞が入れることはできず,「無助詞型」でしかありえない。

(136) オークションでよく見る「副業・一ヶ月で〜円儲かる方法」っていうのがよくありますが誰か落札してみた人いますか?
(Yahoo！知恵袋)

(137) 倉木麻衣って整形なんですか?俺は超ファンなので友達に聞いてショックうけました。誰か知ってる人居ませんか?ちょっと二重の幅を広くしただけですよ。 (Yahoo！知恵袋)

最後に,命令文の場合も同様である。「誰か」が後続する名詞か名詞句と新たな名詞句を構成する場合,一種の同格関係になり,格助詞を介在させることはできない。

(138) 誰か姑の行動,気持ちの解る人教えて下さい。 (Yahoo！知恵袋)
(139) 私自身米在住歴が短いのでネイティブほど英語力はありませんので誰か詳しい方ご意見をお願いします。 (Yahoo！知恵袋)

現代日本語においては,普通名詞の場合は「委員長の田中さん」のように,「の」で後続する名詞句と同格関係を構成するものもあれば,「首都東京」のように,2つの名詞が並んで同格関係を構成するものもある。一方,「誰か」のような不定名詞句の場合は,「誰か知らない人」のように,「無助詞型」でしか表示されず,不定名詞句がもう1つの名詞句と並んで,新たな大きい名詞句を構成する。

5.4.3.2 呼格としての「誰か」

格(case)とは,概略,主に名詞相当語句が係り先である文中の支配要素との間で取り結ぶ統合的な関係の表示を言う(日本語文法学会(編) 2014:93)。日本語には明確な形態格が存在し,ガ格,ヲ格,ニ格,ヘ格,カラ格,ト格,デ格,ヨリ格とマデ格がある。一方,山田(1901)は,文における各成分に

あたるものを語の「位格」と呼び，「呼格」，「主格」，「賓格」，「補格」，「述格」，「連体格」，「修飾格」と「接続格」の8つを設けた（日本語文法学会（編）2014:565）。そのうちの「呼格」（the vocative case）は，呼びかけに用いる形のことを指す。この「呼びかけ」に関しては，尾上（1975）では，「人は，モノ（人を含む）の存在を求めたり，対象とのつながりを希求したりするとき，『水！』『桜よ！』『太郎（よ）！』『おかあさん！』のように，そのモノ（人）の名前を叫ぶ。この行為およびその言語形式が広義の呼びかけである。このうち，人を対象とする場合，狭義の呼びかけである」と述べている（日本語文法学会（編）2014:656）。例えば，「次郎，こっちだよ」，「佐藤さん，よろしくお願いします」の2つの文における「次郎」と「佐藤さん」は呼格である。日本語の「呼格」は「無助詞型」で表示されている。

　本研究では，BCCWJ-NT からダウンロードした例には「無助詞型」の「誰か」の用例が 2058 件ある。そのうち，次のような呼格としての「誰か」の用例が 674 件ある。

(140) 「だ…誰か…」助けを求めようとする低い呻きは，だがろくに声にもならず，すぐに潰えた。　　　　　　　　　　　　　（暗色群生）

(141) 「すいませーん！誰かー！誰かいませんか…！誰か…」美濃は落胆しながら車の傍に戻ってきた。　　　　　　　　　（Yahoo！ブログ）

(142) 「助けて！」マーゴは悲鳴をあげた。「誰か，助けて！」他の乗客たちは，あんぐり口を開けて，その場に突っ立っていた。　　　（遺産）

(143) 「誰か，誰か止めてくれェー！」坂の上のほうから，弱々しいさけび声が聞こえてきた。　　　　　（恋とお菓子はキケンがいっぱい）

(144) 誰か…誰か来て！　　　　　　　　　　　（5-6 年生の劇の本）

(145) 「おい！誰か，外にいるのか！？」俺は，窓越しに怒鳴った。
　　　　　　　　　　　　　　　　　　　　　　（山田太郎十番勝負）

　(140) 〜 (141) のような独立文・(142) 〜 (144) のような命令文・(145)のような疑問文のいずれにも，呼格としての「誰か」がある。これらの「誰か」は呼びかけに用いられており，「無助詞型」でしか表示されない。

5.4.3.3　まとめ

　本項では，「誰か」における「無助詞型」のみのケースにおける，同格を表す「誰か」と呼格としての「誰か」について，具体的な考察を行った。まず，同格を表す「誰か」・呼格としての「誰か」ともに，「無助詞型」でしか表示されえないことが分かった。

　さらに，普通名詞の場合は，同格を表す時，ノを使用するものもあれば，2つの名詞が並ぶものもあるが，一方，「誰か」の場合は，「無助詞型」で表示されることも明らかにした。

　最後に，「誰か」を呼格としての用法もあることも明らかにした。

5.4.4　主題化した「誰か」

　本項では，「誰かは」について検討する。ハは格助詞ではないので，格表示ができない。しかし，格成分のほか，格成分の名詞修飾部や，述語名詞の名詞修飾部，非修飾名詞，節などに付くことができる。ハの基本的な性質については，野田（1996）では次のようにまとめている。

- a. ハの文法的な性質―格を表すガやヲなどとは違い，文の主題を表す助詞である。
- b. ハが使われる文―「～ガ」や「～ヲ」のような格成分の名詞が主題になった文のほか，連体修飾の「～ノ」の中の名詞が主題になった文，非修飾名詞が主題になった文など，いろいろなものがある。
- c. 文章・談話の中のハ―ハが使われる文は，前の文脈にでてきたものや，それに関係のあるものを主題にする。そして，文章・談話の中では，話題を継続するのに使われる。
- d. 従属節の中のハ―主題の「～ハ」は，「～タラ」，「～トキ」，「～タメ」のような従属節の中にはでてこない。
- e. ハの対比的な意味―主題を表す働きが弱く，対比的な意味を表す働きが強いものがある。

（野田 1996：8）

さらに，日本語文法学会（編）（2014）には，主題として現れうる名詞について，次のような記述がある。

　　　主題を表すハは，「<u>この傘</u>は高橋さんのものです」の中の「この傘」
　　のような指示対象がわかる「定」の名詞にしかつかない。「＊<u>誰か</u>はスイッ
　　チを押したようです。」のような指示対象がわからない「不定」の名詞
　　にはつかない。主題を表すハは，その文が何について述べるかを表すも
　　のなので，指示対象がわからない「不定」の名詞について述べることは
　　できないからである。

（日本語文法学会（編）2014：488）

　「誰か」は不定を表す名詞句である。しかし，5.3 で示したように，BCCWJ-NT からダウンロードした「誰かは」の例は，33 件もある。これは日本語文法学会（編）（2014）の記述と異なるようである。「誰か」にハが後続する場合，その意味・用法はどうなるのか，見てみよう。

　5.4.1 では，「誰か」における「格助詞顕在型」と「無助詞型」が併存するケースにおいて，「誰かが」と「誰か」，「誰かを」と「誰か」，「誰かに」と「誰か」について，5.4.2 では，「誰か」における「格助詞顕在型」のみのケースの場合にどうなるかについて，「誰かと」，「誰かから」，「誰かへ」，「誰かより」，「誰かで」，「誰かまで」に分けて，例を取り上げて考察を行い，各々の意味・用法について述べ，5.4.3 では，同格を表す「誰か」と呼格としての「誰か」の意味・用法について，考察を行った。本項では，主題化した「誰かは」の意味・用法を検討する。

5.4.4.1　主題を表す「誰か」

　（146）〜（148）においては，前の文では「誰か」について述べ，その後ろの文ではその「誰か」について再度言及する時，連体詞である「その」の後に付く「誰かは」という名詞句を使っている。つまり，「その＋誰か」にハを後続させるという形で表示されている。3 文の中における「その誰か」はいずれも，前文に出た「誰か」のことを指す。

(146) 不思議な帽子の仕組みだが，まず，彼の家系の人間が創った帽子は
　　　 すべて，その性質を持って居る。その性質を持った帽子を<u>誰か</u>に被
　　　 せると，脱いだ後何分後か，<u>その誰かは</u>躯共，魂共崩れ去る，つま
　　　 り死ぬのだと言う。　　　　　　　　　　　　　　　　　　（冗談）

(147) <u>誰か</u>が鏡に向かっている。テーブルの上には，化粧の道具が並んで
　　　 いる。<u>その誰かは</u>鏡に見入り，熱心に顔をいじっている。
　　　 　　　　　　　　　　　　　　　　　　　　　　　　（ミステリーズ）

(148) 皆が自分以外の誰かがどうにかするべきだと考えていたら，<u>その誰</u>
　　　 <u>かは</u>誰なんだろう？　　　　　　　　　　　　　　　　　（インド）

　このような場合においては，ハは主題を表す。上述した（146）〜（148）の
ほかに，（149）のように，話者がまず「何者か」で話を開始させ，続いて「そ
の何者か＋は」で主題を提示して，話題を展開し，最後に「その誰か＋は」で
追加説明をするものがある。「その誰か」も「その何者か」も，前文の文頭の
「何者か」のことを指している。したがって，「誰かは」も「その」に後続する
ことで主題を表しうる。

(149) 要するに，<u>何者か</u>が，あなたの会社のネットワークを不正規に利用
　　　 しようとしている。<u>その何者か</u>は，あなたの本国での学歴に関して，
　　　 微妙な点があることを知っている。そしておそらく，<u>その誰か</u>は，
　　　 あなたの会社の外部の者だ。　　　　　　　（ヴィーナス・シティ）

　また，次の（150）には，前文の文頭に「誰かが」があり，それに後続して「ハ」
が付いた「誰か」が使われている。後続する「誰かは」は，前の文脈における「誰
かが」で示された話題を継続していることから，この「誰かは」もこの文脈に
おける主題を示す。

(150) 警戒警報に<u>誰か</u>が慌てたのだろうか。しかしこのフロアにはもはや
　　　 慌てるような<u>誰か</u>は居ないはずだが…。　　　　（レフトハンド）

以上述べた「誰かは」は，野田（1996）が提示した c.「ハが使われる文は，前の文脈にでてきたものや，それに関係のあるものを主題にする。そして，文章・談話の中では，話題を継続するのに使われる」に当たる。

5.4.4.2 「列挙」を表す「誰か」

主題のほかに，ハには「対比」を表す用法もある。これもハの最も基本的な用法である。「対比」とは，2つのものを並べ合わせて，違いやそれぞれの特性を比べる用法である。例えば，「土日は行くけれども，平日は行かない」，「教室では勉強するが，寮では勉強しない」の中における「土日」と「平日」，「教室」と「寮」とを対比しながら述べる文である。しかし，下の（151）における「誰かは」は「対比」ではなく，「列挙」を表す。「列挙」には，全数列挙もあれば，代表的なものを取り上げ，並べ挙げる代表列挙もある。次の（151）の3つの「誰か」は代表列挙の一例である。

> （151）「おまえだって，よく話してたじゃねえか。どんな奴だって，あんなふうに，こんなふうに，育てられるんだって。誰かは，金持ちにへいこら頭を下げる野郎になる。誰かは，成績上げるためには，他人を蹴落としても平気になる。そして誰かは，他人を平気で殴れるし，殺せるようにもなる…みんな，そういうふうに育てられてゆくんだって。なかには，いい感じの大人になった奴もいるだろうけど，そういう人間は，幸運なんだ。たぶん自分じゃわかってねえだろうけど，すっげえ幸運なんだ，恵まれてんだ」　　　　　　（永遠の仔）

ここの3か所の「誰か」の文は，「金持ちにへいこら頭を下げる野郎になる人もいれば，成績上げるためには，他人を蹴落としても平気でいる人もいれば，そして，他人を平気で殴れる人もいれば，殺せる人もいる」という意味になる。
　なお，「対比」を表す「誰かは」の例は，BCCWJ-NT には1件もなかった。

5.4.4.3 まとめ

本項では，「誰かは」について，具体的な考察を行った結果，主題を表す「誰

か」,「列挙」を表す「誰か」があることが分かった。

　主題を表す場合には,前の文脈で一度「誰か」あるいは「何者か」が言及さ
れ,後ろの文脈に再度出現する際に,指示を表す連体詞である「その」+「誰
か」の形を取る。さらに,主題のほかに,「誰かは」は「対比」は表しえず,「列
挙」を表すことを明らかにした。

5.4.5　書き言葉における「誰か」

　従来の無助詞に関する研究は話し言葉における「無助詞型」についての研究
が中心であった。なぜなら,普通名詞の場合は,書き言葉においては,格助詞
の「無助詞型」が不可能だからである。主な研究を挙げると,鈴木 (1972),
尾上 (1987),石神 (1989),影山 (1993),丸山 (1996),加藤 (2003) などが
ある。本研究では,話し言葉だけでなく,書き言葉も視野に入れ,不定名詞句
である「誰か」について考察を行ってきた。

　本研究が BCCWJ-NT からダウンロードした例には,「誰か」の「無助詞型」の
例は 2059 件ある。そのうち,話し言葉の例は 1998 件,書き言葉の例は 60 件
である。小説の中の会話も話し言葉として統計している。

　次の表 5.4 が示したように,文体から見ると,出典が『Yahoo！ブログ』と
『Yahoo！知恵袋』の用例が 1001 件もある。ほかの 1057 件は小説の用例である。
そのうち,小説の中の会話は 997 件であった。

表 5.6　　「無助詞型」の「誰か」の文体別の分布　　件数（%）

出典の類型		話し言葉	書き言葉
『Yahoo！ブログ』		278 (13.5)	0 (0)
『Yahoo！知恵袋』		723 (35.1)	0 (0)
小説	会話	997 (48.5)	0 (0)
	描写・説明など	0 (0)	60 (2.9)

　小説の描写,説明などにある用例は書き言葉である。書き言葉における「無
助詞型」の「誰か」は 60 例あり,2.9%のみである。しかし,普通名詞ならば,
書き言葉においては,「無助詞型」は出現しないのに対して,不定名詞句にお
いては次のような用例があった。

(152) それから，一時間ちょっと，経っただろうか…。正面玄関に，タクシーが停まる音がした。どうやら，誰か戻ってきたようだ。

（約束の少年）（再掲）

(153) 床に箱や実験器具のようなものが散乱している。教壇に目を向け，我知らず呼吸を止める。誰か倒れているのが見えた。

（さまよえる脳髄）

(154) 二発目の爆発音に首を竦めて浅吉が悲鳴を上げた。誰か神社の前を駆け抜けていったからだ。（若さま黄金絵図）

(155) その様子は，ただ所在なげにあたりを見渡しているという雰囲気ではなかった。明らかに誰か特定の人間を探していた。

（新宿のありふれた夜）

(156) 切ってから，コインがまだやたらと残っているという単純な理由で，誰かほかの女にかけてみようという気になった。もちろん妻以外の女に。（雲から贈る死）

(157) 誰か信用のできるものを雇い，このたくわえを東京の親戚のところにごっそり預け，三年満期の任期を終えてもどったときに，上司へ運動の資金に使いたい，と考えてはいたが，あいにく油断のならないのが，途中に出没する強盗，追い剥ぎの輩である。（金瓶梅）

5.4.1.1 で述べたように，上の（152）〜（154）においては，コーパスでは「無助詞型」の使用になっているが，ガ格で置き換えることも可能となっている。（155）〜（157）における「誰か」は同格を表すので，後ろにある名詞と新たな名詞句を作る。このような場合は，中に格助詞が入れば非文になるため，「無助詞型」のみになる。

　上の考察から不定名詞句の「誰か」は話し言葉のみならず，書き言葉においても「無助詞型」が可能であると言えよう。これは従来の話し言葉における普通名詞を中心とした「無助詞型」に関する考察と異なる結果となる。

5.5 本章のまとめ

　本章では，まず，「誰か」における「格助詞顕在型」と「無助詞型」が併存するケースの，「誰かが」と「誰か」，「誰かを」と「誰か」，「誰かに」と「誰か」の相違を捉えた。続いて，「誰か」における「格助詞顕在型」のみのケースの，「誰かと」，「誰かから」，「誰かへ」，「誰かより」，「誰かで」，「誰かまで」についてそれぞれ考察した。次に，「無助詞型」のみのケースについて考察を行った。さらに，主題化した「誰か」についてその意味・用法を検討した。最後に，書き言葉における「誰か」について考察を行った。以上から，考察結果を以下のようにまとめる。

　まず，「誰かが」と「誰か」の使い分けについては，次のことが分かった。

　　a. 「誰か」節に連体修飾語がある場合，平叙文・疑問文・命令文のいずれにおいても，「格助詞顕在型」しか使えない。

　　b. 一方，「誰か」節に連体修飾語がない場合については，ガ格は，平叙文と疑問文においては，「ガ格相当」の「誰か」と置き換えられ，置き換えても意味が変わらない。一方，命令文においては，通常は「ガ格相当」の「誰か」を使うが，他人のために行為の実行を求める場合は，ごく一部であるが，ガ格が使われるケースがある。つまり，ガ格相当の「無助詞型」は無制限に近く可能ということになる。

　次に，「誰かを」と「誰か」の使い分けについては，次のことが分かった。

　　a. 「誰か」節に連体修飾語がある場合，平叙文・疑問文・命令文のいずれにおいても，「格助詞顕在型」しか使えない。

　　b. 一方，「誰か」節に連体修飾語がない場合については，ヲ格は，通常平叙文・疑問文・命令文のいずれにおいても，「誰かを」を使っても「ヲ格相当」の「誰か」を使ってもよい。ただし，否定文と逆接条件節においては，「ヲ格相当」の「誰か」は使えず，「誰かを」しか使えない。つまり，ヲ格相当の「無助詞型」はやや制限付の可能ということになる。

　次に，「誰かに」と「誰か」の使い分けについては，次のことが分かった。

　　a. 「誰か」節に連体修飾語がある場合，平叙文・疑問文・命令文のいずれにおいても，「格助詞顕在型」しか使えない。

b. 一方，「誰か」節に連体修飾語がない場合については，ニ格は，「誰か」と共起する動詞句が「～てほしい」，「～てもらう」であるケースの場合，「ニ格相当」の「誰か」と置き換えられ，意味も変わらない。ただし，上で述べた動詞句がないケースの場合は，平叙文・疑問文・命令文のいずれにおいても，「誰かに」しか使えない。つまり，ニ格相当の「無助詞型」は一部のみであるということである。

次に，「格助詞顕在型」のみの「誰か」の用法については，「誰か」におけるト格も，カラ格も，ヘ格も，ヨリ格も，デ格も，いずれも「無助詞型」が不可能であるということが分かった。

続いて，「無助詞型」のみの「誰か」の用法については，「無助詞型」のみの「誰か」に同格を表す用法と呼格としての用法があることが分かった。

さらに，主題化した「誰か」にはどのような用法があるかについては，主題化した「誰か」に主題を表す用法と「列挙」を表す用法があり，主題を表す場合には，前の文脈に一度「誰かか」か「何者か」について言及され，後ろの文脈に再度出てくる際，指示を表す連体詞である「その」＋「誰か」の形を取ることとなっている。さらに，主題のほかに，「誰かは」は「列挙」を表す「誰か」の用法もあることが分かった。

最後に，従来の話し言葉における普通名詞を中心とした「無助詞型」に関する考察と異なる結果を明らかにした。つまり，「誰か」のような不定名詞句は，話し言葉のみならず，書き言葉においても「無助詞型」が可能であるということである。

上述した考察結果から，次のことが明らかになった。

① 「誰か」における「格助詞顕在型」と「無助詞型」の使い分けについて，「誰か」節に連体修飾語がある場合は，「格助詞顕在型」しか使えない。「誰か」節に連体修飾語がない場合について，「格助詞顕在型」と「無助詞型」が置き換えられる可能性の高さの程度を示すと，ガ格＞ヲ格＞ニ格の順となる。

② 「誰か」における「無助詞型」は普通名詞の「無助詞型」の可能な条件と若干異なる。

③ 「誰か」は不定を表すが，「その誰か」という形で主題を表すことができる。

　また，「誰かは」は主題のほかに，「列挙」も表す。

④普通名詞の場合は話し言葉において「無助詞型」が可能であるが，一方,「誰
　か」のような不定名詞は，書き言葉にも「無助詞型」が可能である。

第6章 「ある人」 の意味・用法の考察

第5章では，日本語の不定名詞句である「誰か」の構文的特徴と意味的特徴を考察したうえで，「誰か」の意味・用法を明らかにした。本章では，本研究のもう1つの研究対象である「ある人」の構文的特徴と意味的特徴を考察し，「ある人」の意味・用法を明らかにする。

6.1 はじめに

本章では，次の（1）〜（3）のように，不定名詞句である「ある人」の意味・用法を考察する。「ある人」は語構成から見れば，連体詞「ある」と名詞「人」から構成された名詞句である。「ある人」についての研究は記述言語学の分野ではほとんど行われてこなかった。しかし，日本語教育の現場では，言語学の研究成果を踏まえて，正確に分かりやすく説明する必要があるにもかかわらず，「ある人」についての研究成果が反映された教科書が乏しいため，それができない状況にある。そこで，以下のような「ある人」の意味・用法を明らかにすることが本章の目的である。

（1）ある人が自費で某施設の子供たちに沢山の本を贈ったとする。それで大勢の子供たちに大変喜ばれたというエッセイを書いた。

（名文を書かない文章講座）

（2）わたしがある困難な事を決断し，ある人を説得しないと活路が見出せない瀬戸際でした。 （人生，考えすぎないほうがいい）

（3）十四年前に，ある人から突然電話があったんですよ。ダイエーが九州に球団をつくると。 （プロジェクトH）

本章では，まず，6.2で先行研究について整理し，6.3で分析方法と用例について述べ，6.4で具体的な用例の分析と考察に入る。

6.2 先行研究

　第3章で述べたが，現代日本語においては，「ある人」を取り上げて論じた先行研究は管見の限りでは，ほとんどなく，連体詞「ある」の意味，用法，機能についての先行研究も数えるほどしかない。

　まず，日本語学，日本語教育における主要な辞書類において，「ある人」について，触れている箇所はわずかしかない。

　日本語教育学会（2005）によって編集された『新版日本語教育事典』では，連体詞について，「連体詞とは，活用しないで（形が変わらずに），名詞（体言）のみを修飾する語を表す品詞である」と述べている。日本語記述文法研究会（編）（2008：43）によって編集されたものでは，連体詞による名詞修飾節を記述する節では，「連体詞は名詞修飾専用の語で，そのままの形で名詞修飾に用いられる」と示され，「ある」はほかの連体詞と共に並べられているのみである。このように，日本語教育，日本語学における主要な辞書類には「ある人」については，何も記述されていない。

　文化庁（編）（1971）では，「ある」の意味について，「はっきりわからない物事をさしたり，特定の物事と決めずにさすことば」と解釈され，（4）のような「ある人」の例が挙げられている。

　（4）ある人がわたしに音楽会に出ないかとすすめた。

（文化庁（編）1971：45）

　金水（1986b）は，名詞を修飾する成分の働きについて考察しており，連体修飾成分の機能として「限定」，「情報付加」，「存在化」という3つを提示している。本研究の考察対象の一部となる連体詞「ある」に関しては，「存在化」を行い，話し手が，「その個体が存在する」ことと「聞き手がその対象を知らない」ことをともに知っている時に使用されると示している。

　松本（1996b）は連体詞「ある」と「某」について，主に意味論的な観点から考察を行っている。連体詞「ある」の指示対象は単一であり，単一であれば個体に限らず，集合を指示対象とする名詞でも主名詞とすることが可能である

と指摘している。また，連体詞「ある」には，主名詞の表す集合から一要素を抜き出し，それを指示対象とする機能があり，その要素のレベルは，個体でも，個体の集合でも，「種」でも構わないという記述がある。

　建石（2017）では，連体詞「ある」の指示性，用法機能について考察を行い，「ある人」の主題化についても言及している。まず，指示性においては，連体詞「ある」を話し手が同定可能か否かから見た場合は，「特定」指示も「不特定」指示も表すが，聞き手が同定可能か否かから見た場合は，「不定」指示を表すと示している。さらに，連体詞「ある」には「聞き手に注目させる用法」，「聞き手に配慮する用法」，「事態の現実性を表す用法」，「構文的な用法」，「変項を表す用法」という5つの用法があることを指摘している。また，それぞれの用法間には，特定の指示対象を表すか，付加形式になりうるか，といった違いがあることを示している。そのうえで，「ある＋N」が特定の指示対象を表す場合は聞き手に注目させる用法と聞き手に配慮する用法があること，特定の指示対象を表すとは言えない場合は，変項を表す用法[28]が基本にあり，構文的な用法と事態の現実性を表す用法がそこから派生すると位置づけている。また，「ある人」の主題化について，「ある」は「不定」指示を表すので，（5a）のように主題化することはできないが，（5b）のような文の場合は，主題マーカーであるハを使用することができると述べている。

（5）a.　＊今日，ある人は学校に来ていました。　　　　　（建石 2017：41）
　　　b.　この世の中の大部分の人は何らかの悩みを抱えている。ある人は仕事のことで悩み，ある人は家庭のことで悩んでいる。

　　　　　　　　　　　　　　　　　　　　　　　　　　　　　　（建石 2017：40）

　建石（2017）は連体詞「ある」について詳細に記述しているものの，「ある人」

28　「変項を表す用法」については，建石（2017）では，「ある人」の指示対象が一定ではないという特徴があると指摘している。例えば，「このコーナーでは毎回ある人を取り上げて，その人物の生涯に詳しく迫ります。」という例における「ある人」はＡさんといった具体的な人物を表すのではなく，前回はＡさん，今回はＢさん，次回はＣさんというように毎回変化する。いわば，コーナーに登場する出演者といった役割関数が設定され，第何回という変数が指定されることによってその値が決まる（指示対象が決定される）のである。便宜上，このような用法を，変項を表す用法と呼ぶことにした（建石 2017：85-86）。

については，主題化にしか触れていない。本研究のもう1つの考察対象である「誰か」との使い分けの考察，さらに中国語の不定名詞句である"有人"，"有个人"との対照分析には，「ある人」を先行研究より詳細に記述することが必要である。

　以下，本章の6.3では研究方法を示し，6.4では「ある人」の意味・用法について考察を行う。

6.3　研究の方法

　大規模コーパスを用いて「ある人」の意味・用法を検証するために，インターネット上で利用できる中納言のBCCWJ-NTを使用し，用例収集を行った。「文字列検索」で検索した結果，4424件収集された。その中には，「デイトレードに興味がある人の助けになれば幸いです。」の中の「興味のある人」のように，「ある」が動詞である用例，「ある人物」のような用例，古文のような本研究の研究対象とはならないものが3858件あったため，それらを取り除き，最終的に564件収集できた。

　その中の「ある人が」のような，格助詞や副助詞などが付く形の用例は以下のようになった。

表6.1　BCCWJ-NT から収集された「ある人」の用例の詳細

「ある人」＋助詞	例の件数	「ある人」＋助詞	例の件数
ある人ガ	143	ある人ハ	175
ある人ヲ	20	ある人ニ	86
ある人カラ	37	ある人ト	24
ある人ノ	68	ある人ヘ	4
ある人ナド	1	ある人ナンカ	2

　ほかには，「ある人いわく」が3件あり，また「ある人」が述語になる例が2件あった。

　第5章で考察を行った「誰か」においては，格助詞や副助詞を後続させない「誰か」の例が2059件もあるが，これに反して，「ある人」には「無助詞型」は1件もない。

以下の6.4では「ある人」のガ格，ヲ格，ニ格，カラ格，ト格，ヘ格における意味・用法を考察したうえで，「ある人」の構文的特徴と意味的特徴を明らかにする。

6.4 結果と考察

本節では，格助詞を取る「ある人」と主題化した「ある人」に分けて，不定名詞句である「ある人」の意味・用法を考察する。

6.4.1 格助詞を取る「ある人」

表6.1が示すように，「ある人」の例には「無助詞型」がなく，「格助詞顕在型」しかない。以下，それぞれ「ある人」のガ格，ヲ格，ニ格，カラ格，ト格，ヘ格における意味・用法を考察する。

6.4.1.1 「ある人が」

述語が表す動きを引き起こすものや，述語が表す状態の持ち主となるものを主体という。「ある人」がガ格を取る場合は，動作・変化の主体や対象を表す。
①主体を表すガ格

まず，「ある人」が動作・変化の主体を表すガ格から見ていくことにする。

動作・変化の主体とは，時間の流れの中で，何かが起きたり，何かが変わったりする動きを引き起こす存在としての主体である。動きと変化は動詞述語によって表される。

（6）エリザベスがなぜ殺されたのか，まったくの謎だった。しかし，やがてある人が手がかりを与えてくれた―レイン家の人々がつぎつぎに事故で死んだこと…　　　　　　　　　　　　　　　　（死の長い鎖）
（7）おばあさんの家はトタン屋根でものすごく暑いから，ある人がクーラーを寄付したのです。そうしたらお役所の人が生活保護を受けている身分でクーラーを付けていると言うわけです。（NPOと市民社会）
（8）ある人がキムジンと友人になった。毎晩一緒に漁に出掛けた。キム

ジンからタコの穴を教わってたくさんこれを取ることが出来て幸福
であった。　　　　　　　　　　　（世界の故事・名言・ことわざ）

（6）～（7）の「ある人」は「与える」,「寄付する」といった動作の主体であり,
（8）の「ある人」は「なる」という変化の主体である。

②対象を表すガ格

　次に，対象を表すガ格を見ていく。

　コーパスには対象を表す「ある人が」の例は1件もなかった。しかし,（9）
のような例もよく使われる。

　　（9）（友達同士）「最近私,ある人が好きなんだけど,その人は野球部のエー
　　　　スでね。」「えっ，和也君？うそ！」　　　　　　　　　　　（作例）

③従属節にあるガ格

　また，従属節の主語となっている「ある人」も次の例の通り，ガ格を取って
いる。

　　(10)　ある人が大切にしている価値観や考え方，つまり「当然」で「普通」
　　　　　と考えていることは，その人の文化的背景に基づくものですが，価
　　　　　値観や考え方は，文化によって大きく異なります。

　　　　　　　　　　　　　　　　　　　（親教育プログラムのすすめ方）

　　(11)　彼女が初めはある人がこのシナリオを彼女の手に引き渡した時，彼
　　　　　女は2晩徹夜でシナリオを見終わって，それからすぐこのドラマを
　　　　　撮影する事を決定した，このシナリオがたいへん人を引きつけるた
　　　　　めです。　　　　　　　　　　　　　　　　　　（Yahoo！ブログ）

　　(12)　ドイツ語をしゃべれない私は，ある人がドイツ[29]をしゃべれるのか
　　　　　どうかわからない。　　　　　　　　　　　　　　（対角線上の悪魔）

29　BCCWJ-NT の中納言には「ドイツをしゃべれるのかどうかわからない」と書いてあるが,「ドイツ語」
　　の誤りと思われる。

(13) ある人が犯罪を犯したならば，その人自身に責任があります。

（繁栄の法）

(14) すでに書いたように，森山の体験では，ある人が鈴木越後の羊かん
があまりに高価なので，ほかの菓子屋のものを出したところ，「羊か
んが粗い」といって詰問され，招いた同僚に手をついて謝ったとい
う。

（サムライの掟）

(15) ある人が評したように，力学を支配するラグランジュの方程式は，
あらゆる科学のうちで，無から有をつくりだす技術のもっとも精妙
な実例である。

（数学をつくった人びと）

(16) 私はおなかの小さな手術をして，入院していた。ある人が見舞にきて，
こんな話をして帰った。

（花明かりのことば）

　(10) の名詞修飾節，(11) の時間節，(12) の疑問節，(13) の条件節，(14)
の理由・原因節，(15) の様態節，(16) の並列節のような従属節の中の主語と
なる「ある人」はハではなく，ガ格で表示されている。

④「ある人〜。またある人〜」の構文におけるガ格
　また，コーパス例を観察した結果，次のような文は「ある人〜。またある人
〜」の構文だが，2つの対比のハを使わず，ガ格を取っているのもある。

(17) いつも来ている人が，今日は来ていない。ある人が「○○さんはど
うしたのかしら」と心配顔で言う。またある人がこれに応じる。「病
気じゃなければいいんだけど…」 病気のときは家にいて，元気なと
きに病院にやって来る。本当の病気のときは別の病院へ行くのだ。

（ドクター・ショッピング）

6.4.1.2 「ある人を」
　「ある人」がヲ格を取る場合は，意味・役割的に動作の対象を表す。次のよ
うな例がある。

98

(18) ある人を心に思い浮かべるとき，あなたはその人の何をイメージしますか。その人のからだのうち，足や腕，背中や胸ではないはずです。誰かを想像するとき，画像として脳裏に浮かぶのは，九分九厘，その人の「顔」でしょう。　　　　　　　　　　（幸せの顔づくり）

(19) 十分後の電話　ある人をホテルに迎えに行き，その後空港に送ってほしいという依頼を受けました。自分にも何かお手伝いができることをうれしく思って出発しました。　（キアラ・ルービックとフォコラーレの小さき花）

(20) これは結婚話じゃなくて，就職話だけれども，ちょっと念頭に浮かんだのはリンカーンに関する物語である。リンカーン大統領の親友が大統領に自分の親しいある人を採用してくれるように頼んだ。ところが一向に実行してくれん。　　　　　　　　　（人生の五計）

(21) つまり，心のなかで，ある人を好きだなと思っていると，その「想い」がいつのまにか相手に伝わり，相手もこちらに対して好意をもってくれるようになる。　　　　　　　　　　　　　　（太陽の法）

　(18) 〜 (21) の「ある人」は「思い浮かべる」，「迎える」，「採用する」，「思う」のような他動詞の動作の対象であるため，ヲ格によって示される。また，(22) のような，使役の対象を表すヲ格の例もある。

(22) 私個人は体験することで吸収してきた文化的変容ですが，ほかの場合，ある人を破滅させるほどのものだったのです。（インド・新しい顔）

　ほかに，「ある人」に「〜ヲ通じて」，「〜ヲ介して」といった複合助詞が接続した例もある。例えば，(23) と (24) である。

(23) そのかたわら，ある人を通じて，わたしたちが所持しているパスポートとビザで，国境通過が可能かどうかを確認してみた。
　　　　　　　　　　　　　　　　　　　　　（北朝鮮の最高機密）

(24) 幸いなことにヨーロッパ行きのビジネス・ビザも，ある人を介して

手に入れることができた。　　　　　　　　　（北朝鮮の最高機密）

6.4.1.3 「ある人に」

　「ある人」がニ格を取る場合は，相手，着点，場所，主体，対象などを表す。ここでは，ニ格を取る「ある人に」の意味・用法をそれぞれ見ていく。

①相手を表すニ格

　相手とは，述語で表される事態の成立に関与する，主体以外のもう一方の有情物のことである。相手を表すニ格を取る「ある人」の用例を以下に示す。

(25) ある人に，必ず戻ると約束をしておりますので。　　　（封印の竜剣）

(26) ある時，ある場所で，ある人にお会いした。その方と先日，改めてお会いする機会に恵まれた。　　　　　　　　　（Yahoo！ブログ）

(27) ある人にいくら言ってもダメなら別の人をさがせばいいのです。

　　　　　　　　　　　　　　　　（自分の「素敵」を見つけよう）

(28) 私は，このオキタ氏のはなしを，以前ある人にしたことがあります。その人は，自分は金もうけをしたい，そのためなら何でもできる，と言っていたので，こんな人がいるよ，と，紹介したのです。

　　　　　　　　　　　　　　　　（あなたを変える３つのレッスン）

(29) 普通なら，ある人に感謝してその人のために何かしてあげようと決心したときには，はりきった快活な気分になるはずである。

　　　　　　　　　　　　　　　　　　　　　　　（フロイドを読む）

　(25) ～ (29) の「ある人」のニ格はそれぞれ「約束する」，「会う」，「言う」，「話をする」，「感謝する」の方向性がある動作が向かう先としての相手を表す。

(30) ある人に「村下孝蔵」さんのＣＤをあげたら他の女性からも「えーー私も村 下孝蔵のＣＤが良いーー！！」と言われる始末でした。

　　　　　　　　　　　　　　　　　　　　　　　（Yahoo！ブログ）

(31) ある人に必要な本をすべてあてがってあげたかと思うと，コースを変えてしまうのです。　　　　　　　　（アメリカ西部の女性図書館員）

（32）なお，表見代理には，１今までにのべた代理権の範囲を超えた場合
　　　（百十条）２<u>ある人</u>に代理権を与えたと第三者にいいながら，実際は
　　　与えていなかった場合（百九条）３代理権が消滅した後の代理行為
　　　の場合（百十二条）の三種類があります。　　　　　（民法の基礎知識）

　（33）～（34）の「ある人」のニ格は授与の相手を表す。つまり，物のやり
取りにおける受け手としての相手である。また，次の（33）～（34）のような
文のニ格は使役の相手を表す。ここの「ある人」は使役文における被使役者で
ある。

（33）しかし，反面，人命というものをどう守るかということもあるわけ
　　　でありまして，<u>ある人</u>に言わせると，人権は地球よりも重いが人命
　　　も地球よりも重いのだよなんということを言う人もおります。
　　　　　　　　　　　　　　　　　　　　　　　　　　　（国会会議録）
（34）<u>ある人</u>に言わせれば，総合交通体系というのは絵にかいたもちだ，
　　　こうおっしゃられるかもしれない。　　　　　　　　（国会会議録）

　また，次の（35）のような基準としての相手を表すニ格の例もある。基準と
しての相手とは，主体を述べるための基準となる相手のことである。ニ格によっ
て，「似ている」という述語の基準としての相手が表される。

（35）「いったい，何が似てんだい？…」
　　　「<u>ある人</u>に似ているのよ，あなたがね」
　　　「例えば，奥さんのご主人とか？…」
　　　「まさか…わたしは，結婚なんかしてないわよ」
　　　　　　　　　　　　　　　　　　　　　（ロシアンルーレットの女）

②着点を表すニ格
　着点とは事物の存在する位置が変化する移動を伴う動作において，その移動
が終わる位置のことを指す。（36）の「ある人」のニ格は「流れる」という空

間移動動詞の到達点を表す。

(36) ある人には情報が流れるけど，ある人には流れなくなる。

（ニッポン食いしんぼ列伝）

③場所を表すニ格

　場所には存在の場所，動作の場所と出現の場所がある。しかし，「ある人」の場合は，出現の場所しか考えられない。つまり，事物がある場所の内部で発生し，存在するようになる場所ということである。例えば，次の (37) は「発生する」の出現の場合が「ある人」においてであることを表す。

(37) ひとりひとりの顔や性格がちがうように，同じ胃がんでも，人によって異なる性質と特徴とをもっています。ある人に発生したがんが，増殖・発育していく過程で，いろいろな性格の異なるがん細胞集団に変わっていくことがしばしばです。

（ガンの早期発見と治療の手引き）

④主体を表すニ格

　「ある人」の主体を表すニ格には状態の主体と動作の主体がある。

　(38) の「忌まわしい」と「懐かしい」は感情，感覚を表す状態性述語で，ニ格はその心的状態の主体を表す。(39) と (40) は受身文における動作の主体を表し，(41) は授受文における動作の主体を表す。

(38) ある人には，いまは忌まわしい歴史となっているかも知れないし，ある人には，いまは懐かしい思い出であるかもしれない。

（哲学教師の五十年）

(39) 先日ある人に言われたんですよ。『バガボンド』は単行本は売れているかもしれないけど，雑誌の部数は伸ばしていない。だからダメだと（笑）。　　　　　　　　　　　　　　　　　　　　　　　(Sabra)

(40) 彼は，ある人に「小説家になる才能って，何ですか」と聞かれたの。

そうしたら，彼は「運，鈍，根」って，言ったんですって。

（二十歳のころ）

(41) 先日，<u>ある人に</u>教えていただいたんですけど，終局後，ヨセがめちゃくちゃだっていわれてしまいました。　（なぜそう打つなぜそうなる）

⑤対象を表すニ格

ここでの対象とは，心的活動の対象を指す。(42) のような「従順であろうと感じる」は心的活動の述語で，ニ格はその対象を表す。

(42) そしてオルテガはこの，「<u>ある人</u>に従順であろうと感じること」，「模範に従って向上しようとすること」，すなわち「その人間との共同生活を営もうと望ませ，その人に見習って生きようとさせる」ことが，「社会が真に社会である限り持っている」根元的な力なのであると言っている。　（大衆社会のゆくえ）

⑥「〜ニついて」「〜ニとって」などの複合助詞にあるニ格

「ある人」には，「〜ニついて」，「〜ニとって」，「〜ニよれば」，「〜ニ対して」のような複合助詞の例も観察された。例えば，(43) 〜 (46) である。

(43) その結果，<u>ある人</u>について速度違反をしたという以外の情報までも，警察は掌握することになるわけです。　（道交法の謎）

(44) 私にとってサイテーと思えるようなバーでも，<u>ある人にとって</u>はこの上ない天国のような場所だということもあるだろう。

（週末バーテンダーのすすめ）

(45) <u>ある人によれば</u>，「あなたは，小学生かい？」といいたいところらしいが，いちいち感情を表に出す人は，だんだん珍しい人ではなくなっているようだ。　（「なぜか人に思われる人」の共通点）

(46) 今，東中委員は，<u>ある人に対して</u>は参政権を与え，ある人には与えないという差別をすることは，国際人権規約あるいは憲法十四条を持ち出すまでもなくと，こうおっしゃいましたけれども，私どもは，

103

（後略）。 （国会会議録）

6.4.1.4 「ある人から」

　「ある人」が，カラ格を取る場合は，起点，動作の主体を表す。以下では，「ある人」がカラ格を取った場合について，起点，動作の主体の順で述べていく。
①起点を表すカラ格

　起点とは，具体的・抽象的な移動を伴う動作において，その移動の始まる位置のことである。カラ格の起点としての意味には，移動の起点，方向の起点などがある。

　まず，移動の起点とは，事物がある位置から別の位置と移動する時，移動前に存在する場所である。移動に具体的な移動と抽象的な移動がある。例えば，(47) と (48) は前者の所有権の移動の起点で，(49) と (50) は後者の情報・伝達行為の起点である。

> (47) また，ある人から別の人へと所有者が変わってもその経過が登記記録に記録されているため，登記記録を調べる，つまり登記事項証明書を見ることによって過去から現在に至るまでの所有者を知ることができます。
> 　　　　　（すぐに役立つ不動産登記の法律と申請手続き実践マニュアル）
> (48) 預かってきたんよ。ある人から…。『待たせたな』だってさ」楽しそうに笑う葉。　　　　　　　　　　　　　　　　　（シャーマンキング）
> (49) 突破できないと，なかなかうまくいかないという問題があるということをある人から聞きました。　　　　　　　　　　　（新・日本人論）
> (50) 以前，ある人から「同じ優勝をしても，たとえばマクラーレンとジョーダンでは支払われる金額が違う」という話を聞いたことがある。
> 　　　　　　　　　　　　　　　　　　　　　　　　　　（F1 の経済学）

　また，(51)，(52) のような，移動を伴わない動作であっても，受身と似た意味をもつ定型的な表現では，その動作を行った人物がカラ格で起点として表示される。「ある人」という主体が何らかの行為や影響を受ける際の相手である。

(51) 先ほどの結婚の例であれば，<u>ある人から</u>，「その男性と結婚できない
のに，彼女の問題が解決したと言えるのでしょうか」という，質問
を受けたことがあります。　　　　　（自分を見つける心理分析）

(52) その冒頭に，七緒の記事を<u>ある人から</u>もらったコピーで読んだこと。
　　　　　　　　　　　　　　　　　　　　　（花の下にて春死なむ）

次に，(53) のようなカラ格は方向の起点を表す。

(53) <u>ある人から</u>みて同時にみえることも，運動する別の人からみると同
時にはみえない。　　　　　　　　　　（アインシュタインをこえて）

②動きの主体（提供・伝達行為の起点としての主体）
　ある動きの主体が，同時にその動きの起点としても捉えられる場合に，動き
の主体を表すことがある。例えば，(54) と (55) のようなカラ格が主体の意
味を担うのは，提供・伝達行為の起点となる場合である。

(54) 債権とは，<u>ある人から</u>ある特定の相手方にある行為を要求する権利
をいう。　　　　　　　　　　　　　（最新・会計処理ガイドブック）

(55)「残念ですが。<u>ある人から</u>一献差し上げたいと申しつかっております」
男はきっぱりと拒否した。　　　　　　　　（悪魔が舞い降りる夜）

③受身文における動作の主体
　次の (56) 〜 (59) における「ある人」はニ格と同様に，受身文における動
作の主体を表す。

(56) <u>ある人から</u>は，「それは天使だったのよ」と言われたこともあるが，
そんな幻想的な子供である自覚はなかった。　　　　（太りすぎの雲）

(57) アメリカから東京に一旦もどっていたころ，<u>ある人から</u>見合いの話
が持ちこまれた。　　　　　　　　　　　　　（箸とフォークの間）

(58) 今日出勤したら<u>ある人から</u>「君のクルマのあの色は純正なの？」と

聞かれました。 (Yahoo！ブログ)

(59) 文章を書く事が好きで，１日に５～６件も更新していたが<u>ある人から</u>「訪問者数を稼ぐための連続更新」と非難され落ち込んだ事…。

(Yahoo！ブログ)

④「カラノ」の複合格助詞にあるカラ格

カラ格はノと複合格助詞を構成し，後部の名詞を修飾する。例えば，(60)と (61) の中の「カラノ」である。

(60) きのう，昼すぎに中年の紳士が訪れて，<u>ある人からの</u>プレゼントだと言って，四角い紙包みを喜久江に押しつけて帰った。

(歌麿殺人事件)

(61) <u>ある人からの</u>質問みたいです。私には分からないので，誰か答えてあげて。 (Yahoo！知恵袋)

6.4.1.5 「ある人と」

「ある人」がト格を取る場合は，ニ格と並んで，相手を表す。ニ格は方向性がある動作の相手を表すのに対して，ト格は，対等の関係で主体と関わる相手を表す。ト格の相手としての意味には，共同動作の相手，相互動作の相手，基準としての相手がある。

①共同動作の相手

(62) と (63) の「ある人」のト格は共同動作の相手を表す。共同動作の相手とは主体が行うのと同一の行為を一緒に行う相手である。共同動作の相手は，述語が表す事態の成立にとって任意の要素である。

(62) 今日，<u>ある人と</u>話をして「ああ，素晴らしい人だな」と関心[30] した。こういった関心は久しぶりで，とても新鮮だった。

(Yahoo！ブログ)

---

30 コーパスには「関心」と書かれている。しかし，ここにおける正確な表記は「感心」である。これに続く第２文における「関心」についても「感心」と表示すべきである。

106

(63) <u>ある人</u>といると，すごく落ち着くんです。その人の容姿も性格も好きです。だけどその人は…たぶん私のことを好きではありません。辛いです。 (Yahoo！知恵袋)

　共同動作の相手は (64)，(65) のように，ト格の代わりに「ト一緒に」を用いても表せる。

(64) <u>ある人と一緒に</u>旅に出ると言って大学を休学して，適当にうろうろしているらしい。 (Yahoo！ブログ)

(65) わたしも<u>ある人と一緒に</u>ご飯に行きたくて，あるきっかけをチャンスと思っておごるよ〜と誘って，彼からも「じゃあ，行こう」となって行った経験あります。 (Yahoo！知恵袋)

②相互動作の相手

　(66) 〜 (69) の「ある人」のト格は相互動作の相手を表す。相互動作の相手とは，単独の動作者では成り立たない行為の，主体ではないもう一方の当事者のことである。　相互動作の相手は，述語が表す事態の成立にとって必須の要素である。

(66) 酔って<u>ある人と</u>口論になり押されて怪我をしてしまいました。 (Yahoo！知恵袋)

(67) 職場内で<u>ある人と</u>ペアを組み仕事をする事になりました。その人は一生懸命仕事をするのですが，ちょっとしたミスが多く上司に注意される事が多々あります。 (Yahoo！知恵袋)

(68) 白紙の状態でかかわる私たちは初めて<u>ある人と</u>かかわるときに，その人に対する何らかの印象を抱いているのが普通です。 (カウンセリングマインドの探究)

(69) 結婚しても浮気は直らないと思ってました。が…と<u>ある人と</u>出会った時ピタリと直りました。 (Yahoo！知恵袋)

③基準としての相手

(70) の「ある人」のト格は基準としての相手を表す。基準としての相手とは，主体を述べるための基準となる相手のことである。

(70) <u>ある人と</u>，平等の基準を設定する人々—社会的にすでにその人とは異なる立場にあると規定されている人々—とが同等となるよう要求するということは，性的平等が決して達成されえないように概念化されている，ということを意味している。　　　　(現代政治理論)

6.4.2　主題化した「ある人」

ここでは，「ある人は」について考察を行う。ハは格助詞ではないことから，格表示をすることができない。しかし，格成分のほか，格成分の名詞修飾部や，述語名詞の名詞修飾部，非修飾名詞，節などに付きうる。ハは主題マーカーである。野田（1996）では，その基本的な性質について，次のようにまとめられている。

a. ハの文法的な性質—格を表すガやヲなどとは違い，文の主題を表す助詞である。

b. ハが使われる文—「〜ガ」や「〜ヲ」のような格成分の名詞が主題になった文のほか，連体修飾の「〜ノ」の中の名詞が主題になった文，非修飾名詞が主題になった文など，いろいろなものがある。

c. 文章・談話の中のハ—ハが使われる文は，前の文脈にでてきたものや，それに関係のあるものを主題にする。そして，文章・談話の中では，話題を継続するのに使われる。

d. 従属節の中のハ—主題の「〜ハ」は，「〜タラ」，「〜トキ」，「〜タメ」のような従属節の中には出てこない。

e. ハの対比的な意味—主題を表す働きが弱く，対比的な意味を表す働きが強いものがある。

(野田 1996: 8)

さらに，日本語文法学会（編）（2014）では，ハは主題として現れうる名詞について，指示対象が分かる「定」の名詞にしかつかず，指示対象が分からない「不定」の名詞にはつかないと述べられている。その原因としては，「主題を表すハは，その文が何について述べるかを表すものなので，指示対象が分からない「不定」の名詞のついて述べることはできないからである」と示されている（日本語文法学会（編）2014：488）。

また，建石（2017）でも，「ある人」の主題化について，「ある」は「不定」指示を表すので，「＊今日，ある人は学校に来ていました。」のようにハを付けて主題化することはできないが，「この世の中の大部分の人は何らかの悩みを抱えている。ある人は仕事のことで悩み，ある人は家庭のことで悩んでいる」のような文であるなら，主題マーカーである「は」を使用することができると述べている。

しかし，6.3で示したように，BCCWJ-NTからダウンロードした「ある人は」の例は，176件もあり，例全体数の31％も占める。これは日本語文法学会（編）（2014）の記述とは異なり，建石（2017）で上述した主要部分とも異なった事実を示していることになる。

本項では，「ある人」にハが後続する場合，その意味・用法はどうなるのかを見てみる。

6.4.2.1 主題を表す「ある人」

「ある人」に「ハ」が付く用例は176件あり，例全体数の31％も占めることについては前述した。そのうち，次の（71）〜（74）のように，主題を表すものは46件ある。

(71) ある人はその緑の色を見た瞬間に，自分のふるさとを思うでしょう。自分たちの懐かしいふるさとが，今は開発の波に荒らされて姿が変わってしまった。　　　　　　　　　　　　　　（平安京から京都へ）

(72) ある人は「これは素晴らしい！」と言ったが，これは仕事仲間だからだろう。僕はこの写真展を僕の持っているわずかな残り滓，僕の現在の力でもって開いたんだ。　　　　　　　　　　（写真の真実）

(73) 嘘と信じたいのですが, <u>ある人</u>は「医者に言われた」<u>と言っていました</u>。

(Yahoo！知恵袋)

(74) <u>ある人</u>はこれまでなし得たことに<u>満足し</u>, 将来においても楽観的である。

(障害, 人権と教育)

　主題とは, その文が何について述べるのかを示すものである。(71) ～ (74) の「ある人」はそれぞれ文の後部にある「思う」,「言う」,「満足する」の動作主であるが, ハによって, 文の主題を示している。上述した 46 件の全ての例は上に示した用例と同様のタイプであるので, これらの用例における「ある人は」は主格を表すガ格の主題化である。

　さらに, BCCWJ-NT からダウンロードした例には, 次の (75) のようなものもあった。「ある人＋格助詞＋ハ」のような例である。

(75) <u>ある人からは</u>,「それは天使だったのよ」と言われたこともあるが, そんな幻想的な子供である自覚はなかった。(太りすぎの雲) (再掲)

(76) <u>ある人には</u>, 東京五輪のチケット購入の方法を教えてもらった。その人のおかげで, スムーズに購入できたよ。(作例)

(77) <u>ある人とは</u>, 海外旅行まで行く仲になった。(作例)

　これは野田 (1996) で示された c .「ハが使われる文は, 前の文脈にでてきたものや, それに関係のあるものを主題にする。そして, 文章・談話の中では, 話題を継続するのに使われる」という使い方で, つまり「文章・談話の中のハ」である。カラハで文の主題を提示し, その後に話題の継続あるいは展開が続く。(76) のニハはやりもらいの対象であるニの主題化であり, (77) のトハは動作の相手を表すトの主題化である。

6.4.2.2 「対比」を表す「ある人」

　次に,「ある人は～, ある人は～」のような構文で,「対比」を表すものもある。このような構文においては, 前後 2 つ以上のハによって,「対比」の意味を表す。つまり,「～人もいれば, ～人もいる」という意味である。

(78) ある人は，その毒の激しいカリスマ性に酔いしれ，ある人は，その
　　　毒のアクの強さに拒絶反応をしめす。　　　　　（黒澤明音と映像）

(79) ある人は，旅行のときのメモの代りにと答えるかもしれない。ある
　　　人は，描いているときに気持がいいからと言うかもしれない。

　　　　　　　　　　　　　　　　　　　　　　　　　　　（人生論手帖）

(80) ある人はお金に依存します。ある人は会社に依存し，会社を生きが
　　　いとしています。ある人は，周りの人々に認められることを生きが
　　　いとしています。　　　　　　　　　　　　　　（Yahoo! ブログ）

(81) 半分の水が入ったグラスを前に，ある人は「半分しか入っていない」
　　　といい，また別の人は「まだ半分も残っている」と主張する。

　　　　　　　　　　　　　　　　　　　　　　　（流通メガ・バトル）

　(78) と (79) のような文は2つのハ，(80) のような文は3つのハによって，
「対比」を示す。(81) のような「ある人は〜，また別の人は〜」のようなもの
は構文上，(78) 〜 (80) とは異なるが，意味上，いずれも「対比」を表す。
　ほかにも，「ある人からは〜，ある人からは〜」，「ある人には〜，ある人に
は〜」のように，「ある人」＋格助詞の後にハが付く形を取る例もある。例えば，
次の (82) 〜 (84) である。

(82) ある人からは尊敬され，ある人からは敬遠されるでしょうが，わが
　　　道を行く者には，別の道を孤独に歩んできた者との絆が約束されて
　　　いるのです。　　　　　　　　　　　（月刊朝日グラフ　パーソン）

(83) ある人には，いまは忌まわしい歴史となっているかも知れないし，
　　　ある人には，いまは懐かしい思い出であるかもしれない。

　　　　　　　　　　　　　　　　　（哲学教師の五十年）（再掲）

(84) ある人には情報が流れるけど，ある人には流れなくなる。だから，
　　　芝居の稽古が終わったあとはいっさい俳優とは付き合わない。

　　　　　　　　　　　　　　　　　　　　　（ニッポン食いしんぼ列伝）

　「ある人」は，受身マーカーである格助詞カラに後続するものもあれば，心

的状態の主体や移動の着点をを表す格助詞ニに後続するものもある。これらはどちらも前後2つの「カラハ」と「ニハ」を通して，前後正反対の事実か性質について述べ，「対比」を表す。

6.4.2.3 「列挙」を表す「ある人」

最後に，(85) と (86) のような前項と同様な「ある人は〜，ある人は〜」構文であるが，前後正反対の動作，性質を表すのではなく，異なる複数の人物の動作，所有物，性質などを列挙する意味を表す。

(85) そういったことから，自由な労働競争の中で，賃金は下がってもそれぞれの人が自由な形態，例えばある人は一日に六時間だけ働く，ある人は週に三日だけ働く，ある人は年に十か月だけ働く，ある人は一日八時間週五日，十二か月全部働く，これが選べるような形になるべきだと思います。　　　　　　　　　　　　　　　　　(国会会議録)

(86) 人はそれぞれ，特別神経質な人でなくても，「これだけはがまんできない」というものがあるのだろう。ある人は髪，ある人は爪，あるいは鼻毛というように。　　　　　　　　　　　　(旅はお肌の曲がり角)

また，(87) のような「ある人は〜，別の人は〜」構文もあり，「ある人は〜，ある人は〜」と同様に，ここにおける「ある人は」も意味上，「列挙」の意味を表す。

(87) たとえば同じドラマを見て感動しても，ある人は俳優の優れた演技に感動し，別の人はそこで主張されている思想に感動し，さらに別の人は演出のすばらしさに動かされるかもしれない。

(コミュニケーションプロセス)

6.5　本章のまとめ

本章では，「ある人」におけるガ格，ヲ格，ニ格，カラ格，ト格，ヘ格と主題マーカーであるハの意味・用法を考察し，分析した結果，次のことが明らかになった。

まず，「誰か」に見られる「無助詞型」が，「ある人」からは観察されなかった。したがって，「ある人」においては，「無助詞型」がないということになる。

次に，「ある人」は格助詞によって，それぞれ動作主，変化の主体，動作の対象，移動の到着点などを表す。

最後に，「ある人」は主題マーカーであるハ，あるいはハが格助詞に後続する形によって，主題を表しうる。ほかにも，「ある人は〜，ある人は〜」のような構文によって，「対比」と「列挙」の意味を表すことができる。

次の第7章では，「誰か」と「ある人」の使い分けについて論じる。

第7章　「誰か」と「ある人」の使い分け

　第5章と第6章では，それぞれ日本語の不定名詞句である「誰か」と「ある人」の意味・用法を明らかにした。本章では，「誰か」と「ある人」の使い分けについて，考察を行う。

7.1　はじめに

　「誰か」・「ある人」ともに，現代日本語において，日常的に使用される基本語彙である。第2章で述べた通り，筆者は，本研究を日本語教育のための対照研究として位置づけている。そこで，ここでは日本語教育の立場から日本語の「誰か」と「ある人」の使い分けをを明らかにする。

　第5章では，「誰か」について，構文的特徴と意味的特徴に分けて，考察を行ったうえで，次のような結果が得られた。

① 「誰か」においては，「格助詞顕在型」も「無助詞型」もある。両者の使い分けについて，「誰か」節に連体修飾語がある場合は，「格助詞顕在型」しか使えない。「誰か」節に連体修飾語がない場合には，「格助詞顕在型」と「無助詞型」が置き換えられる可能性の高さの程度を示すと，ガ格＞ヲ格＞ニ格の順となる。

② 「誰か」における「無助詞型」は普通名詞の「無助詞型」の可能な条件と異なる。

③ 「誰か」は「その誰か」という形で主題をも表しうるほかに，「列挙」をも表しうる。

④ 普通名詞の場合は話し言葉において「無助詞型」が可能であるが，一方，「誰か」のような不定名詞は，書き言葉にも「無助詞型」が可能である。

　第6章では，「ある人」について，構文的特徴と意味的特徴に分けて，考察を行ったうえで，次のような結果が得られた。

① 「ある人」においては，「無助詞型」がない。

② 「ある人」は格助詞によって，それぞれ動作主，変化の主体，動作の対象，

　移動の到着点などを表す。

　③「ある人」は主題マーカーであるハあるいはカラハ，ニハ，トハによって，
　　主題を表しうる。ほかにも，「ある人は〜，ある人は〜」のような構文によっ
　　て，「対比」と「列挙」の意味を表しうる。

　本章の7.2では，現代日本語における「誰か」と「ある人」の使い分けに関
する従来の研究を概観し，7.3では本章の研究の方法を示したうえで，7.4で
は分析と考察を述べる。

7.2　先行研究

　日本語の名詞句は形態的あるいは統語的な特徴が乏しいため，動詞・形容詞・
助詞ほど多く研究されていない。このような背景から，不定を表す名詞句に関
する先行研究は非常に少なく，「誰か」と「ある人」の使い分けに関する研究
に至っては管見の限り建石（2017）しかない。

　建石（2017）では，「誰か」と「ある人」の研究では両者の使い分けのみに
重点を当てた考察で終止せず，「誰か」のような不定名詞[31]と「ある人」のよ
うな「ある＋N」[32]の相違点について考察を行い，次のようなことを明らかに
した。

　まず，指示性においては，聞き手が同定できるか否かについては，(1a)，(1b)
と（2）のように，3文とも聞き手が同定できないという「不定」指示を表す。
一方，話し手が同定できるか否かについては，(1a)と（2）のように，「ある
人」は話し手が同定できる「特定」指示・同定できない「不特定」指示ともに
表しうるが，(1b)と（2）のように，「誰か」は話し手が同定できない「不特定」
指示しか表すことができない。

31　建石（2017）は，「誰か」のほかに，「何か」，「どこか」，「いつか」のような名詞句を「不定名詞」
　と呼び，4つとも考察対象とし考察を行ったが，本研究は便宜上，建石（2017）の考察結果の「誰か」
　の部分のみ抜き出すとする。
32　建石（2017）は，「ある人」のほかに，「あること」，「あるところ」，「ある日」のような名詞句を「あ
　る＋N」と呼び，4つとも考察対象とし考察を行ったが，本研究は便宜上，建石（2017）の考察結果
　の「ある人」の部分のみ抜き出すにする。

（1）a. 寂しいから，<u>ある人</u>に会いたい。＜特定＞＜不定＞

　　　b. 寂しいから，<u>誰か</u>に会いたい。＜不特定＞＜不定＞

（建石 2017：54）

（2）このグラウンドは1周が400メートルあります。つまり，例えば｛<u>誰か／ある人</u>｝が5周走ったとすると2キロ走ったことになるわけです。＜不特定＞＜不定＞　　　　　　　　　　（建石 2017：55）

表 7.1　「誰か」と「ある人」の指示性

特定性＼定性	定	不定
特　定		ある人
不特定		ある人，誰か

　表7.1が示すように，「誰か」は「不特定」指示と「不定」指示を表すが，「ある人」は「特定」・「不特定」と「不定」指示を表す。両者は「不定」指示では共通するが，「特定」と「不特定」では相違点を持つ。

　次に，建石（2017）では，「事態の現実性」の観点から，条件表現においては，事実的な条件表現や後の文脈で該当の名詞句に言及する場合は「ある人」のほうが使用されやすく，仮定性を高めると「誰か」のほうが使用されやすいと示している。

　これに関しては，建石（2017）は「事態の事実性」と「事態の現実性」という2つの概念を取り上げ，考察を行った。まず，「事態の事実性」については，当該の事態が実現していれば「事実的」，実現していなければ「仮定的」と位置づけている。つまり，（3a）では当該の事態はすでに起こっていることから，事実的な用法であり，（3b）は当該の事態はまだ起こっておらず，仮定的な用法となる。

（3）a. 部屋に入ったら，彼がすでに待っていた。＜事実的＞

（建石 2017：59）

　　　b. もし明日雨が降ったら，ピクニックは中止にしよう。＜仮定的＞

（建石 2017：59）

　次に，「事態の現実性」とは話し手が当該の事態の存在や生起をはっきり想定しているどうかのことであり，話し手が当該の事態の存在や生起をはっきり想定している場合には，その事態は現実的となり，一方，そのような想定がなく，ただ漠然と考えている場合にはその事態は非現実的となると指摘している。建石（2017）はこの「事態の現実性」という概念から，「誰か」と「ある人」について説明を行っている。「ある人」は現実的であり，「誰か」は非現実的であると指摘したうえで，次の（4）のような仮定表現においては，「誰か」と「ある人」は置き換えられるが，「ある人」が使用されたものは現実的な事態を表しており，「誰か」が使用されたものは非現実的な事態を表していると主張した。

　（4）このグラウンドは1周が400メートルあります。つまり，例えば｛誰か／ある人｝が5周走ったとすると2キロ走ったことになるわけです。
　　　　　　　　　　　　　　　　　　（建石2017:55）（再掲）

　一方，次の（5）と（6）のような文においては，両者は置き換えることができないと指摘している。

　（5）会議中，いつになく静かだった。しかし｛？？誰か／ある人｝が発言すると，それをきっかけにみんなが意見を言い出した。
　　　　　　　　　　　　　　　　　　　　　　（建石2017:63）
　（6）a.（心理テストで）今あなたの目の前に｛？誰か／ある人｝がいるとしたら，その人はどんな人ですか。　　（建石2017:63）
　　　　b. あなたが森の中を歩いています。そして｛？？誰か／ある人｝に出会うと仮定します。その人は一目であなたのことを気に入ります。　　　　　　　　　　　　　　　　　（建石2017:63）
　（7）こんなところに穴が開いている。もし万が一｛誰か／＊ある人｝が落ちたらどうするんだ。　　　　　　　（建石2017:63）

　（5）においては，当該の事態はすでに実現しているので，つまり事実的であるということになる。この場合は，「誰か」より「ある人」のほうがなじみ

やすいという特徴が観察されると示した。(6a) と (6b) においては，後の文脈で当該人物のことを話題にしており，話し手の頭の中で当該の事態の生起が強く想定されていることが要因となっているため，「ある人」のほうが使用されやすいと述べた。これと反対に，（7）においては，仮定的な性質が非常に高いので，「ある人」は使用されず，「誰か」しか使用できないと示した。

　建石（2017）は，「誰か」，「ある人」の条件表現における事態の性質に関する論点を次の表7.2のようにまとめている。

表7.2　条件表現における「誰か」・「ある人」と事態の性質の関係図

事態の事実性	事態の現実性
事実的（ある人）	現実的（ある人）
仮定的（誰か）	非現実的（誰か）

（建石 2017:60-65 によるものを筆者が整理）

　条件表現における事態の性質を事態の「事実性」という観点で分類すると，「事実的」なものと「仮定的」なものの2つとなる。そのうち「事実的」（表7.2の左上）として位置づけられたものは，当該の事態がすでに起こっているので，事態の「現実性」という観点でも「現実的」（表7.2の右上）なものとして考えられる。すでに起こった事態については，話し手は「現実的」にしか捉えることができないというわけである。一方，「仮定的」（表7.2の左下）なものとして位置づけられたものは，当該の事態がまだ起こっておらず，事態の「現実性」という観点から，「現実的」（表7.2の右上）なものと「非現実的」（表7.2右下）なものの両方が考えられる。まだ起こっていない事態について，話し手はそれを「現実的」なものとして捉えることもできれば，「非現実的」なものとして捉えることもできるのである。これは例えば，何かを仮定する時のことを考えると分かりやすい。何かを仮定する場合に，話し手が頭の中でよりはっきりと事態の存在や生起を想定する場合もあれば，ただ漠然と事態の存在や生起を想定する場合もある。よりはっきりと事態の存在や生起を想定する場合は「現実的」なものとなり，ただ漠然と事態の存在や生起を想定する場合は「非現実的」なものとなる（建石 2017:61）。

　上述した事態の性質の分類の観点から述べると，「ある人」は「事実的」で「現実的」な事態に使用されやすく，「誰か」は「仮定的」で「非現実的」な事態に使用されやすいと，建石（2017）は主張した。

　さらに，建石（2017）は文末表現における「誰か」と「ある人」の相違点についても，考察を行った。その考察結果を表 7.3 にまとめる。

表 7.3　文末形式における「誰か」と「ある人」の使い分け

事態の現実性	文末形式	文末の意味	置換可か否か	「ある人」の特定性
非現実的	ル形	将来の事態・意志[33]	可①[34]	不特定
	意向形	意志	可②[35]	特定
	命令形	命令	可②	特定
	願望表現	願望	可②	特定
現実的	タ形	過去の事態	可②	特定

（建石 2017:65-70 によるものを筆者が整理）

　（8）　僕はきっといつか必ず困ることがあると思う。でもそんな時には絶
　　　　対に{誰か／ある人}と巡り合う。ただ今はまだ出会っていないから，
　　　　早くその人物に会いたい。　　　　　　　　　　　　　（建石 2017:55）

　（8）のような文末表現がル形という文末形式で，未実現の事態である場合は，「誰か」と「ある人」は置き換えることができ，両者同様に「不特定」指示を表すので，意味は変わらない。ただし，（9）のような文末が意志を表す形式，（10）のような命令を表す形式と（11）のような願望を表す形式である場合は，「誰か」と「ある人」は置き換えることができるが，「誰か」は「不特定」指示を，「ある人」は「特定」指示を表すので，文の表示する意味は変わる。

33　建石（2017）はル形は意味上，（8）のように「将来の事態」を表すほかに，「意向」をも表すと述
　　べている。文末が意向を表す「　　ル形」である場合にも，「ある人」は「不特定」指示を表し，「誰か」
　　と置き換え可能であり，意味も変わらないと主張している。なお，これらに関する例は建石（2017）
　　では提示されていない。
34　可①は「誰か」と「ある人」は置き換えられ，意味も変わらないことを指す。
35　可②は「誰か」と「ある人」は置き換えても非文にはならないが，意味は変わることを指す。

（9）a. 明日は暇だから，誰かに会おう。そしてその人に悩みを相談しよう。
　　　　　　　　　　　　　　　　　　　　　　　　　　　　＜不特定＞

　　　b. 明日は暇だから，ある人に会おう。そしてその人に悩みを相談し
　　　　　よう。　　　　　　　　　　　（建石 2017:66）＜特　定＞

（10）a. この書類は非常に重要だから，なくさないようにして，クラスの
　　　　　誰かに渡せ。それは誰でもいいぞ。　　　　　　＜不特定＞

　　　b. この書類は非常に重要だから，なくさないようにして，クラスの
　　　　　ある人に渡せ。それはこのクラスの委員長の田中君だ。

　　　　　　　　　　　　　　　　　　　　（建石 2017:68）＜特　定＞

（11）a. 寂しいから，誰かに会いたいな。　　　　　　　　＜不特定＞

　　　b. 寂しいから，ある人に会いたいな。　（建石 2017:68）＜特　定＞

　一方，（12）のような，文末形式が「タ形」である場合は，事態の実現済であるので，「誰か」と「ある人」はそれぞれ「不特定」指示と「特定」指示を表すことになり，文の意味は変わる。

（12）a. 僕は過去に困ることがあった。でもそんな時には絶対に誰かと巡
　　　　　りあった。　　　　　　　　　　　　　　　　　＜不特定＞

　　　b. 僕は過去に困ることがあった。でもそんな時には絶対にある人と
　　　　　巡り合った。　　　　　　　　　（建石 2017:66）＜特定＞

　両者の違いを述べると，（12a）の「誰か」は特定の人物を表しているのではなく，必ず巡り合う人物がいたということを表しているのに対して，（12b）の「ある人」は特定の人物を表している。

　最後に，建石（2017）では，「ある人」の用法・機能について，次のような考察結果を提示している。まず，「ある人」には「聞き手に注目させる用法」，「聞き手に配慮する用法」，「事態の現実性を表す用法」がある。次に，これらの用法では談話的な動機とでも呼ぶべき動機によって，「ある人」は使用されるという。ここでは，話し手が聞き手に対して談話内でなんらかの働きかけを行っていると指摘したうえで，聞き手の存在は必要不可欠なものであることから，

談話的な動機によって「ある人」が使用されていることが分かると示している。しかし，この談話的機能に関し，「誰か」については，述べられていない。

　建石（2017）は，現代日本語の不定名詞句である「誰か」と「ある人」の使い分けに関しては，指示性において両者は「特定性」で対立しているとしている。即ち，「ある人」は「不特定」指示だけでなく，「特定」指示をも表すので，「誰か」の表す指示性と異なるということである。しかし，次のような「ある人」は指示性においては，「不特定」指示だと示しているが，その指摘は適切か否か，検討する余地があると思われる。これに関しては，7.4.5 で改めて検討する。

　　(13)　ある人は，その毒の激しいカリスマ性に酔いしれ，ある人は，その
　　　　　毒のアクの強さに拒絶反応をしめす。　　　（黒澤明音と映像）（再掲）

　また，建石（2017）は条件表現の文においては，「誰か」と「ある人」は置き換え可能であり，意味も変わらないと示している。しかし，次の（14）のような例文は条件表現であり，両者は置き換え可能であるが，意味は異なる。これに関しては，7.4.2 で改めて検討する。

　　(14)　ほかの ｛誰か／ある人｝ に頼めば，それは解決できる。　　　（作例）

　本章では，第 5 章と第 6 章で考察した結果を踏まえ，構文的特徴，意味的特徴，統語機能，談話的機能，指示性をめぐり，「誰か」と「ある人」の使い分けについて考察を行う。

7.3　研究の方法

　本章では，第 5 章と第 6 章で行われた考察結果を踏まえ，「誰か」と「ある人」の類似点と相違点を検討する。

　第 5 章で使用した BCCWJ-NT からダウンロードした 7370 件の「誰か」の用例と第 6 章で使用した BCCWJ-NT からダウンロードした 564 件の「ある人」の用例及びこの 2 つの形式間の置き換えによる用例を用いる。必要に応じて作例も

利用する。置き換え用例，作例の許容度判断については，第 4 章で説明した方法と同様である。なお，以下の例の 〔　〕内の前項はコーパスの記載通りに載せたものである。

7.4 分析と考察

　本節では，第 5 章と第 6 章で行った考察結果を踏まえながら，「誰か」と「ある人」が置き換えられるか否かの観察を通して，構文的特徴，意味的特徴，主題化，談話的機能，指示性の性格，談話的機能及び文体的特徴をめぐり，「誰か」と「ある人」の類似点と相違点の考察を行う。

7.4.1 構文的特徴

　BCCWJ-NT からダウンロードした「誰か」の例は，計 7370 件ある。そのうち，「格助詞顕在型」は 5312 件であり，72.1％を占め，「無助詞型」は 2058 件あり，27.9％を占める。

　BCCWJ-NT からダウンロードした「ある人」の例は，計 564 件収集できた。そのうち，「ある人が」のような格助詞を伴う例は 382 件あり，全体の 67.7％を占める。「ある人は」の例は 175 件あり，全体の 31.0％を占め，「ある人など」のような副助詞が後続する例は 7 例あり，全体の 1.3％を占める。「無助詞型」は 1 件もない。これらの「誰か」と「ある人」の格助詞表示における具体的な統計をまとめると，次の表 7.4 となる。

表7.4 BCCWJ-NT における「誰か」と「ある人」の格助詞表示の統計

カテゴリー	格表示	「誰か」の件数	「ある人」の件数
「無助詞型」	ガ格相当	703	0
	ヲ格相当	48	0
	ニ格相当	31	0
	同格	602	0
	呼格	674	0
「格助詞顕在型」	ガ格	2564	143
	ヲ格	444	20
	ニ格	1493	86
	カラ格	83	37
	ト格	13	24
	ヘ格	4	4
	デ格	1	0

表7.4が示すように，「ある人」の例には「無助詞型」がなく，「格助詞顕在型」しかない。

これに関しては，置き換えの手法で検証していくこととする。

(15) エリザベスがなぜ殺されたのか，まったくの謎だった。しかし，やがて｛ある人が／＊ある人｝手がかりを与えてくれた―レイン家の人々がつぎつぎに事故で死んだこと…　　（死の長い鎖）（再掲）
(16) 彼女が初めは｛ある人が／＊ある人｝このシナリオを彼女の手に引き渡した時，彼女は2晩徹夜でシナリオを見終わって，それからすぐこのドラマを撮影する事を決定した，このシナリオがたいへん人を引きつけるためです。　　（Yahoo！ブログ）（再掲）

まず，ガ格においては，上の(15)と(16)において，コーパスには「ある人が」で表示されているが，「無助詞型」の「ある人」に置き換えれば，非文となる。次に，ヲ格とニ格の置き換え例を見てみる。(17)と(18)においても，「ある人」を「無助詞型」に置き換えれば，非文となる。

(17) {<u>ある人を</u>／＊<u>ある人</u>} 心に思い浮かべるとき，あなたはその人の何をイメージしますか。その人のからだのうち，足や腕，背中や胸ではないはずです。　　　　　　　　　　　　（幸せの顔づくり）（再掲）

(18) 先日，{<u>ある人に</u>／＊<u>ある人</u>} 教えていただいたんですけど，終局後，ヨセがめちゃくちゃだっていわれてしまいました。

（なぜそう打つなぜそうなる）（再掲）

続いて，「ある人」は同格関係を表すことが可能か否かについて見ていく。

(19) {<u>誰か</u>／＊<u>ある人</u>} 知らない人が，乳母のとなりにいた。

（ワイルド・スワン）（再掲）

(20) 裏を取りたいので，{<u>誰か</u>／＊<u>ある人</u>} 地元民に聞いてみることにした。ちょうど下校中の小学生がいたので，さっそく聞いてみた。

（モーニング娘。パパラッチ）（再掲）

　(19)と(20)では，第5章で取り上げた「誰か」の用例を用いて，置き換えを行った。2文とも「ある人」に置き換えると，非文となる。「ある人」の場合は「誰か」のように，後続する名詞句と新たな名詞句を構成することは不可能である。
　最後に，「ある人」には呼格表示が可能か否かについて見ていく。BCCWJ-NTでは「誰か」には「誰か，助けてください」のような呼格表示の例が非常に多かった。これに反して，「ある人」には例が1件もなかった。例えば，(21)と (22) のように，2文の4か所の「誰か」を「ある人」に置き換えを行ってみたが，「ある人」を使えば，非文となる。つまり，呼びかけには「ある人」が使用しえないと言えよう。

(21) 「すいませーん！{<u>誰か一</u>／＊<u>ある人一</u>} ！{<u>誰か</u>／＊<u>ある人</u>} いませんか…！{<u>誰か…</u>／＊<u>ある人…</u>}」美濃は落胆しながら車の傍に戻ってきた。　　　　　　　　　　　　（Yahoo！ ブログ）（再掲）

(22) 「助けて！」マーゴは悲鳴をあげた。「{<u>誰か</u>／＊<u>ある人</u>}，助けて！」他の乗客たちは，あんぐり口を開けて，その場に突っ立っていた。

（遺産）（再掲）

　以上のように，置き換えの手法で検証した結果，「ある人」は同格と呼格で
は表示されることがないことが分かった。
　さらに，表 7.4 で示したように，BCCWJ-NT で「誰か」にはデ格表示の例が
1 件あったが，「ある人」には 1 件もなかった。

(23)　俺も彼に飢えていた。独り寝がこんなにつらいものだとは思わなかっ
　　　た。だからといって他の｛誰かで／＊ある人で｝埋め合わせるわけ
　　　にもいかない。そんなことをすれば昴を怒らせてしまう。

（執事は夜に嘘をつく！）（再掲）

　この例から見ると，ここではデ格により「手段」の意味を表す。「他の誰か」
という方法によって埋め合わせるという意味になる。「ある人で」に置き換え
れば，非文となる。それはその前に「他の」という言葉が先行するからである。
実在する用例で置き換え不可能となったので，次の（24）の作例で置き換え作
業を行い，分析する。

(24)　そんな事が可能かどうか，｛誰かで／ある人で｝実験してみよう。

（作例）

　上の（24）では「誰かで」と「ある人で」は置き換えることができる。しか
し，両者の意味は異なる。「誰かで」を使用すれば，実験に使う人物は現実世
界には存在するが，話し手は発話時にその人物は誰か未だ分からないという意
味合いとなる。「ある人で」を使用すれば，話し手が同定できる特定の「ある人」
により実験をしてみるという意味内容となる。つまり，置き換え作業により，「あ
る人」に置き換えた後，意味が変わっても，置き換え可能であるということか
ら，「ある人」にはデ格表示が可能であることが分かった。
　上述したものをまとめると，「誰か」と「ある人」の格表示については，次
のことが言えよう。

125

①「誰か」には「格助詞顕在型」・「無助詞型」ともにあるが，「ある人」には格助詞の「無助詞型」はない。
②「誰か」・「ある人」ともにガ格，ヲ格，ニ格，カラ格，ト格，ヘ格，デ格を伴うこと可能である。

7.4.2 意味的特徴

本項では，「誰か」と「ある人」の意味的特徴における類似点と相違点を考察する。

本章の先行研究で言及したが，建石（2017）では「誰か」と「ある人」が置き換え可能なものは条件表現にあると示している。しかし，次の（25）のように連体修飾語が先行する用例は置き換えは可能であるが，意味は変わる。

> (25) 他の{誰か／ある人}に頼めば，それは解決できる。
>
> （作例）（再掲）

上の（25）における「誰か」は「他の」という連体修飾語が先行している。つまり，「他の」で「誰か」を限定しているわけである。このような場合の「誰か」は限定された集合の中の任意の1人を指す。しかし，「他のある人」を使用すると，話し手の心の中に当該人物を想定したうえでの発話となるため，特定の人物を指すこととなる。この場合，「ある人」は集合の中の任意の1人ではなく，集合の中の特定の1人を指すと考えられる。

> (26) 今年のはじめ頃，ちょうど冷たい雨が降りつのっている陰気な晩であったが，ぽっかりヒマができて，その嬉しさで街に出て飲み歩いた。けれども雨のせいか，友人の{誰か／ある人}はきっといるはずの店が，いずれも閑散としている。（色川武大・阿佐田哲也エッセイズ）

36　建石（2017）では，「部分集合」については，詳しく説明されていないので，ここで「部分集合」について説明を付け加える。図7.1が示すように，集合Aと集合Bがあって，XがAに属せばXは必ず全体集合であるBに属する時，AをBの部分集合と呼ぶ。

図7.1　部分集合と全体集合

　上の（26）は条件表現ではないが，（25）と同様に，「友人の」という連体修飾語が先行している。この文においても，「誰か」と「ある人」は置き換えは可能であるが，意味は変わる。「誰か」に「他の」，「友人」という連体修飾語が先行し，「誰か」を限定しているからである。「誰か」は友人の中の任意の1人を指す。「ある人」を使えば，話し手が友人の誰かをすでに同定している意味合いとなり，「友人のある人」で特定の人物を指す。これも（25）と同様に，集合の中の任意の1人ではなく，集合の中の特定の1人を指す。

　一方，建石（2017）は，（27）を取り上げ，「ある人」には「ある人は～，ある人は～」のような構文的な用法があり，この構文における「ある人」の場合は「一部の人」に置き換えることができ，「部分集合」[36]の意味を表すと示している（建石 2017:82-85）。

(27) 結婚に対する考え方は人によって大きく異なる。{ある人は／＊誰か}，幸せの始まりと捉え，逆に {ある人は／＊誰か} 不幸の始まりと捉える。　　　　　　　　　　　　　　　　　　　　　　　　　　　　（建石 2017:82）（再掲）

(28) {ある人は／＊誰か} は，善悪は人間が決めたものであるとして，道徳否定論を説き，{ある人は／＊誰か}，徹底的な宿命論を唱えた。
　　　　　　　　　　　　　　　　　　　　　　　　　　　　　　　（新・人間革命）

(29) {ある人は／＊誰か}男が好きだし，{ある人は／＊誰か}女が好き。{ある人は／＊誰か}は同性が好きだし，{ある人は／＊誰か}異性が好き。
　　　　　　　　　　　　　　　　　　　　　　　　（香港電影バラエティブック）

　上の（28）と（29）のいずれも建石（2017）の取り上げた用例と同様に，「一部の人」の意味を表す。このような場合には，「誰か」と置き換えは不可能である。「誰か」は「一部の人」の意味を表さないからである。

　次に，BCCWJ-NT には「ある人は～，ある人は～」のような例が非常に多かった。これらの例においては，前後に「ある人」が2つある。（30）のような，前後正反対の動作を行う動作主であったり，（31）のような，前後正反対の状態に変化する主体であったり，（32）と（33）のような，前後正反対の状態か性質の主体であったりする。このような場合には，「ある人」は「対比」を表すが，

BCCWJ-NT には 52 件あり，全体の 9.2％を占める。「誰か」にはこのような例は1つもない。(30) ～ (33) で置き換え作業を行ったが，置き換えが不可能であった。

(30) 結婚に対する考え方は人によって大きく異なる。{ある人は／＊誰か}，幸せの始まりと捉え，逆に {ある人は／＊誰か} 不幸の始まりと捉える。　　　　　　　　　　　　　　　　　　　　　　　　（建石 2017:82）（再掲）

(31) {ある人は／＊誰か} 不幸の身の上となり，{ある人は／＊誰か} 幸福の身の上となっていた。　　　　　　　　　　　　　　　　（新・人間革命）

(32) {ある人は／＊誰か} 男が好きだし，{ある人は／＊誰か} 女が好き。{ある人は／＊誰か} は同性が好きだし，{ある人は／＊誰か} 異性が好き。
　　　　　　　　　　　　　　（香港電影バラエティブック）（再掲）

(33) パソコンに画像を送信してもらいましたが，{ある人は／＊誰か} 大きく，{ある人は／＊誰か} 小さい画像で来ます。（Yahoo！知恵袋）

　最後に，「誰か」・「ある人」ともに「列挙」を表す。全数「列挙」もあれば，代表的なものを取り上げ，並べ挙げる「列挙」もある。例えば，次の (34) と(35) である。

(34) 「おまえだって，よく話してたじゃねえか。どんな奴だって，あんなふうに，こんなふうに，育てられるんだって。誰かは，金持ちにへいこら頭を下げる野郎になる。誰かは，成績上げるためには，他人を蹴落としても平気になる。そして誰かは，他人を平気で殴れるし，殺せるようにもなる…みんな，そういうふうに育てられてゆくんだって。なかには，いい感じの大人になった奴もいるだろうけど，そういう人間は，幸運なんだ。たぶん自分じゃわかってねえだろうけど，すっげえ幸運なんだ，恵まれてんだ」　　　　　　（永遠の仔）（再掲）

(35) そういったことから，自由な労働競争の中で，賃金は下がってもそれぞれの人 が自由な形態，例えばある人は一日に六時間だけ働く，ある人は週に三日だけ働く，ある人は年に十か月だけ働く，ある人

は一日八時間週五日，十二か月全部働く，これが選べるような形になるべきだと思います。　　　　　　　（国会会議録）（再掲）

　上で述べたものを表7.5でまとめると，「誰か」と「ある人」の意味的特徴における使い分けについては，次のことが言えよう。
　①「誰か」は集合の中の任意の1人を表し，「ある人」は集合の中の特定の人，あるいは，部分集合を表すことがある。
　②「誰か」は「列挙」しか表さないが，「ある人」は「対比」も「列挙」も表す。

表7.5　意味的特徴における「誰か」と「ある人」の使い分け

	「誰か」	「ある人」
集合の中の1人	＋（任意）	＋（特定）
部分集合（構文的用法）	－	＋
対比	－	＋
列挙	＋	＋

7.4.3　主題化

　第5章と第6章で，「誰か」と「ある人」の主題化について考察を行った結果，「誰か」・「ある人」ともに，後続する主題マーカーであるハによって主題化していることが分かった。本項では，両者が表す主題は全く同様であるか，また，表示形式も同様であるかについて，見ていく。
　(36) と (37) の「誰か」が使用される文，(38) の「何者か」が使用される文において，(36) と (37) の前の文では「誰か」，(38) では「何者か」について述べている。(36) と (37) においては，その後ろの文で「その誰か」について，(38) においては「その何者か」について再度言及する時，「その」の後には「誰かは」という名詞句を使っている。つまり，「その＋誰か」にハを後続させるという形で表示されているということである。3文における「その＋誰か」はいずれも，(36) と (37) では前に出た「誰か」，あるいは (38) では「何者か」のことを指す。

(36) 不思議な帽子の仕組みだが，まず，彼の家系の人間が創った帽子は
　　すべて，その性質を持って居る。その性質を持った帽子を<u>誰か</u>に被
　　せると，脱いだ後何分後か，<u>その誰か</u>は躯共，魂共崩れ去る，つま
　　り死ぬのだと言う。　　　　　　　　　　　　　　　（冗談）（再掲）

(37) <u>誰か</u>が鏡に向かっている。テーブルの上には，化粧の道具が並んで
　　いる。<u>その誰か</u>は鏡に見入り，熱心に顔をいじっている。

　　　　　　　　　　　　　　　　　　　　　　（ミステリーズ）（再掲）

(38) 要するに，<u>何者か</u>が，あなたの会社のネットワークを不正規に利用
　　しようとしている。その何者かは，あなたの本国での学歴に関して，
　　微妙な点があることを知っている。そしておそらく，<u>その誰か</u>は，
　　あなたの会社の外部の者だ。　　　　（ヴィーナス・シティ）（再掲）

　「その＋誰かは」は野田（1996）で提示された c.「ハが使われる文は，前の
文脈にでてきたものや，それに関係のあるものを主題にする。そして，文章・
談話の中では，話題を継続するのに使われる」で述べられているものと同様で
ある。文章・談話においては，前の文脈に出てきたものが後ろの文の主題とし
て，連体詞である「その」と不定を表す「誰か」にハを後続させて，話題を継
続する。また，前文にある「誰か」，あるいは，「何者か」については，それが
文頭，もしくは，文中にあったとしても，ニ格，ガ格が付いたとしても，主題
化された「その誰かは」は必ず文頭に来る。

　一方，BCCWJ-NT からダウンロードした「ある人」の例にはハが付く用例が
176 件あり，用例全体数の 31％も占めることについては前述した。そのうち，
次の（39）～（41）のように，主題を表すものは，46 件ある。

(39) <u>ある人</u>はその緑の色を見た瞬間に，自分のふるさとを思うでしょう。
　　自分たちの懐かしいふるさとが，今は開発の波に荒らされて姿が変
　　わってしまった。　　　　　　　　　（平安京から京都へ）（再掲）

(40) <u>ある人</u>は「これは素晴らしい！」と言ったが，これは仕事仲間だか
　　らだろう。僕はこの写真展を僕の持っているわずかな残り滓，僕の
　　現在の力でもって開いたんだ。　　　　　　　（写真の真実）（再掲）

(41) ある人からは，「それは天使だったのよ」と言われたこともあるが，
そんな幻想的な子供である自覚はなかった。（太りすぎの雲）（再掲）

(42) ある人には，東京五輪のチケット購入の方法を教えてもらった。そ
の人のおかげで，スムーズに購入できたよ。　　　　　（作例）（再掲）

(43) ある人とは，海外旅行まで行く仲になった。　　　　（作例）（再掲）

　主題とは，その文が何について述べるのかを示すものである。(39) ～ (43)
においては，ハによって，文の主題を示している。(39) と (40) の「ある人は」
は主格を表すガ格の主題化であり，(41) の「ある人からは」は受身マーカー
であるカラ格の主題化であり，(42) の「ある人には」はやりもらいの対象で
あるニ格の主題化であり，(43) の「ある人とは」は動作の相手を表すト格の
主題化である。(39) と (40) の「ある人は」の場合はもともと動作の主体を
表すガ格であり，文頭にあることから，主題化されても語順は変わらない。一
方，(41) ～ (43) の基本語順は次の通りだと考えられる。

(41') 「それは天使だったのよ」とある人から言われたこともあるが，（後
略）。　　　　　　　　　　　　　　　　　　　　　　　　（作例）

(42') 東京五輪のチケット購入の方法をある人に教えてもらった，（後略）。
　　　　　　　　　　　　　　　　　　　　　　　　　　　（作例）

(43') ある人と海外旅行まで行く仲になった。　　　　　　　　（作例）

　(41) と (42) のカラ格とニ格は本来は文中に来るものであるが，主題化さ
れた場合は文頭に来る。しかし，(43) のト格は主題化される前・主題化され
た後ともに語順は変わらない。
　これも野田 (1996) で示された c.「ハが使われる文は，前の文脈にでてき
たものや，それに関係のあるものを主題にする。そして，文章・談話の中では，
話題を継続するのに使われる」という使い方で，つまり「文章・談話の中のハ」
である。「カラハ」，「ニハ」，「トハ」のいずれも同様に文の主題を提示し，そ
の後に話題の継続あるいは展開が続く。
　上述したものをまとめると，「誰か」も「ある人」もハによって主題を表す

ことはできるが,「誰か」は「その」という指示詞に後続することによって,前に提示された「誰か」あるいは「何者か」を再び取り立てて,話題を展開させる。一方,「ある人」は主語を表すガ格,受身マーカーであるカラ格,やりもらいの対象であるニ格及び動作の相手を表すト格が主題化しうる。また,「誰か」と「ある人」はいずれも主題化されると文頭に来る。

7.4.4 談話的機能

第6章で言及したが,建石(2017)では,「ある人」の用法・機能について,次のような考察結果を提示している。まず,「ある人」には①「聞き手に注目させる用法」,②「聞き手に配慮する用法」,③「事態の現実性を表す用法」,④「構文的な用法」,⑤「変項を表す用法」がある。次に,これらの用法では談話的な動機とでも呼ぶべき動機によって,「ある人」が使用される。用法①~③においては,話し手が聞き手に対して談話内でなんらかの働きかけを行っていると指摘したうえで,聞き手の存在は必要不可欠なものであり,談話的な動機によって「ある人」が使用されていることが分かると示している。しかし,この談話的機能に関しては,「誰か」については,述べられていない。例えば,(44)は聞き手に注目させるために,前に「ある人」を提示し,その後「それは田中先生です」と聞き手に教える。(45)は,「聞き手に配慮する用法」であり,(46)は,「事態の現実性を表す用法」である。

(44) 私はある人の影響をずっと受けています。それは田中先生です。

(建石 2017:77)

(45) 「この療養所はね,営利企業じゃないのよ。だからまだそれほど高くない入院費でやっていけるの。この土地もある人が全部寄付したのよ。法人をつくってね。昔はこのへん一帯はその人の別荘だったの。二十年くらい前までは。古い屋敷見たでしょ?」 (建石 2017:79)

(46) このグラウンドは1周が400メートルあります。つまり,例えばある人が5周走ったとすると2キロ走ったことになるわけです。

(建石 2017:52)

　「ある人」は，上述した３つの機能においては，いずれも聞き手の立場が必要である。つまり，「ある人」には聞き手の存在が求められており，聞き手が必要不可欠となっている。

　一方，次の（47）の「誰か」は，話し手の独り言であり，聞き手が存在しないか，あるいはその存在を意識していないと考えられる。

　　（47）ダイニングルームへ入って，台所の方へ行こうとすると，車の音が
　　　　　聞こえた。誰か来たのかな？　　　　　　（三毛猫ホームズの騒霊騒動）

　上で述べたものをまとめると，「ある人」は聞き手の存在が必要不可欠であるが，「誰か」は話し手の独話の場合もあり，聞き手の存在を必要としない場合もあるということになる。

7.4.5　指示性の性格

　第２章で言及したように，本研究では，徐烈炯（1990:246）によって提示された次のような分類法を使うこととした。すなわち，名詞句の指示的用法はまず，「総称」と「非総称」に分ける。次に，「非総称」用法は「定」と「不定」に，さらに，「不定」は「特定的」と「不特定的」に分ける。

　上述した区別は第３章の先行研究で示したが，指示的用法の各概念に対する把握を促すために，再度本項において以下のように説明を行うこととする。

　「総称」指示とは，ある種類全体を指す用法であり，「非総称」指示とは，特定の個体を指す用法である（日本語文法学会 2014:361）。「定」指示，「不定」指示と「特定」指示，「不特定」指示については，建石（2017）は，次のように定義している。「定」と「不定」指示は聞き手が指示対象が唯一に同定できるか否かの場合に用いられる。「特定」と「不特定」指示は話し手が当該の指示対象が唯一に同定できるか否かの場合に用いられる（建石 2017:3）。本項では，上述した指示性に関する定義と分類に基づき，考察を行う。

　建石（2017）は上述したように，「定」指示，「不定」指示と「特定」指示，「不特定」指示について定義をしたうえで，「誰か」は「不特定」指示と「不定」指示を表し，「ある人」は「特定」指示，「不特定」指示と「不定」指示を表す

と示している。しかし，両者の指示性に関する考察がこれで十分であるかについては，検討する必要がある。

　まず，話し手が当該人物が同定できるかという視点から見れば，「ある人」は話し手が同定できるという「特定」指示と同定できないという「不特定」指示を両方表すことができる。一方，「誰か」は「特定」指示を表すことはできない。例えば，(48) 〜 (50) における「誰か」はいずれも「不特定」指示を表す。(51) と (52) における「ある人」はどちらも「不特定」指示を表す。

(48) 国内外を問わずなんですが，大きな野生のクジラを見たいのですが，お勧めの場所があれば誰か教えてください。(Yahoo！知恵袋) (再掲)
<不特定>

(49) 「わたしね，タックが酔いつぶれる時は，必ず，そこにいたいの。彼を独りにしておきたくない。彼が，わたし以外の誰かと一緒にいるのは嫌」(透明な貴婦人の謎) (再掲)
<不特定>

(50) 叫び声があがり，群衆が押し寄せた。幻は走り，誰かがその白シャツをつかんで，引き戻した。(白い霧の予言) (再掲)　<不特定>

(51) ある人を心に思い浮かべるとき，あなたはその人の何をイメージしますか。その人のからだのうち，足や腕，背中や胸ではないはずです。誰かを想像するとき，画像として脳裏に浮かぶのは，九分九厘，その人の「顔」でしょう。(幸せの顔づくり) (再掲)　<不特定>

(52) ある人に言わせれば，総合交通体系というのは絵にかいたもちだ，こうおっしゃ られるかもしれない。(国会会議録) (再掲)
<不特定>

　しかし，次の (53) と (54) における「ある人」は話し手が当該人物が同定できるので，「特定」指示となる。

(53) 幸いなことにヨーロッパ行きのビジネス・ビザも，ある人を介して手に入れることができた。(北朝鮮の最高機密) (再掲)　<特定>

(54) 先日，ある人に教えていただいたんですけど，終局後，ヨセがめちゃ

134

くちゃだっていわれてしまいました。(なぜそう打つなぜそうなる)(再
掲)　　　　　　　　　　　　　　　　　　　　　　　　　　　＜特定＞

　次に，聞き手が当該人物を同定できるかという視点から見れば，「誰か」も
「ある人」も聞き手が同定できない「不定」指示を表すというのが建石 (2017)
の主張である。例えば，上で取り上げた (46) ～ (52) はいずれも「不定」指
示であり，建石 (2017) の主張を裏づけることができる。本研究は建石 (2017)
に同意する。

(55)　誰かが鏡に向かっている。テーブルの上には，化粧の道具が並んで
　　　いる。その誰かは鏡に見入り，熱心に顔をいじっている。(ミステリー
　　　ズ)(再掲)　　　　　　　　　　　　　　　　　　　　　　＜不定＞
(56)　このグラウンドは 1 周が 400 メートルあります。つまり，例えばあ
　　　る人が 5 周走ったとすると 2 キロ走ったことになるわけです。(建石
　　　2017:52)(再掲)　　　　　　　　　　　　　　　　　　　＜不定＞

　上の (55) と (56) における「誰か」と「ある人」も聞き手が当該人物が同
定できないので，両者とも「不定」指示できる。したがって，「誰か」・「ある人」
ともに「不定」指示を表す。
　さらに，(57) のような「ある人は～，ある人は～」構文における「ある人」
については，建石 (2017) では「不特定」指示を表し，「一部の～」に置き換
えることができ，「部分集合」を表すと示されている。しかし，2 つの「ある人」
は正反対の動作，性質を表すので，前後の 2 つの「ある人」を合わせると，1
つの完全な集合，つまり，「結婚に対する考え方を持つ人」という集合となる。
典型的な指示ではないが，「総称」指示になる。一方，「誰か」にはこのような
指示性はない。

(57)　結婚に対する考え方は人によって大きく異なる。ある人は，幸
　　　せの始まりと捉え，逆にある人は不幸の始まりと捉える。(建石
　　　2017:82)(再掲)　　　　　　　　　　　　　　　　　　　＜総称＞

上で述べたものを表7.6でまとめると，「誰か」と「ある人」の指示性の性格における類似点と相違点については，次のことが言えよう。

① 「誰か」・「ある人」ともに「定」指示を表しえず，どちらも「不定」指示という指示性を持つ。

② 「誰か」は「不特定」指示のみ表しうるが，「ある人」は「特定」指示・「不特定」指示ともに表しうる。

③ 「対比」を表す「ある人」には非典型的な「総称」指示があるが，「誰か」にはない。

表7.6　指示性における「誰か」と「ある人」の類似点と相違点

指示の種類	「誰か」	「ある人」
「定」指示	−	−
「特定」指示	−	＋ −
「総称」指示	−	＋ −

7.4.6　文体的特徴

第4章で述べたように，本研究は，BCCWJ-NT からダウンロードをした「誰か」と「ある人」の用例を観察・分析するという方法を取っている。検索対象とするレジスターとジャンルにすべてチェックを入れ，検索した。「ある人」のほうは，ジャンルが「3社会科学」の用例が81件あり，レジスターが「図書館・書籍」と「出版・書籍」である。そのうち，出典が法律関係である著書の用例が13件ある。例えば，（58）である。

(58) ｛ある人／＊誰か｝が田を耕すのは，農民の子として生まれたから宿命的に田を耕すのではなくて，地主との自由な意志にもとづく契約によって田を耕しているという構成をとったのである。

（入門民法総則）

一方，「誰か」のほうは，ジャンルが「3社会科学」の用例が57件あり，レジスターが「図書館・書籍」，「出版・書籍」と「特定目的・ベストセラー」で

ある。そのうち，出典が法律関係である著書の用例は 5 件あり，例えば，下の
(59) である。

> (59) そんな場合には，<u>誰か</u>親戚の方とか，知人とか，男性と共に弁護士
> 事務所を訪ねるように配慮するのも工夫のうちだと思います。
>
> （弁護士の上手な探し方・頼み方）

(59) も同様に，レジスターが「図書館・書籍」であり，ジャンルが「3 社会科学」
であり，出典が法律関係の著書である。しかし，文体は話し言葉で，(58) の
ような書き言葉ではない。(58) には，「誰か」を入れて置き換えてみると，不
自然かつ不適格な文となる。つまり，(58) のような文には「誰か」が使いにくい。
これは，「ある人」は「誰か」と異なり，法律関係の硬い書き言葉という文体
において使用されうるということである。

7.5　本章のまとめ

本章では，構文的特徴，意味的特徴，主題化，談話的機能，指示性の性格と
文体的特徴について，現代日本語の不定名詞句である「誰か」と「ある人」の
類似点と相違点について，考察を行った。考察結果は以下のようにまとめられ
る。

まず，構文的特徴については，次のことが明らかになった。

①「誰か」には「格助詞顕在型」・「無助詞型」ともにあるが，「ある人」に
　は格助詞の「無助詞型」はない。

②「誰か」・「ある人」ともにガ格，ヲ格，ニ格，カラ格，ト格，ヘ格，デ格
　を伴うことが可能である。

次に，意味的特徴については，次のことが明らかになった。

①「誰か」は集合の中の任意の 1 人を表すが，「ある人」は集合の中の特定
　の 1 人あるいは部分集合を表すことがある。

②「誰か」は「列挙」のみ表しうるが，「ある人」は「対比」・「列挙」とも
　に表す。

次に，主題化については，次のことが明らかになった。

① 「誰か」も「ある人」もハによって主題を表し，両者とも主題化されると文頭に来る。

② 「誰か」は「その」という指示詞に後続することによって，前に提示された「誰か」あるいは「何者か」を再び取り立てて，話題を展開させる。

③ 「ある人」は主語を表すガ格，受身マーカーであるカラ格，やりもらいの対象であるニ格及び動作の相手を表すト格が主題化しうる。

続いて，談話的機能については，次のような違いが明らかになった。

① 「ある人」は聞き手の存在が必要不可欠である。

② 「誰か」は話し手の独話の場合もあり，聞き手の存在を必要としない場合もある。

さらに，指示性の性格については，次のことが明らかになった。

① 「誰か」・「ある人」ともに「定」指示性はなく，いずれも「不定」指示という指示性を持つ。

② 「誰か」は「不特定」指示のみ表しうるが，「ある人」は「特定」指示・「不特定」指示ともに表しうる。

③ 「対比」を表す「ある人」には非典型な「総称」指示があるが，「誰か」にはない。

最後に，文体的特徴については，法律関係の硬い書き言葉という文体には「ある人」しか使用されず，「誰か」は使用されないことが分かった。

第8章　"有人"の意味・用法の考察

　第5章〜第7章では，まず，日本語の不定名詞句である「誰か」及び「ある人」の意味・用法をそれぞれ記述したうえで，両者の使い分けを明らかにした。本章以降では，中国語の不定名詞句である"有人"，"有个人"の意味・用法を考察し，両者の使い分けについて考察を行う。まず，本章では，"有人"の意味・用法について考察する。

8.1　はじめに

　第2章で述べたように，本研究は日本語教育のための対照研究であるという位置づけから行うものであるため，日本語教育の立場から日本語の「誰か」と「ある人」の中国語の対応形式の1つである"有人"の意味・用法を明らかにする。
　"有人"は現代中国語において，頻繁に使用される基本語彙の1つである。しかし，"有人"の意味・用法に関する研究はあまりされていないだけでなく，多くは"有"に関する研究と"'有'字句"（"有"構文）に関する研究に集中している。
　本章の8.2では，現代中国語における"有"に関する研究，"有"構文に関する研究と"有人"に関する従来の研究を概観し，8.3では本章の研究の方法を示したうえで，8.4では分析と考察を述べる。

8.2　先行研究

　本研究の第3章では，"有"の意味・用法と"有"構文の構造と意味・用法に関する先行研究を概観したが，"有人"に関する先行研究は限られている。
　"有"構文は形式と意味が豊かで，使用頻度が高い構文であるが，これに関する研究は馬建忠（1898）から始まり，"'有'字句"（日本語では「"有"構文」と訳出。以下，「"有"構文」とする）という名称が正式に示されたのは呂叔湘（1942）である。その後，詹开第（1980）によってその構造が4分類され，

139

朱徳熙（1982）では動詞の"有"によって構成された連述構造[37]という角度から6種類に分けられている。易正中（1994）では簡単な形式と複雑な形式[38]に分けられたうえで，それぞれ詳しく構文的特徴について記述されている。さらに，王亜新（2001b）は中国語教育の立場から"有"構文を，先行動詞句と後続動詞句の意味関係によって「兼語文タイプ」と「連動文タイプ」と2分類したうえで，それぞれの特徴について細かく分析している。続いて，范暁（1998），張豫峰（1999），陳風（2009）などが"有"構文における"有"前後にある部分，"有"構文の表す意味などの角度から，各々"有"構文の分類をしている。しかし，これらの"有"構文に関する研究では，"有人"の意味・用法に関する考察は行われていない。

さらに，中国語の"有"という語に関する記述において，馬建忠（1898）で動詞と同様に扱うと示されて以降，"有"は動詞であるという考えが主流となっている。例えば，呂叔湘（1999）では"有"の意味・用法について，"有"は動詞で，「領有」，「存在」，「性質や数量がある程度まで達する」という意味を表すと記述している。"有人"が用いられる例が挙げられている箇所には，次のような説明がある。

「存在」を表す時，（1）のように，兼語文の前の一部に用いられることがよくある。（2）と（3）のように，前に場所語がない時は，"有"は"某"（某）あるいは"某些"（何らかの）の意味に近い意味を表したり，呂叔湘（1999）によれば，（4）の"有人"のように，2つ以上の"有……"の形で，いくつかの部分の意味で合わせることで全体の意味を表したりする。

（1）屋里<u>有人</u>说话。（部屋で<u>誰か</u>が話をしている。）
（2）你不爱看，<u>有人</u>爱看。（君が見たくなくても，見たがる<u>人はいる</u>。）

---

37 「連述構造」とは「連述連語」が述語になる文を指す。この「連述連語」はいくつかの動詞性語句が連続するものであり，同時に，主語述語連語，述語目的語連語，述語補語連語，修飾連語あるいは並列連語ではない連語である。なお，連述連語が表す複数の動作行為は同一の主体が行うものである。
38 易正中（1994）は"有"構文を簡単な形式と複雑な形式に分けている。簡単な形式とは「N₁＋"有"＋N₂」で，複雑な形式とは簡単な形式に「VP」が含まれた「……"有"＋N₁＋VP＋……」のような形式を指す。

（3）有人这么说过。（こんなふうに言った人がいる。／ある人がこういう
　　　ふうに言った。）
（4）有人爱看京剧，有人爱看话剧。（ある人は京劇が好きで，ある人は新
　　　劇が好きである。／京劇が好きな人もいれば，新劇が好きな人もい
　　　る。）

（呂叔湘 1999：630-631）

　『新华字典』では，1957 年の初版である第 1 版から 2010 年の第 11 版まで，"有"
は動詞として扱われ，"有" の意味については「"无"（ない），"没"（ない）の
反対語」，「所属」，「存在」，「発生か出現を表す」，「見計らいあるいは比較を表
す」，「『大きい』『多い』の意を表す」，「一部の動詞の前において謙譲を表す」
と解釈されたほかに，「『某』に近い意を表す」，「『人・時・ところ』の前に用
いて，一部を表す」と説明されている。この後者で説明された 2 つの使い方と
して，挙げられている例は次の通りである。

（5）有人不赞成。（ある人は賛成しない／賛成ではない人がいる。）
（6）有人性子急，有人性子慢。（気が短い人もいれば，気が長い人もいる。）

（『新华字典　第十一版』2010：603）

　"有" には動詞ではなく，文法化機能を持つ "虚詞" であるという用法があ
ると主張を始めたのは，蔡維天（2004）である。蔡維天（2004）では，生成文
法の研究方法により，"有" を連体修飾語とする構文上・意味上の根拠を論じ，
通時的及び共時的考察を通して，"呈現"（現れる）の意味を表す一部の "有"
が虚化（文法化）されたものであると指摘したうえで，"有人" を名詞句とし
て見てもよいと論じた。第 3 章でも述べたが，孟艶麗（2009）では，"有" 構
文における "有" の文法的な機能は不定の話題を表すマーカーであると指摘し
ている。このマーカーは「存在」を表す存在文における "有" によって文法化
された。その原因としては，1 つ目は文の環境の変化によって，"有" の「存
在」を表す意が薄れたからであり，2 つ目は存在文における "有" が常に不定
数量名詞句と一緒に現れるため，徐々に「不定」指示の意味が吸収されていき，

141

"有"構文の文脈環境において，"有"の「不定」を表す意味が顕在化し，文法化のマーカーとなったからであると説明している。蔡維天（2004）は，"有人"を名詞句であるとし，孟艶麗（2009）は"有"がある名詞句を不定を表す名詞句として扱っていることに基づき，本研究では"有人"を不定名詞句として扱う。

次に，"有"に続く文法要素の構文的な特徴について論じた主な先行研究を挙げ，その問題点について述べる。

原（1991）では，"有+N+VP"構文における VP について，考察した。まず，"有+N+VP"構文には，"有人聡明"（賢い人がいる）のような，VP に属性を表す形容詞句が来ないことを示している。次に，VP が動詞句である場合は，特定の時空に発生する事態であることを明らかにしている。しかし，"有人聡明，有人不聡明"（賢い人もいれば，賢くない人もいる）のような構文を見ると，"有人"の後部には属性を表す形容詞句が来ることがある。これについては，再検討する余地があると思われる。

また，王亜新（2001a）では，「主体＋属性」の関係を表す"有人+VP"構文に注目し，"有+VP+的人"と"有的人+VP"との比較を通じてその構造と意味上の違いを探り，次のことを指摘している。

　　　　"有人 VP"は，少なくとも二つの意味関係を表している。一つは，不特定の対象を提示して，その対象に関わる行為や状態を叙述するという意味構造である。その場合，構文は普通の主述構文や「存現句[39]」と同じような機能を持っている。もう一つは，"有人"の"有"が動詞の意味として働き，存在の意味を表す機能である。特に場所語と連結した場合はその傾向が強いようである。

（王亜新 2001a：292-293）

"有人 VP"構文を提示したのは，王亜新（2001a）のみとなっているが，王亜新（2001a）の考察では"有"を動詞として扱っており，"有人"については，

---

39 「存現句」は「存現文」と訳出し，「ある場所に何か存在すること」や「ある場所に人や物事が出現あるいは消失すること」を表す文のことを指す。存現文の主語は特定の場所であり，目的語は存在している，あるいは出現・消失した不特定な人やものである（馬真・郭春貴 2001：140）。

不定名詞句として扱わず，"有"構文における"有人"として扱った考察であった。

　本章では，蔡維天（2004）と孟艶丽（2009）が議論している文法化された"有"と名詞の"人"によって組み合わせされた"有人"を，不定名詞句として扱う。従来の研究でなされた"有人"の構文的特徴，すなわち，"有人"の後部要素について検討するだけでなく，言及されてこなかった"有人"の前部要素についても考察したうえで，"有人"の意味・用法を明らかにする。

8.3　研究の方法

　中国語研究学界で最も使用されている大規模コーパスである CCL と BCC で"有人"を検索した結果，各々用例が 3 万以上検出された。そのうち，用例を1000 件ずつ無作為にダウンロードしたところ，"帯有人情味"（人情味がある），"所有人"（全ての人），"有人类"（人類がある），"大有人在"（大勢の人がいる）のようなものと，次の（7）のような，動詞句である"有人"が出てきた。

　　（7）当时，从车站到总统府几公里的路上早挤满了人，房顶，树上都有人。
　　　　　　　　　　　　　　　　　　　　　　　　　　　　　　　（宋氏家族全传）
　　　　　（当時，駅から総統府までの何キロかの道には早くから人で込み合っ
　　　　　ていて，屋上と木の上にまで人がいた。）

　上のような本研究の対象ではないものを削除し，結果として用例を 1076 件収集した。8.4 では，これらの用例における"有人"の意味・用法を明らかにする。

8.4　結果と考察

　本節では，"有人"の構文上及び意味上における特徴の観察を通して，考察を行う。

8.4.1 "有人" の構文的特徴

本項では，"有人"を"有人"の前部要素と後部要素に分けて，構文的特徴を考察していく。

8.4.1.1 "有人" の前部要素

"有人"の前部に現れうるのは名詞か名詞句（以後，「NP」と表示する），副詞（以後，「AD」と表示する）あるいは動詞か動詞句（以後，「VP」と表示する）である。
① NP ＋有人……

まず，場所を表す名詞が"有人"の前に現れる。（8）～（10）の"美国"（アメリカ），"在外面"[40]（皇宮以外で），"陈水扁那边"（陳水扁氏のところ）のような名詞は場所を表す名詞か名詞句で，"有人"の動作が行われる場所を表している。

（8）<u>美国有人</u>把一个小猩猩和自己同龄的婴儿放在一起照料。　　（当代）
（<u>アメリカでは</u>，チンパンジーの赤ちゃんを自分の家の同じ年齢の赤ちゃんと同じところにおいて，一緒に世話をした<u>人がいます</u>。）

（9）皇帝出门，随带的是太仆，<u>在外面有人</u>犯法，就是廷尉的事。　（当代）
（皇帝がお出かけの時，太僕[41]が付いていくのですが，皇宮<u>以外で誰か</u>が法を犯した場合は，それは廷尉[42]の責任になります。）

（10）<u>陈水扁那边</u>也<u>有人</u>打电话给队长,也是问我要电话号码的。（李敖对话录）
（<u>陳水扁氏のところ</u>からも<u>ある人</u>が隊長に電話をかけてきて，私の電話番号を教えてほしいって。）

次に，"有人"の前部には集合名詞[43]も現れる。このような場合に，"有人"

40　"在外面"は文字通りでは「外で」という意味であるが，訳出するに当たっては，文脈を重んじて「皇宮以外で」とした。

41　太僕は古代中国の官名。九卿の1つであり，朝廷の車馬・牧畜を司った。

42　廷尉は古代中国の官名。九卿の1つとして，秦代に設けられ，裁判・刑罰などを司った。

43　朱徳熙（1982）は量詞との修飾関係によって名詞を次のように5つに分類している。①数えられる名詞，②数えられない名詞，③集合名詞，④抽象名詞と⑤固有名詞である。このうちの集合名詞はその前に集合を表す量詞と不定を表す量詞しか使えない。例えば，"一部分师生"（一部の教員と学生），"一批军火"（一口の兵器弾薬），"一些亲友"（何人かの親せき友人）（朱徳熙1982:52）。

はその前の集合の一部か，あるいは1人を表す。例えば，(11) ～ (13) の"第二语言教学界"（第二言語教育界），"乐队中"（楽団の中），"西方哲学家"（西洋の哲学者）は集合を表す名詞であり，"有人"の前部に現れ，"<u>有人</u>"を限定している。

(11) <u>第二语言教学界</u>有人提出过"以学生为中心"的口号……。　　（当代）
　　（<u>第二言語教育界のある人は</u>，「学生中心」というスローガンを掲げていて…）

(12) <u>乐队中</u>有人动了心，觉得5万元也不错了，起码收回了成本还能小赚一笔，毕竟是……　　　　　　　　　　　（中国北漂人实录）
　　（<u>楽団の誰か</u>が動揺して，5万元も悪くはない，少なくともコストを回収してからもまだもう少し儲かると思ってるんで。何と言っても…）

(13) 所以<u>西方哲学家</u>就<u>有人</u>讨论人在宇宙中的地位，这个问题是大家很容易想到的。　　　　　　　　　　　　　　　　　　（当代）
　　（だから，<u>西洋の哲学者の中</u>には宇宙における人類の位置づけについて議論している<u>人がいる</u>んですが，この問題はみなさんがすぐ思い付くものですね。）

　さらに，"有人"の前部には時間を表す名詞も現れる。例えば，次の(14)と(15)の"有一次"（ある時），"一天夜里"（ある日の夜）である。

(14) <u>有一次</u>有人问爱因斯坦：如果迈克耳孙－莫雷（Michelson-Morley）实验并不导致光速不变你怎么办？　　　　　　　　（当代）
　　（<u>ある時</u>，<u>ある人</u>がアインシュタインにマイケルソン－モーリーの実験が光の伝わる速さに変化をもたらさなかったらどうしようかと尋ねました。）

(15) 与明星胡茵梦结婚三月而离婚，<u>一天夜里</u>有人打电话来，说要杀他的全家。　　　　　　　　　　　　　　　　　（李敖对话录）
　　（芸能人の胡茵梦氏と結婚して3か月で離婚しましたが，<u>ある日の夜</u>，<u>ある人</u>が電話をかけてきて，彼の一家を殺すぞと言いました。）

最後に、"有人"の前部には固有名詞も現れる。これらの"有人"の前にある固有名詞は、"有人"に後続する動詞の目的語であり、動作の対象を表す。例えば、次の（16）～（18）である。

(16) 第九项有人证明过，她家的狗狗活的很好。还喝咖啡。　　　　（微博）
（第九項はある人によって裏づけられた。彼女の家のワンちゃんはとても元気だ。コーヒーも飲んでいる。）

(17) 狗：我三餐有人伺候你有吗？狼：没有。　　　　　　　　　　（微博）
（犬：俺は三食とも世話をしてくれる人がいるよ。お前は？狼：いない。）

(18) 我觉得好象一到中学，我就成大人了啊，你小学老有人管的。（当代）
（中学校に入ったら、大人になったような気がする。あなたは、小学校の時、いつも世話をしてくれる人がいたから。）

　上の（16）～（18）における"第九项"（第九項）,"三餐"（三食）,"你小学"⁴⁴（あなたの小学校）は受動者で、"有人"に後続する動詞が表す動作の対象、つまり動作の支配を受ける物事を指す。

②AD＋有人……
　"有人"の前部には、"最近"のような副詞もよく現れる。例えば、"最近"（最近）,"过去"（昔）,"后来"（その後）,"曾经"（かつて）,"忽然"（突然）,"不断"⁴⁵（絶えず）,"常"（よく）,"一直"（常に）などが挙げられる。

(19) 最近有人娶了一个五十七岁的女人，照我看不是神经病吗？
　　　　　　　　　　　　　　　　　　　　　　　　　　　　（李敖对话录）
（最近ある人が57歳の女性と結婚したけど、僕から見ると、あほうじゃないかって。）

---

44 "你小学"は「あなたの小学校」の意味であるが、翻訳時は「あなたは小学校の時」と訳出。
45 "不断"は「絶えず」の意味であるが、(24)においては、前後の文脈から「～を繰り返す」と訳出。

(20) 王东岳：<u>过去有人</u>不是说，老子比孔子还迟吗？

（梁冬对话王东岳文字版）

（王東岳：<u>昔</u>，老子は孔子に及ばないと言った<u>人がいる</u>んじゃない？）

(21) 因为这是一个危险的实验，后来<u>有人</u>重复这种实验时遭电击身亡。

（当代）

（これはリスクがある実験でね，<u>その後</u>，こういう実験を繰り返して感電で亡くなった<u>人がいる</u>のよ。）

(22) 长乐先生：<u>曾经有人</u>提出，我们到底该用谁的方式生活？

（传媒大亨与佛教宗师的对话：包容的智慧）

（長楽先生が，我々はいったい誰のライフスタイルで暮らしていくのかと，<u>かつてある人</u>に聞かれたことがあると言いました。）

(23) 好比我在讲演的时候，<u>忽然有人</u>站起来说，你在台湾 4，50 年，吃台湾米长大，喝台湾水长大……。

（李敖对话录）

（たとえば，私の講演中のことですが，<u>突然誰か</u>が立ち上がって，「あなたは台湾には 4，50 年もいて，台湾のご飯を食べて，台湾の水を飲んで…大きくなったんだ」と言ったことがありました。）

(24) 六十年代以后，<u>不断有人</u>在这方面进行实验，想了各种办法教黑猩猩说话，但是成效甚微。

（当代）

（60 年代以降，この分野で実験を<u>繰り返して</u>，チンパンジーに話し方を教える様々な方法を思いついた<u>人がいます</u>が，効果は甚だ小さいものでした。）

(25) 我平时在世界各地来去匆匆间，<u>常有人</u>要我给他一句话，希望对他的人生有所点拨。

（传媒大亨与佛教宗师的对话：包容的智慧）

（私は普段，世界各地を慌ただしく行ったり来たりしているのですが，<u>よく</u>「あなたの人生から，私に一言アドバイスをください」と，頼んでくる<u>人がいます</u>。）

(26) 在美国的时候以及回来以后，<u>一直有人</u>问我为什么选择回国。

（卓越媒体的成功之道：对话美国顶尖杂志总编）

（アメリカにいた時から帰国後まで，どうして帰国を選んだのかと，<u>常に</u>聞いてくる<u>人がいます</u>。）

これらの“有人”の前にある副詞は，ほとんど時間を表すものや状態を表すものであり，“有人”に後続する動詞が表す動作が行われる（行われた）時間を表したり，動作の発生時の状態を表したりする。

③ NP ＋ AD ／ AD ＋ NP ＋ “有人”……

　“有人”の前部には，名詞と副詞が同時に現れることがある。名詞が前接する場合と，副詞が前接する場合がある。例えば，次の（27）〜（30）である。

(27) 目前,在教学中,已有人提出并采用“语文分开,集中识字”的教学思路。
（当代）
（目下，教育現場には，すでに「言葉と文字の教育を切り離し，識字教育に集中しろ」という教育構想を提示し，取り入れている人がいる。）

(28) 在很多外企，常常有人抱怨说高级职位都是外国人把持，……
（名家对话职场 7 方面）
（多くの外資系企業では，上級職が外国人によって独占されているとしばしば不満を述べる人がいてね，…）

(29) 正当我凄凉地走在北京街头时,后面有人气喘吁吁地跑过来,边跑边说：
“快一点，差一会儿地铁就没了。”　　　　（国北漂艺人生存实录）
（私が物悲しい気持ちで北京の街を歩いている時，後ろから誰かが息苦しそうに走ってきて，走りながら，「急げ！もうちょっとで地下鉄がなくなるぞ」と言った。）

(30) ……去年滑雪时，学校里就有人这样受伤过。（从普通女孩到银行家）
（…去年スキーの時，学校ではこんなふうにけがをした人がいました。）

④ （NP＋）VP＋“有人”……

　“有人”の前部には，動詞も現れることがある。例えば，下の（31）〜（35）である。この場合は，動詞の前に名詞があり，その名詞は動詞の主語になる。この名詞と動詞により主述連語が構成されている。例えば，（33）の“我们看

見有人落在海里或江里"のような文は，前部の"我们看见"（我々は見た）は
主述連語で，この文の母文[46] になる。"有人落在海里或江里"（ある人がこっそ
りと帰ってきた）は主語（"有人"）があり，述語（"偷偷回来了"）もあるので，
単文として成り立つが，"我看见有人落在海里或江里"では子文[47] として，前
部の母文である"我们看见"の目的語となる。つまり，「我々は誰かが海か川
で溺れてるのを見た」という意味になる。このような文は，中国語では"包孕
句"と言い，日本語では「包含文[48]」と呼ぶ。
　"有人"の前部に現れる動詞には，下の（31）と（33）における"听到"（聞
く），"看见"（見る）のような一回性の見聞を表す動詞や（32）における"知道"
（知っている）のような思考動詞などがある。

(31)　我正在岸边与几个助手抢修道具,突然听到有人喊我的名字,我抬起头,
　　　看见……　　　　　　　　　　　　　　　　　　（中国北漂艺人生存实录）
　　　（私は岸辺で助手たちと道具に応急措置をほどこしている最中，突然
　　　誰かが私の名前を呼ぶのを聞いて，頭を上げたら，…が目に入った。）
(32)　汉昭帝说："大将军尽管戴好帽子，我知道有人存心陷害你。"
　　　　　　　　　　　　　　　　　　　　　　　　　　　　（中华上下五千年）
　　　（漢昭帝は「将軍，帽子をちゃんと被りなさい。誰かが君を意図的に
　　　陥れようとしていることをわしは知ってるんだよ。」と言った。）
(33)　比如，我们看见有人落在海里或江里，一心想救他上来，但是自己却
　　　不会游泳，不懂救生术……　　　　　　　　　　　　　（佛法修正心要）
　　　（例えば，我々が，誰かが海や川で溺れてるのを見た場合，助けたい
　　　とは思うが，泳ぐこともできず，救命処置も分からない時…）

　"有人"の前部に現れる動詞には，(34) と (35) における"需要"（必要になる），
"必须"（ないといけない）のような義務を表す動詞もある。

46　「母文」は中国語では"母句"という。文の最も主要な意味を表す主文のことである。
47　「子文」は中国語では"子句"という。主語と述語から構成され，文として成り立つが，主文の中
　　に含まれることで，文の成分の 1 つとして存在する。
48　「包含文」とは主述構造が文の成分となっている文，文形式（子文と呼ばれることもある）を内部
　　に有する文を指し（中日辞典第 2 版），"子母句"ともいう。つまり，「包含文」は，子句が母句の中
　　に抱かれた形の文（中日大辞典増訂第二版）のことを指すのである。

(34) 当时中国政府意识到要打开国门，因此需要有人提供财经方面的资讯。

(卓越媒体的成功之道：对话美国顶尖杂志总编)

(当時，国の扉を開かないといけないと中国政府は気づいて，財政関係のコンサルティングをしてくれる人が必要になった。)

(35) 所以，就必须有人来给大家讲，在这个结构中，大家怎样生存。

(梁冬对话王东岳文字版)

(だから，誰かがみんなに，こういう構造の中でみなどうやって生きていくかについて言わないとね。)

つまり，"有人"の前部には動詞も現れるが，このような場合には，"有人"は包含文の子文の主語になるということである。

8.4.1.2 "有人"の後部要素

8.4.1.1 では"有人"の前部について考察した。本項では，"有人"の後部要素について考察する。"有人"の後部に置かれるのは動詞と判断を表す動詞の"是"と形容詞（以下，「ADJ」と表示する）である。

①……有人＋VP

まず，"有人"に後続する動詞には動作を表す動詞あるいは動詞句がある。例えば，次のような動詞と動詞句である。

去，编印，发起，推测，调查，发明，统计，受伤，关门，犯法，跑进，破坏，站起来，求证，学习，写，使用，持，翻译，利用，找出，发出

例として，次の (36) 〜 (39) が挙げられる。

(36) 如果有非要打官司不可，那必然是因为有人破坏了传统的规矩。(当代)

(どうしても裁判所へ行かないとならないならば，それは，誰かが伝統的なルールを破ったからにちがいない。)

(37) 我常常被骂，经常有人写一本书一本书地骂我。　　(李敖对话录)

(俺はよく責められるよ。しばしばある人が次から次へと本を書いて

150

俺を<u>責め</u>ている。)

(38) <u>有人去调查</u>汶川地震，但是他们得到了什么真相？

（分裂的真相—关于钱云会案的对话）

（汶川地震の<u>調査に行った人がいます</u>が，彼らは何か真相を明らかに
したんですか。）

(39) 他得罪了太多的人。与明星胡茵梦结婚三月而离婚，一天夜里<u>有人打
电话来</u>，说要杀他的全家；……　　　　　　　（李敖对话录）

（彼はあまりにもたくさんの人々の機嫌を損ねた。スターの胡茵夢さ
んと結婚したが，3か月で離婚した。ある日の夜，<u>ある人から電話
があり</u>，彼に「家族全員を殺すぞ」と言った。）

　上の（36）と（37）における動詞の"破坏"（破る），"骂"（責める）と（38）
と（39）における動詞句の"去调查"（調査に行く），"打电话"（電話をする）
はいずれも"有人"の動作を表す。これらの動詞あるいは動詞句には，文の前
後関係から見れば，一回性の動作もあり，複数回にわたり行われている動作も
あるが，4つの文ともに，既に発生した事態に対する叙述である。

　次に，"有人"に後続する動詞には言語行動を表す動詞がある。例えば，次
のような動詞である。

　说，讲，提议，建议，指出，告诉，道，笑称，问，猜测，翻译，报警，喊，
戏言，推论，宣称，暗示，声称，比喻，报导，劝告，调侃，答，传说，揭发

以下のような用例が挙げられる。

(40) 来北京后，<u>有人告诉</u>过我，你的声音太像齐秦了，没自己的特色，这
样是红不起来的。　　　　　　　　（中国北漂艺人生存实录）

（北京に来て，<u>ある人から</u>，（私の）声はあまりにも齐秦に似ている
ので自分の個性がなくなってしまい，これじゃ売れっこにならない，
<u>と言われた</u>。）

151

(41) 值得提醒的是，SNS 与博客各有各的存在价值。<u>有人说</u>博客过时了，
是 SNS 的天下。　　　　　　　　　　　　　　　　　　　　　（当代）
（注意してほしいのは，SNS とブログにはそれぞれの存在価値がある
ことです。ブログはもう時代遅れで，今は SNS の時代だと<u>言う人が
います</u>。）

(42) <u>有人总结</u>了这样一些随机应变之术，颇有一点借鉴意义。　　　（当代）
（<u>ある人</u>はこれらのような臨機応変な対応方法を<u>まとめているんです
が</u>，かなり参考にする価値があります。）

(43) <u>有人</u>叫他找找白院长，可白院长说这些具体问题还是要找办公室。
　　　　　　　　　　　　　　　　　　　　　　　　　　　　　　（当代）
（<u>誰か</u>が白院長のところに行ってみるように<u>と言いました</u>が，白院長
からはこのような具体的なことは事務室に行けと言われました。）

(44) 因此<u>有人建议</u>，将欧洲的外语教学分为亲属外语和文化与非亲属外语
和文化。　　　　　　　　　　　　　　　　　　　　　　　　　（当代）
（それで，<u>ある人</u>が欧州の外国語教育を，親族外国語と文化，非親族
外国語と文化に分けると<u>提案した</u>。）

　上の（40）〜（44）における動詞の"告诉"（言う），"说"（言う），"总结"（ま
とめる），"叫"（言う）及び"建议"（提案する）はいずれも"有人"の言語行
動を表す。これらの動詞は，全て一回性の動詞であり，上の4つの用例の文は
すでに発生した事実に対する叙述である。

　また，"有人"に後続する動詞には評価を表す動詞がある。例えば，次のよ
うな動詞がある。

　　称赞，赞誉，叫好，质疑，批评

以下のような用例が挙げられる。

(45) 常常会<u>有人称赞</u>那些有钱人："哎，你好有福报啊！"

152

（传媒大亨与佛教宗师的对话：包容的智慧）

（時々，ああいう金持ちたちを，「さすが，すごく福のある報い（良い行いをしているから良い結果が得られる）がおありですね」と<u>称賛する人がいます。</u>）

(46) <u>有人</u>批评你总是攻击那些不会还手，也不能还手的人。（李敖对话录）

（あなたに対して，反撃しない・できない人たちばかりを攻撃している，と<u>批判する人がいます。</u>）

　上の（45）と（46）における"称赞"（称賛する）・"批评"（批判する）ともに意志・思考を表す動詞である。（45）には，"有人"の前部に"常常"（時々）という副詞があるので，後部の"称赞"という動詞は複数回にわたり行われる動作を示し，（46）における"批评"（批判する）という動詞は，文の前後関係から一回性の動作を示すことが分かる。また，（45）と（46）はどちらも事実の叙述を示す文である。

　"有人"に後続する動詞には意志と思考を表す動詞もある。例えば，次のような動詞である。

　　想，认为，以为，认识，主张，反对，探讨，企图，设想，觉得，估计，否认，承认，想到，深信

(47) 也<u>有人</u>想在树下点起一堆熊熊篝火，但始终未能如愿。

（中国儿童百科全书）

（木の下で，あかあかと篝火をたこ<u>うとした人もいました</u>が，結局失敗しました。）

(48) 也<u>有人</u>认为老子的无为，就是全无世事，没有任何事情可做。

（梁冬对话王东岳文字版）

（老子の無為のことを，世事を一切せず，何もすることがないことだ<u>と思っている人もいます。</u>）

上の（47）と（48）における“想”（〜うとする），“认为”（思う）ともに意志・思考を表す動詞である。（47）は単文ではなく，逆接を表す複文であり，“有人”が含まれている部分は文の従属節であって，事実を叙述している。（48）は単文であり，事実の叙述である。

　さらに，“有人”に後続する動詞には感情を表す動詞もある。例えば，次のような動詞である。

　　愿意，怨恨，担心，动心，怕

(49) 我觉得如果有人愿意研究的话，我们将会有一个比较上轨道的世界。
　　　　　　　　　　（超越时空：20世纪最卓越的两位心智大师的对话）
　　（もし誰かに研究する気があれば，比較的（スムーズに）軌道に乗ることができる世界はあるのだろうと思います。）

(50) 有人担心如果卖淫合法化，新的妓女会大量产生。（李银河女性主义）
　　（売買春が合法化されたら，新たに売春する女性が少なからず現れることを危惧する人がいます。）

　（49）と（50）における“愿意”（気がある）も“担心”（危惧する）も感情を表す動詞である。（49）においては，“有人”が含まれている部分は子文の仮定を表す条件文である。（50）は単文であり，事実の叙述である。

　最後に，“有人”には判断動詞である“是”を後続させる。例えば，次の（51）〜（53）である。

(51) 他的样子让人同情，寄草停止了笑声，说：“你也不用担忧，我知道，你要找的人，在金华准能找到。”“你，你怎么知道？你……见过他们？你们……家，真有人……是共产党？”　　　　　　　（茶人三部曲）
　　（彼の様子があまりにも気の毒だったので，寄草は笑い声を止めて，「そんなに心配しないで。あなたの探してる人，知ってるよ。金華で

きっと見つかるはず。」「あなたは，あなたは何で知ってるの？彼ら
と会ったことがあるの？まさか，あなたの家の誰か…<u>誰かが共産党
員</u>？」

(52) "……老实跟你说吧，我爸爸我哥哥都是警察，还有个叔叔也是。警界
基本是个关系社会，亲属中<u>有人</u>是警察的话，就会优先录用。"（1Q84）
（「…正直に言うと，父も兄も警官で，さらに，叔父も。警察の世界
は基本的につながってるね，<u>親族の誰かが警察</u>だったら，優先的に
採用されるよ。」）

(53) 朱丹溪他家那地方就叫丹溪。因为，据说曾经<u>有人</u>，是<u>一个王爷</u>嫁姑娘，
当时那个红的旗把那个溪水都映红了，所以叫丹溪。（梁冬对话罗大伦）
（朱丹溪の家は，丹溪というところにあります。話によれば，昔，<u>あ
る人が王様の1人</u>で，娘を嫁に出す時に，渓水を赤い旗で染めたこ
とから，そこは「丹溪」と呼ばれるようになったのだそうです。）

(51)～(53)における"有人是…"はそれぞれ"有人是共产党"（ある人は
共産党員である），"有人是警察"（ある人は警察である），"有人是一个王爷"（あ
る人が王様である）であるが，(51)では疑問文に，(52)では条件複文の従属
節に，(53)では後置する修飾節にある。(53)の"是一个王爷"（王様の1人
である）は，"有人"について追加説明をしているので，ここの「ある人」は「王
様の1人」を示している。(51)の疑問文を判断文に直しても，(52)の条件複
文における従属節を単文に直しても，中国語としては適格文となる。

(51′) 你们家有人是共产党。（あなたの家の誰かが共産党員である。）（作例）
(52′) 亲属中有人是警察。（親族の誰かが警察である。）　　　　　（作例）

つまり，不定名詞句である"有人"は判断動詞の"是"を後続させることで，
判断を表すことができ，判断文の後部要素は"有人"の属性を表すということ
である。

また，"有人"に後続する"是"には(54)のような文もある。

(54) 你当时在台上唱歌, 台下的反应好吗？有人是专门为了看你唱歌的吗？

（鲁豫有约 红伶）

（その時，あなたはステージで歌を歌ってましたが，ステージ下のリアクションはいかがでしたか？あなたの歌をわざわざ聞きに来た人がいましたか？）

（54）における“是……的”構文は強調の意味（呂必松 1982：26）を表すが，（54）の“有人是专门为了看你唱歌的”は“是……的”構文に“有人”が付いた“有人是……的”という構造になる。呂必松（1982）では，“是……的”構文は過去を表すことがあり，過去に行われた動作あるいは過去に完成された動作の時間，場所，方式，条件，目的，対象などを強調すると論じている。（54）における“是专门为了看你唱歌的”（あなたの歌をわざわざ聞きに来たのである）は「あなたの歌を聞く（ために）」という意味であるので，上述の目的を強調しているといえる。CCL に収集されたこの例は疑問文であるが，次のような非疑問文にもなりうる。

(54′) 有人是专门为了看你唱歌的。　　　　　　　　　　　　　（作例）
　　　（あなたの歌をわざわざ聞きに来た人がいます。）

②……“有人”＋ ADJ……
　“有人”に後続するものには形容詞も現れる。これらの形容詞は感情，あるいは，状態を表す。

(55) 这世界上有人喜欢丰富, 有人喜欢单纯。　　　　　　　　　（当代）
　　　（この世界には豊かさを求める人もいれば，シンプルな生活を求める人もいます。）
(56) 有人骄傲, 有人霸道, 时间会教育我们, 岁月的磨难, 使蛮横的人也会有谦卑的一天。　　　　　　　　　　　　　　　　　　　　　（读者）
　　　（傲慢な人もいるし，横暴な人もいます。時間は我々を教育してくれるんですが，苦難の月日から，横暴な人でも謙虚な人になる日が来

るでしょう。）

(57) <u>有人上照</u>，<u>有人不上照</u>，很难看的人往往照相很好，你别上当。

（钱钟书）

（<u>写真写りがいい人</u>もいれば，<u>写りが悪い人</u>もいます。ものすごいブスが時々逆に写真写りがいいですよ。騙されないでね。）

　上の（55）～（57）における“有人”には感情か状態を表す形容詞を後続させているが，構文上は“有人…有人…”のような「対比」を表す構文である。（58）と（59）のような単文は制約があり，“有人”を単独に使用すると，非文になる。

(58) ＊<u>有人不幸</u>。（<u>誰かは不幸である</u>。）

(59) ＊<u>有人高兴</u>。（<u>誰かは喜んでいる</u>。）

　ただし，次の（60）のような条件文の場合は，制約が解消され，条件文の従属節における“有人”に形容詞を後続させることができる。

(60) “我不该受人轻视。我真是不幸。如果<u>有人不幸</u>，那就是我！”她低声说，扭过头去，哭起来了。

（安娜・卡列尼娜）

（「あたしは誰かに軽蔑される筋合いはないわ。あたし，本当に不幸だわ。もし<u>誰かが不幸</u>と言ったら，それはあたしのことだわ」と，彼女は囁きながら，振り向いて泣き出した。）

③ “有人” ……，“有人” ……

　“有人”には“有人……，有人……”のような構文もある。この構文における“有人”に後続するものは先に述べた制約が解消され，(61)～(63)のような動詞句，形容詞句，名詞句がいずれも可能となる。

(61) 尽管电视可以人人都看，但它所播发的广告信息<u>有人需要</u>，<u>有人不需要</u>。

（1994 年报刊精选）

（テレビは誰でも見ることができるが，テレビから流れるコマーシャ

157

ルを，必要とする人もいれば，必要としない人もいる。）

(62) 当然，成功与失败的此消彼长与亘古碰撞，意味梦想中总是<u>有人欢笑</u>
<u>有人忧</u>。　　　　　　　　　　　　　　　　　　　　（史玉柱传奇）

（もちろん，成功と失敗はトレードオフの関係にあり，昔から現在に
至るまで衝突しあっている。これは，見る夢がいつも<u>ハッピーな人</u>
<u>もいれば</u>，<u>アンハッピーな人がいる</u>こと同じである。）

(63) <u>有人长脸</u>，<u>有人圆脸</u>。　　　　　　　　　　　　　　　（作例）

（<u>面長の人もいれば</u>，<u>丸顔の人もいる</u>。）

(63) の“有人”に後続する“长脸”と“圆脸”はどちらも名詞句であるが，“长”
と“圆”のような形容詞が連体修飾語として先行しているので，名詞でありな
がら，状態を表す。

次に，“有人……，有人……”構文における“有人”は，“是”構文を後続さ
せることもある。例えば，(64) と (65) である。

(64) 以送礼为例，<u>有人是主动的</u>，<u>有人是被动的</u>。　　（1995 年人民日报）

（贈り物を例として言えば，<u>自ら進んで贈る人もいれば</u>，<u>いやいや贈</u>
<u>る人もいる</u>。）

(65) 投票的人中，<u>有人是真情流露的觉得韩峰在官员中已经算是个人修养</u>
<u>比较高的</u>，<u>有人是起哄的</u>，<u>有人是反讽的</u>，但是大家都很无奈。

　　　　　　　　　　　　　　　　　　　　　　　　　　　（韩寒博客）

（投票した人たちの中には，<u>本心から韓峰氏には教養が備わり，徳高</u>
<u>い役人だと思って意思表明した人もいれば</u>，<u>冷やかしで投票した人</u>
<u>もいれば</u>，また<u>皮肉を込めて投票した人もいた</u>が，どの人もみな，
あきらめの念があった。）

“有人……，有人……”構文における“有人”は「対比」を表すものもあれば，
「列挙」を表すものもある。(61)，(62) と (64) は「対比」を表し，(63) と (65)
は「列挙」を表す。

　最後に，"有人……，有人……" 構文と似た構造には次のようなものがある。"有人……，也有人……"，"有人……，亦有人……" などがある。これらは "有人……，有人……" と同様に，「対比」と「列挙」を表す。例えば，(66) と (67) である。

(66) 叶尔马琴科反驳说：“不，不会都交出去的，<u>有人</u>交，<u>也有人</u>不交。”
(钢铁是怎样炼成的)
　　（イヤマキンカは「いや，全部出すことはないよ。出す<u>人もいるし</u>，出さない<u>人もいる</u>」と反論した。

(67) <u>有人</u>认为，现行《婚姻法》存在阙漏，名称不准确，应该改为《婚姻家庭法》，但支持沿用原名者认为法律名称应该稳定。<u>亦有人</u>认为改名后应该将《收养法》并入新的《婚姻家庭法》。　　　　(当代)
　　（現行の『婚姻法』にはいくつか欠陥があり，名前が不正確なので，『結婚家庭法』に変更されるべきであると思っている<u>人がいます</u>。しかし，現行の法律名の支持者は，法律名は変えるべきではないと考えています。名前の変更後，『養子縁組法』は新しい『結婚家庭法』に統合されるべきであるとも考える<u>人もいます。</u>）

8.4.1.3 まとめ

　本項では，"有人" の構文的特徴について，"有人" の前部要素と後部要素に分けて，具体的な考察を行い，以下のことを明らかにした。

　まず，"有人" の前部には，名詞，副詞，名詞＋副詞，副詞＋名詞が先行し，"有人" が所属する集合及び "有人" に後続する VP が行う動作の場所，動作発生の時間，動作発生時の状態などを表す。また，"有人" の前部に主述連語が先行することもある。その場合は，"有人" に先行する主述連語は，包含文の主文になり，"有人" と "有人" に後続する VP がその主文の目的語となり，文の子文になる。

　次に，"有人" には，各種の動詞，動詞句と "是" 構文が後続する。"有人" に動詞，動詞句が後続する場合は一回性の動作や複数回にわたり行われる動作を表し，事態・事実の叙述を示すが，"是" 構文が後続する場合は当該人物の属性に対する叙述を示す。これに関しては，原（1991）では，「"有 +N+VP" 構

文には, VP が属性を表す形容詞が来ない」と述べている。本研究においては,"有人"には属性を表す形容詞句と名詞句は後続すること，しかもそこには，制約があること,"有人……，有人……"構文と条件文の場合にはその制約が解消され,"有人"に後続しうることが分かった。

8.4.2 "有人" の意味的特徴
本項では,"有人"の意味的特徴を考察する。

8.4.2.1 主格における "有人"
①動作，変化，性質状態の主体を表す

"有人"には各種の動詞が後続する。動詞の前に先行する"有人"は動作の主体,変化の主体,性質状態の主体などを表す。例えば,以下の（68）と（69）の"有人"は"问"（聞く),"破坏"（破る）という動作の主体を表し,（70）と（71）の"有人"は"变丑"（ブスになる),"长大"（成長する）という変化の主体を表し,（72）と（73）の"有人"は"以吃野生动物为荣"（野生動物を食べることを誇りに思う),"欢喜"（喜ぶ）と"忧"（憂慮する）という性質状態の主体を表す。

(68) 星云大师：<u>有人</u>问我，创建佛教事业成功的秘诀是什么？我说，利用每一天的零碎时间，用心思考。

（传媒大亨与佛教宗师的对话：包容的智慧）

（星雲法師：<u>ある人</u>から私は，仏教事業を起業し成功した秘訣は何かと<u>聞かれました</u>。私は，毎日のわずかな時間を利用して，十分に考えることだ，と言いました。）

(69) 如果有非要打官司不可,那必然是因为<u>有人破坏了</u>传统的规矩。（当代）

（どうしても裁判所へ行かないといけないなら，<u>誰かが</u>伝統のしきたりを<u>破った</u>からに違いない。）

(70) 我觉得<u>有人变丑了</u>！那个什么，没你在也无聊，天冷都懒得自己洗头，……　　　　　　　　　　　　　　　　　　　　　　（微博）

（<u>ある人が醜くなった</u>と思うの。あのね，あなたがいないとつまんな

160

いのよ。寒いと頭を洗うのも億劫になるし，…)

(71) 雨过应该就会天晴吧，若知道痛了就要珍惜而安，恋爱中<u>有人被打垮</u>，<u>有人长大</u>，你还爱我吗？　　　　　　　　　　　　　　　　（微博）

(雨が降った後は晴れるはずです。痛みを知っているなら，それを大事にすべきです。恋愛中，<u>ある人は打ちのめされる</u>が，<u>ある人は成長します</u>。あなたはまだわたしのことを愛してますか？)

(72) 但在我们有五千年文明传统的中国，<u>有人还以吃野生动物为荣</u>。（当代）

(しかし，我々の5000年の文明の伝統がある中国には，<u>野生動物を食べることを誇りに思っている人</u>がまだいます。)

(73) 当然，成功与失败的此消彼长与亘古碰撞，意味梦想中总是<u>有人欢笑</u><u>有人忧</u>。　　　　　　　　　　　　　　　（史玉柱传奇）（再掲）

(もちろん，成功と失敗はトレードオフの関係にあり，昔から現在に至るまで衝突しあっている。これは，見る夢がいつも<u>ハッピーな人もいれば</u>，<u>アンハッピーな人がいる</u>こと同じである。)

② 任意の「1人」あるいは「一部の人」を表す

"有人"の前に集合名詞あるいは集合を表す名詞が先行する場合，"有人"はその集合の中のある任意の「1人」あるいは「一部の人」を表す。

(74) 公司开创只有半年，但是因为公司是由5个人一起创办的，<u>这5个人</u><u>有人</u>当总经理，而其他人明显表现出不服，所以现在管理上经常会出许多问题。　　　　　　　　　　　　　　　　　　　　　　（当代）

(会社は設立されてまだ半年で，会社は5人で設立されたため，<u>これらの5人のうちの誰か</u>がGMになりましたが，他の人たちからの不満が明らかになり，現在では管理上の問題が多数出てきています。)

(75) 如果<u>小团体中有人</u>帮你做了一件事，老板说不错，你会感觉很好。

（名家对话职场7方面）

(<u>グループの中の誰か</u>があなたのために働きかけ，そのことでオーナーに高く評価されれば，それはあなたにとってとても喜ばしいことでしょう。)

上の (74) と (75) の"有人"は前に先行する集合の中の 1 人を表す。むろん，それは一体誰なのか，話し手も聞き手も同定できないことから，"有人"は任意の 1 人を表すと考えられる。

(76) 在很多外企，常常有人抱怨说高级职位都是外国人把持，……

(名家対話職場 7 方面)

(多くの外資系企業では，上級職が外国人によって独占されているとしばしば不満を述べる人がいてね，…)

(76) における"有人"は外資系企業における人であるが，"在很多外企"と"常常"という言葉があるので，ここの"有人"は「1 人」ではない。何人かは不明だが，「一部の人」を表すと言えよう。

8.4.2.2「対比」を表す"有人"

"有人……，有人……"構文における"有人"は「対比」を表す。前の"有人"に後続する部分と，後ろの"有人"に後続する部分は，反対の性質・状態あるいは反対の事実事項である。この構文は 2 つの"有人"から構成される構造となっている。例えば，次の (77) 〜 (79) はいずれも「対比」の意味を表す。

(77) 当然，成功与失败的此消彼长与亘古碰撞，意味梦想中总是有人欢笑有人忧。　　　　　　　　　　　　　　　(史玉柱传奇)（再掲）
(もちろん，成功と失敗はトレードオフの関係にあり，昔から現在に至るまで衝突しあっている。これは，見る夢がいつもハッピーな人もいれば，アンハッピーな人がいること同じである。)

(78) 至于人是否真有灵魂，有人信，有人不信，这个问题似乎也是没有标准答案的……　　　　　　　　　　　　　　　　　　(当代)
(人間に本当に魂があるかどうかに関しては，信じる人もいるし，信じない人もいますが，この問題には正しい解答はないみたいですね。)

(79) 同样的时代，同样的问题在这里，为什么有人有反应，有人没有反应呢？　　　　　　　　　　　　　　　　　　　　　(当代)

（同じような時代に，同じような問題がここにはありますが，なぜ<u>あ</u>
<u>る人は反応する</u>のに，<u>ある人は反応しない</u>んですか？）

8.4.2.3 「列挙」を表す "有人"

　"有人……，有人……" 構文における "有人" は「列挙」の意味も表す。つまり，
代表的な事項あるいは状態を挙げるという意味である。このような場合には，
2 つの "有人" から構成される構造もあれば，3 つ以上の "有人" から構成さ
れる構造もある。例えば，次の（80）〜（82）はいずれも「列挙」の意味を表す。

(80) <u>有人说是水</u>，<u>有人说是火</u>，各种各样的说法。　　　　　　（当代）
　　　（<u>ある人は水だと言い</u>，<u>ある人は火だと言い</u>，様々な言い方がある。）
(81) 根据国内，省内已有的建设纪录，<u>有人估计需要 3 年</u>，<u>有人估计需要两年</u>。
　　　　　　　　　　　　　　　　　　　　　　　　　（1994 年报刊精选）
　　　（国内と省内の既存の建設記録によると，<u>ある人は 3 年かかると予測</u>
　　　<u>していた</u>が，<u>ある人は 2 年かかると予測していた</u>。）
(82) <u>有人吹起无聊的口哨</u>；<u>有人把头往后一仰</u>，闭上眼；<u>有人递给司机一支烟</u>，
　　　讨好地说：师傅，慢慢修，我们等着，不着急。<u>有人下了车</u>。我在下
　　　车的行列中。　　　　　　　　　　　　　　　　　　（会唱歌的强）
　　　（<u>ある人は退屈そうに口笛を吹き</u>，<u>ある人は頭を後ろに仰ぎ目を閉じ</u>，
　　　<u>ある人は運転手に煙草を一本渡し</u>，媚びるように，「運転手さん，ど
　　　うぞごゆっくり。待ってますから。急がなくてもいいです」と言う。
　　　<u>ある人はバスを降りた</u>。私はバスを降りた連中の 1 人である。）

8.4.2.4　まとめ

　本項では，"有人" の意味的特徴について，具体的な考察を行い，以下のこ
とを明らかにした。
　まず，"有人" は，動作・変化・性質状態の主体を表す。この場合は，集合
の中の任意の 1 人，あるいは一部を表すこともある。
　次に，"有人……，有人……" 構文における "有人" は前後の状態あるいは
事項が反対の場合は「対比」の意味を表す。反対でない場合は代表的な性質状

態あるいは事項を挙げ,「列挙」の意味を表す。

8.5 本章のまとめ

　本章では,まず,不定名詞句である"有人"を前部要素と後部要素に分けて,"有人"の構文的特徴を考察したうえで,"有人"の意味的特徴を検討した。考察結果は以下のようにまとめられる。

　まず,構文的特徴については,次の2点を明らかにした。

　①"有人"の前部には,名詞,副詞,名詞＋副詞,副詞＋名詞と主述連語が先行する。"有人"に先行する名詞は,"有人"の範囲,"有人"が所属する集合及び"有人"が後続するVPが行う動作の場所などを表す。"有人"に先行する副詞は,"有人"の後部に付く動作の発生時の状態などを表す。"有人"に先行する主述連語は包含文の主文になり,"有人"と"有人"に後続するVPは文の子文になる。

　②"有人"の後部には,各種の動詞あるいは動詞句と"是"構文が後続するが,このような場合は,事態・事実に対する叙述及び属性の表明である。一方,"有人"には形容詞句と名詞句も後続するが,制約がある。"有人……,有人……"構文と条件文の場合はその制約が解消され,"有人"に後続することができる。

　次に,意味的特徴については,次の3点を明らかにした。

　①"有人"は,動作・変化・性質状態の主体を表す。

　②"有人"は,集合の中の任意の1人,あるいは一部を表すこともある。

　③"有人……,有人……"構文における"有人"は「対比」あるいは「列挙」の意味を表す。

第9章 "有个人" の意味・用法の考察

　第8章では，中国語の不定名詞句である "有人" の構文及び意味的特徴を考察したうえで，"有人" の意味・用法を明らかにした。本章では，本研究のもう1つの研究対象である "有个人" の構文的特徴と意味的特徴を考察し，"有个人" の意味・用法を明らかにする。

9.1　はじめに

　第2章で述べたように，本研究は日本語教育のための対照研究であるという位置づけから行うものであるため，日本語教育の立場から日本語の「誰か」と「ある人」の中国語の対応形式である "有人" のほか，もう1つの対応形式である "有个人" の意味・用法を明らかにする。

　"有个人" も "有人" と同様に，現代中国語において，頻繁に使用される基本語彙の1つである。しかし，"有个人" の意味・用法に関する研究はあまりなされていない。

　本章の9.2では，現代中国語における "有个人" に関する従来の研究を概観し，9.3では本章の研究の方法を示したうえで，9.4では分析と考察を述べる。

9.2　先行研究

　本研究では，第8章で，"有人" を不定名詞句として扱い，考察を行った。"有个人" は，不定名詞句である "有人" の中に量詞の "个" が入っているものであるため，本第9章では，"有人" と同様に，不定を表す名詞句として扱う。

　以下では，"有个人" に関する主な先行研究を挙げたうえで，本研究における検討・考察の立場を明らかにしていく。

中国語の量詞は事物や動作の量を図る単位である。"个"は最も広く用いられる量詞（呂叔湘 1944：145[49]）で，専用の量詞のない名詞に用いるほか，一部のほかの量詞に代用されることがある。

　朱德熙（1982）は，中国語の量詞とは数詞の後に付く付属語であると命名したうえで，量詞を個体量詞，集合量詞，度量詞，不定量詞，臨時量詞，仮性量詞と動量詞の7種類に分けている。さらに，"个"は個体量詞であり，個体量詞の中でも使用範囲が最も広いものなので，大凡全ての個体名詞は専用の量詞を持つ，持たないにもかかわらず，"个"で数えることができると指摘している。

　馬真・郭春貴（2001）は量詞を性質から3分類し，それぞれは事物を計る単位である「名量詞」（例えば，"个"，"本"，"件"等），動作の量を計る単位である「動量詞」（例えば，"次"，"遍"，"回"等）と時間を計る単位である「時間量詞」（例えば，"年"，"天"，"小时"など）であると示している。これによると，"有个人"における"个"は人を計る単位であるため，「名量詞」であるということになる。

　さらに，"个"の前に"一"が先行する場合は，省略されやすい。これについて，呂叔湘（1944）は，"一＋量詞"は他言語の不定冠詞に相当し，同時に，"一"が動詞に後続する場合，しばしば省略されると述べたうえで，次のように記述している。

> 我们的冠词并不是一这个字，而是"一单"这个整体，一字脱落了
> 还有一个单位词。所以省略一字的现象，换一个看法，也可以说是
> 单位词本身的冠词化。"
> （中国語の冠詞は決して"一"というこの字ではなく，"一＋単（量詞）"

49　呂叔湘（1944）では，"個是近代汉语里应用最广的一个单位词（或称量词，类别词）。这个词有个，箇，個三种写法。"（"個"は現代中国語で最も広く使われている単位詞（あるいは量詞，類別詞と呼ぶ。この字は"个"，"箇"，"個"の3つの表記がある）と記述されている。本研究は表記統一のため，"个"のような語を「量詞」と呼び，"个"の書き方を現代中国語で最も広く表記の仕方である"个"で表記することとする。なお，この論文は呂叔湘が1944年に『金陵，齐鲁，华西大学中国文化会刊』第四卷で掲載された「個字的应用范围，附论单位词前一字的脱落」である。1999年に，商務印書館によって出版された『汉语语法论文集（增订本）』の pp. 145-175. に収録されている。

で全体となる名詞句であり，"一"が脱落しても，ユニットとしての詞（量詞）が残る。したがって，"一"という字が省略される現象は，もう一つの見方をすれば，量詞そのものの冠詞化とも言える。）

（呂叔湘 1944:174）

　さらに，呂叔湘（1999）は"一"の省略はその位置に関係があり，目的語の前の"一"は常に省略されると指摘している。

　趙日新（1999）では"一"の省略とその条件について考察した結果，"一个"が広範に使用されている中，数詞である"一"の数量を指示する機能が2種類に分化したことが明らかにされた。1つ目は，"一"は数量を表す意味が強く，まだ標準的な数詞であるため，省略できないということであり，2つ目は，"一"は数量を指示する機能が薄れ，虚化（文法化）された数詞となっていることから，省略されても，文の意味には影響が一切ないということである。後者のような場合は，"一"は文中にあってもなくてもいい部分となり，省略されやすい。さらに，趙日新（1999）は前述した呂叔湘（1990）を踏まえ，"一"の省略はよく"动宾结构（動詞目的語構造）"と"介词宾语结构（介詞目的語構造）"に現れ，"动＋'一个'＋名"，"介＋'一个'＋名"が"动＋'个'＋名"，"介＋'个'＋名"になると論じている。

　上述した先行研究から，本研究の研究対象である"有个人"は"有一个人"からなっているということが裏づけられるといえる。

　さらに，8.2において，蔡維天（2004）と孟艷麗（2009）で議論されたように，"有"は「存在」を表す意が薄れ，文法化され，不定を表す意味が顕在化したため，文法化機能を持つマーカーとなった。したがって，"有个人"は"有"という文法化された不定を表すマーカーが連体修飾語として，量詞である"个"と名詞である"人"を修飾した名詞句の組み合わせであるということになる。

　しかし，現代中国語においては，"有"の意味・用法（8.2で述べた）と"有"構文の構造・意味（8.2で述べた），前述した"个"と"一个"の研究に絞られ，"有个人"を，不定名詞句として行った研究は管見の限り1つもない。本章では，"有个人"を不定名詞句として扱い，その意味・用法について考察する。

9.3 研究の方法

　CCL と BCC で"有个人"を検索した結果，各々用例が 1 万以上あった。その
うち，用例を 1000 件ずつ無作為にダウンロードした結果，"怀有个人兴趣"（個
人の趣味がある），"有个人家"（一軒の家がある），"有个人工冰场"（人工スケー
ト場が 1 つある），"有个人账户"（個人口座がある）のようなものと，次の（1）
のような，動詞句である"有个人"が検出された。

　　　（1）随后有部马车赶来了，可是里边有个人。　　　　　　（永口了，武器）
　　　　　（その後，一台の馬車が駆け付けてきたが，中には誰かがいた。）

　上のような用例は本研究の対象ではないことから，削除し，用例を 1897 件
収集した。
　9.4 では，これらの用例における"有个人"の構文的特徴と意味的特徴を観
察し，"有个人"の意味・用法を明らかにする。

9.4 結果と考察

　本節では，"有个人"の構文上と意味上における特徴の観察を通して，考察
を行う。

9.4.1 "有个人"の構文的特徴

　"有个人"を"有个人"の前部要素と後部要素に分けて，構文的特徴を考察
していく。

9.4.1.1 "有个人"の前部要素

　"有个人"の前部に現れうるものは NP，AD，VP である。
① NP ＋"有个人"……
　まず，場所を表す名詞が"有个人"の前に現れる。（2）～（5）の"方债
玉身边"（方债玉氏の近く），"在车上"（列車の中で），"自习室"（自習室），"里

屋"（奥の部屋），"后排"（後ろの列）のような名詞は場所を表す場所詞あるい
は"在……"のような方位詞で，"有个人"の動作が行われる場所，あるいは，
位置を表している。

（2）根据她的调查，方倩玉身边有个人一直默默的守着她，只是方倩玉的
眼睛暂时被波罗面包给蒙敝了。　　　　　　　　　　　（顽皮天使心）
　　　（彼女の調査によると，方倩玉氏の近くにはずっと静かに彼女を見
守ってきた人がいますが，彼女は一時的にメロンパンでごまかされ
ていただけなのです。）

（3）在车上，有个人一直在高谈阔论。让我突然想起了绵羊，绵羊以前说，
他每次搭车都有人在上面吹水，看来是真的。　　　　　　　（微博）
　　　（列車の中で，ある人がずっとまくし立ててた。突然羊のことを思い
出したね。羊は前に彼が毎回列車に乗るたびにほらを吹く人がいた
と言ってたが，それは本当みたい。）

（4）学期最后一门，其实自习室有个人作伴还是愿意去的。　　　（微博）
　　　（今学期の最後の科目だ。実は自習室に付き合ってくれる人がいれば，
やはり行きたいのだ。）

（5）掀开竹帘，进到上房，里屋有个人站起来招呼我们，说队长下地去了，
这里是他的住家，也是办公室，请我们稍待一下，说着就走出去了。

　　　　　　　　　　　　　　　　　　　　　　　　（冰心全集第五卷）
　　　（竹の暖簾をくぐり母屋に入ると，奥から誰かが立ち上がって我々に
挨拶し，隊長は畑に行っている，ここは彼の家でもあり，オフィス
でもある，と言い，さらに我々に少し待つようにと言い残して出て
行った。）

（6）"好好洗，搓干净！"后排有个人喊叫着。一阵笑声，前排的官员们有
些生气，可整个剧院的所有人都是这么想的。　　　　　　　　（雪）
　　　（「ちゃんと洗え，きれいにもみ洗いをしろ！」後ろの列にいる誰か
が叫んだ。ひとしきり続いた笑い声の後，前に座っている役員たち
は少し怒ったが，劇場の中にいる人間はみんな同じことを思ってい
た。）

次に、"有个人"の前部に時間を表す時間詞も現れる。例えば、（7）〜（9）における"1981年初"（1981年の初め）、"有一天"（ある日）、"下车的时候"（バスを降りる時）は時間詞あるいは時間を表す名詞句であり、"有个人"の後部にある動作が行われる時間を修飾している。

(7) 世界上最快的信，是<u>1981年初有个人</u>从伦敦寄出的一封信，只两分钟，就到了加拿大的多伦多收件人手中。　　　　　　　（读者（合订本））
（世界で最も速い手紙は、<u>1981年の初めにある人</u>がロンドンから出した手紙で、たった2分間でカナダのトロントの宛先に届いたのです。）

(8) <u>有一天有个人</u>找我要减价多买一些，被我拒绝，不料这个人……
　　　　　　　　　　　　　　　　　　　　　　　　（读者（合订本））
（<u>ある日</u>、<u>ある人</u>が値下げ価格でもっと多く買いたいと頼んできたが、私が断ったら、意外なことにこの人は…）

(9) <u>下车的时候有个人</u>冲过来上车害我没站稳，结果现在二度扭伤！比上次还严重啊！！　　　　　　　　　　　　　　　　　　（微博）
（<u>バスを降りる時</u>、<u>誰か</u>が急いで車に乗り込んできて、私はしっかり立っていなかったために、2度目の捻挫をした。前回よりもひどい！）

最後に、"有个人"の前部に集合名詞も現れる。このような場合に、"有个人"はその前にある集合の中の1人を表す。例えば、（10）と（12）の"我们"（われわれ）、"寝室"（宿舍）[50] は名詞であるが、(11)、(13)、(14)の"村里"（村には）、"我们学校"（うちの学校）、"该局电费抄收班"（当局電気代記録徴収班）は集合を表す名詞あるいは名詞句であり、"有个人"の前部に現れ、"有个人"を限定している。

(10) <u>我们有个人</u>住在班达圭，我想易容也许可以摆脱追踪，于是化装成马哈拉塔人。　　　　　　　　　　　　　　　　　　　　　　（基姆）

---

50 "寝室"は「宿舍などの寝る部屋」を指すが、ここでは「ルームメート」と訳出する。

（我々のうちの誰かが，バンダギに住んでいるが，変装したら追跡を免れることができると思って，マハラタ人に変装した。）

(11) 村里<u>有个人</u>叫长脓疮的哈尔拉姆。他追求过波利姫。他没鼻子，最爱说人坏话。她瞧都不瞧他一眼。他为这件事恨上了我…… （失落）

（<u>村には膿瘍ができているハーラムという男がおり</u>，彼はポリーチを追いかけていた。彼には鼻がなくて，人の悪口を言うのが大好きだった。彼女は彼をちらっとも見なかった。彼はそのことで私を恨み…）

(12) 寝室<u>有个人</u>回家了，给其他俩人打电话，一个一直无法接通，一个一直占线…… （微博）

（<u>ルームメートのうち1人</u>が帰省した。ほかの2人に電話をしたが，1人はつながらなくて，もう1人はずっと話し中でね…）

(13) 曾经<u>我们学校有个人</u>吃了半年的豆芽煮海带，半年的主食就是这个，于是减了 30 多斤。 （微博）

（かつて，<u>うちの学校のある人が</u>，約半年間，もやしと昆布の煮込みだけを食べ続けたの。半年間の主食はこれだけでね。そしたら 15 キロ⁵¹ 以上痩せたのよ。）

(14) <u>该局电费抄收班有个人</u>受七个用电户委托代收二百元现金，没有上缴。 （福建日报）

（<u>当局の電気代記録徴収班のある人が</u> 7 世帯の顧客から頼まれて，200 元の現金を預かったが，局のほうに渡さなかった。）

② AD ＋ "有个人"……

"有个人" の前部には，副詞もよく現れる。例えば，下の (15) ～ (17) における "最近"（最近），"以前"（前は），"以后"（将来いつか）のような時間を表す副詞があり，また，(18) ～ (19) における "这时"（この時），"忽然"（突然）のような描写文によく使われる副詞がある。

(15) 我已结婚，但是<u>最近有个人</u>老来缠着我，弄得我不知如何做了，应该咋样拒绝。 （微博）

---

51 中国語の原文は "斤" で，重さを表す量詞で，1斤は500グラムである。日本語訳はキロに換算ししている。

（私は既婚者ですが，<u>最近ある人</u>に付きまとわれているんです。どうやって断るべきか，分かりません。）

(16) <u>以前有个人</u>老被李敖骂，结果他说：他天天骂我，说明他离不开我；我不需要骂他，说明我离开了他照常活。　　　　　　　　　（微博）
（<u>前はある人</u>がよく李敖に批判されていた。そうしたら，彼は「毎日俺を批判していたのは，彼は俺なしではいられなかったからなんだね。俺は彼の批判はしないんだよ。これは彼がいなくても，俺はいつもどおりやっていけるからだね」と言った。）

(17) 想要<u>以后有个人</u>对我说：你不是最好的，但是我最珍惜的。　　（微博）
（<u>将来いつかある人</u>から，あなたは必ずしも一番ではないが，わたしが一番大事にしている（人）なんだよと言われたい。）

(18) <u>这时有个人</u>从我们眼前走过去，完全没理睬我们。他可能是个农民，还扛着一把崭新的大砍刀，刀刃还用塑料包着。　　　　（生命如歌）
（<u>この時</u>，<u>誰か</u>が我々の目の前を歩いていって，我々を完全に無視した。彼は農夫とみえ，真新しい大鉈を担いではいたが，その刃はプラスチックの包みに覆われていた。）

(19) 三个人都准备动手，<u>忽然有个人</u>闯进来，挡在他们面前，整整比他们高出一个头。　　　　　　　　　　　　　　　（三少爷的剑）
（3人が同時に殴りかかろうとしたところ，<u>突然誰か</u>が侵入してきて，彼らの前に立ちはだかった。彼らよりちょうど頭1つ分大きかった。）

　これらの"有个人"の前に先行する副詞は，時間を表すものや状態を表すものであり，"有个人"の後に付く動詞が表す動作が，行われる（行われた）時間を表したり，動作の発生時の状態を表したりする。

③ NP＋AD／AD＋NP／NP＋NP"有个人"……
　"有个人"の前部には，単独の名詞，単独の副詞，名詞，副詞及び名詞句が同時に現れる場合がある。例えば，次の（20）〜（22）である。

(20) <u>从前瓜州有个人</u>极信佛，每天早晨要过江到金山寺拜佛。

172

（読者（合订本））

　（昔，瓜州にいたある人は，実に信心深い仏教徒で，毎朝早くから川
を渡って金山寺へ行き，礼拝をしていた。）

(21) 在她毫无所觉，尽情地玩赏百合时，暗处有个人一直在观察她。

（鸡腿美人）

　（彼女がそのことに気づかず，存分にユリを楽しんでいる間，暗闇に
いる誰かがずっと彼女を観察していた。）

(22) 有一回和朋友喝酒，其中有个人喝醉了，竟然忘记自己的车停在哪儿，
坐着计程车在大台北兜了一大圈……　　　　　　　　　　（读者）

　（かつて友人たちと飲んだ時のこと，そのうちの1人は大いに酔っぱ
らって，自分が駐車した場所を忘れてしまい，タクシーで台北を一
回りして…）

　（20）では，"从前瓜州"（昔瓜州）という時間を表す副詞と場所名詞の組み
合わせで，"有个人"が動作を行う際の時間と場所を示す。（21）においては，
"在她毫无所觉，尽情地玩赏百合时"（彼女がそのことに気づかず，存分にユリ
を楽しんでいる間）は時間を表す名詞句であり，その後部にある"暗处"（暗闇）
は"有个人一直在观察她"（誰かがずっと彼女を観察していた）の場所を表す
名詞である。したがって，これは名詞句と名詞の組み合わせである。（22）は，"有
一回"（かつて）と"其中"（そのうち）という集合名詞で"有个人"の動作実
施の時間と"有个人"が所属する集合を表す。

④ （NP+）VP ＋ "有个人"……

　"有个人"の前部には，動詞も現れることがある。この場合は，動詞の前に
名詞があり，その名詞は動詞の主語になる。この名詞と動詞により主述連語が
構成されている。8.4で述べたように，このような文は，中国語では"包孕句"
と言われ，日本語では「包含文」と呼ばれている。

　まず，"有个人"の前部に先行する動詞は「発見」の意味を表す動詞である。
例えば，次の（23）〜（26）における"发现"（気づく），"看见"（見える），"一
看"（見る），"注意到"（気づく）のような動詞である。

(23) 走到一条偏僻的街口，发现有个人东张西望一阵以后，急忙掏出一封
信投入邮筒，转身就往小巷走去。　　　　　　　　　（福建日报）

（市の中心から離れた通りへ歩いて来た時，誰かがしばらく周りを
キョロキョロ見回わしてから，急いで手紙を取り出して郵便ポスト
に入れて，それから踵を返して路地のほうへ行くのに気づいた。）

(24) 最后，在一栋楼里看见有个人从楼上下来。他说："出三十个卢布，我
把您安置在洗澡间里……"　　　　　　　　　　　　（危机）

（最後に，ある建物の中で，ある人が上から降りてくるのが見えた。
そして彼は「30ルーブルを出せば，あなたをバスルームに泊めてあ
げます…」と言った。

(25) 仔细一看，似乎有个人坐在那头龙的头部。　　　　（罗德岛战记）

（よく見ると，まるで誰かが龍の頭部に座っているようだ。）

(26) 我说得仍然很轻，因为我们注意到楼梯口有个人下来了，正在那开自
行车的链条锁。　　　　　　　　　　　　　　　　（当代短篇小说）

（わたしはそれでも声を抑えて言っていたんです。階段の入り口から
誰かが降りてきて，そこで自転車のチェーンの鍵を開けているのに
気づいたからです。）

　　次に，"有个人"の前部には伝聞を表す動詞も先行する。例えば，次の（27）
〜（29）における"听说"（聞く），"听到"（聞こえる），"据说"（そうだ）の
ような動詞である。動詞に後続する部分は伝聞の内容を表す。

(27) 我听说有个人天还没亮就去浴池洗澡，半路上遇到了一个朋友。
　　　　　　　　　　　　　　　　　　　　　　　　（卡布斯教诲录）

（ある人が夜が明けないうちに銭湯へ行ったのに，途中で友人に会っ
た，という話を聞いた。）

(28) 只听到洞里有个人传话："冬生，冬生，有人叫你！你妈来了！"
　　　　　　　　　　　　　　　　　　　　　　　　（传奇不奇）

（洞窟の中で誰かの取り次ぐ声だけが聞こえた。「冬生，冬生，誰か
がお呼びです。お母さんが来てますよ。」と。）

(29) <u>据说有个人</u>是这样去求婚的，女孩同意了……　　　　　（微博）

　　（<u>ある人が</u>このようにプロポーズをしたら，女の子は OK した<u>そうで</u>
　　<u>す</u>…）

　また，"有个人"の前部には，心理活動を表す動詞も現れることがある。例えば，
(30) ～（33）における"想"（思う），"记得"（覚えとく），"感觉"（感じる），
"知道"（知っている）のような動詞である。

(30) 我需要这样的你～我<u>想有个人</u>一直牵着我的手带我去看雪。　　（微博）

　　（私が必要なのはこんな人です。～ずっと手をつないでくれる<u>誰か</u>，
　　私を雪を見に連れて行ってくれればいいなあと，私は<u>思ってます</u>。）

(31) 我心疼你，你的眼泪淋湿了我的心！真的，<u>记得有个人</u>为你心疼！你
　　难受时我也想哭～～　　　　　　　　　　　　　　　　　　　（微博）

　　（君のことを心がうずくほど大切に思っているよ。君の涙で俺の胸は
　　濡れた！ねえ，君のことで心がうずいている<u>人がいる</u>って<u>覚えてお</u>
　　<u>いて</u>ね。君が苦しい時，俺も泣きたいよ～）

(32) 一次刚领完薪水，我挤公车回"家"，半道上<u>感觉有个人</u>在我身后动手
　　动脚的乱摸，一开始我以为遇到了性骚扰，我很害怕，也……（微博）

　　（給料をもらったある日，混雑するバスで「家」へ帰る途中，<u>誰かが</u>
　　後ろから私に触れているのを<u>感じて</u>，とっさにこれは痴漢だと思い，
　　恐ろしくなり，また…。）

(33) "我<u>知道有个人</u>能修，我会给他打个电话的。""谢了，那再好不过了。
　　要花多少钱？"　　　　　　　　　　　　　　　　　　　（限期十四天）

　　（「修理できる<u>人を知っている</u>。彼に電話をするよ。」「ありがとう。
　　それは助かる。いくらかかる？」）

　最後に，"有个人"の前部には，能願動詞[52] が現れることがある。例えば，(34)
～（36）における"该"（必要だ），"会"（きっと），"需要"（必要だ）のよう

52　能願動詞とは可能，願望または必要を表す動詞のことである。

な可能を表す動詞と（37）〜（38）における“希望”（ほしいと思う），“愿意”（望んでいる）のような願望を表す動詞である。

(34) “看样子，你实在<u>该有个人</u>照顾你的生活。”　　　　　　（雁儿在林梢）
（「どうやらあなたには，生活する上で世話をしてくれる<u>人が必要</u>みたいだね。」）

(35) 不管你的条件有多差，总<u>会有个人</u>在爱你。不管你的条件有多好，也总有个人不爱你。　　　　　　（网络经典语录）
（いくらあなたの条件が悪くても，<u>きっと</u>あなたを愛する<u>人はいる</u>。いくらあなたの条件がよくても，きっとあなたを愛さない人もいる。）

(36) 她为了避免手术麻醉剂对胎儿的影响，她竟是在没打麻醉药的情况下开刀的，她真的<u>需要有个人</u>陪伴她度过这个难关。　（赶在婚前变心）
（彼女は手術の麻醉の胎児への影響を避けるために，なんと麻醉薬を注射せずに手術を受けたのですよ。彼女には本当に今度の困難を一緒に乗り越える<u>人が必要</u>でしょう。）

(37) 她心中具有无限的茫然和恐慌，此刻，她真<u>希望能有个人</u>和她做伴。
　　　　　　（纤云巧弄飞星恨）
（彼女は何が何だか分からずに心中で恐怖を感じている。この時の彼女は，ひたすら，<u>誰か</u>そばにい<u>てほしいと願っている</u>。）

(38) 这自由我可是受够了，我<u>愿意有个人</u>安排我按时吃得饱饱的，告诉我干什么，不干什么。　　　　　　（飘）
（この自由はもううんざりだよ。私は<u>誰か</u>が時間通りにお腹いっぱい食べさせてくれて，すべきこと，すべきでないことを教えてくれることを<u>望んでいる</u>んだよ。）

⑤ ADJ ＋ “有个人”……
　“有个人”の前部には，話し手の気持ちあるいは感情を表す形容詞も先行する。（39）の“幸好”は話し手の気持ちを表す形容詞であり，（40）の“很高兴”は感情を表す形容詞である。これらの形容詞も本項の④で前述した動詞と同様に，後部にある文の母文となる。形容詞の後部にあるものは，“有个人”が主語で，

その "有个人" に後続する部分は述語で，新たな主述構造である子文でもある。
このような構文も包含文である。

(39) <u>幸好有个人</u>今晚充当了我的军师，为我出谋画策，引导我，释怀我。。
谢谢（微博）
（<u>幸いなことに</u>，今夜<u>ある人</u>が私の軍師になってくれた。入れ知恵を
したり方法を考えたりしてくれて，私を導き，安心させてくれて…
本当にありがたいです。）

(40) 大概是因为她在这个沙龙里几乎举目无亲，<u>很高兴有个人</u>同她说话的
缘故吧，她把我拉到了一个旮旯里。　　　　　　　　　（追忆似水年华）
（おそらく彼女には，このサロンには知り合いがいないのだろうが，
<u>誰か</u>彼女に話しかける人がいれば，<u>とても喜ぶ</u>だろう。彼女は私を
隅へ引っ張って行った。）

9.4.1.2 "有个人" の後部要素

9.4.1.1 では，"有个人" の前部要素について考察した。本項では，"有个人"
の後部要素について考察する。"有个人" の後部に現れるものは動詞，判断動
詞の "是"，形容詞，名詞句，述補連語，及び後方照応である。

①……"有个人" ＋ VP

まず，"有个人" に後続する動詞には動作を表す動詞がある。例えば，次の
ような動詞である。例としては，次の（41）～（46）が挙げられる。

(41) <u>有个人</u>自己出路费，来了三次。　　　　　　　（1994 年报刊精选）
（<u>ある人が</u>自分で交通費を<u>負担して</u>，3 回も来た。）

(42) 然而，一旦我们中间<u>有个人受伤</u>了，他就会用无比的热忱和善意看护
伤员。　　　　　　　　　　　　　　　　　　　　　　　　（莫普拉）
（しかし，一旦我々のうちの<u>誰か</u>がけがをしたら，彼は大いなる真心
と優しさをもって負傷者の世話をします。）

(43) 在此之前，我们的运气也不坏，就在闭店以前，约九点钟左右，<u>有个
人停下车</u>想找点吃的，他站在路上看见我们连推带挤地走了出来。

（邮差总敲两次门）

（これまでは，我々の運はそう悪くはなかった。店が閉まる直前の9時頃，我々のうちの誰かが何かを食べたいと言うので車を止めた。そして我々が大勢の人と押し合いながら歩いているところを，彼は道に立って見ていた。）

(44) "您瞧瞧，有个人倒下来了，倒下来了，倒下来了啊！"

（战争与和平第一卷第二部）

（「ご覧ください。誰かが倒れてきた，倒れてきた，倒れてきましたよ。」）

(45) 有个人偷听了这番谈话，这个人是希尔比先生和太太万万没有料到的。

（汤姆叔叔的小屋）

（ある人がこの会話を盗み聞きしていたが，この人はヒルビー氏と彼の妻が思いもよらなかった人だよ。）

(46) 上边有个人奔跑，脚步声很重，房门砰砰地开关。　　（可怕的一夜）

（上では誰かが走り回っており，その足音はとても重く，ドアがバンバンと音をたてて開け閉めしている。）

　次に，"有个人"に後続する動詞には言語行動を表す動詞がある。例えば，次の（47）〜（49）における"说话"（話す），"讲"（話す），"叫"（いう）のような動詞である。

(47) 其中有个人说话，就是燕西，他道："开什么玩笑，这也不算什么喜事。"　　（金粉世家）

（その中に話している人がいる。その人は燕西で，彼は「何の冗談だよ。めでたいことでもなんでもないよ」と言った。）

(48) 他们在公安大学搞了几天座谈，我都参加了，发现有个人讲得最好，最符合我们心目中的概念，仔细一问，还是个杭州警察！

（都市快讯）

（彼らは公安大学で何日か懇親会を行い，私は毎回参加したんだが，そのうちのある人が一番よく話したんだ。我々の心の中にある概念と合致していたので，詳しく聞いてみたら，杭州の警察官だった。）

178

(49) 西域<u>有个人</u>叫欧阳明的人，也算是一大高手。只是汉人之中很少人有
　　 知道，不知前几日的欧阳锋跟他似乎有些渊源。　　　（剑魔独孤求败）
　　 （西部地域には，欧陽明<u>という名前</u>の<u>人がいて</u>，彼は武術界の達人と
　　 言われていた。しかし，漢民族の中でそれを知る者はほとんどいな
　　 かったために，数日前，欧陽峰が彼とどのような接触を持ったのか
　　 は誰も分からなかった。）

　続いて，"有个人"に後続する動詞には意志と思考を表す動詞もある。例えば，
次の（50）～（52）における"觉得"（思う），"认为"（思う），"以为"（思う）
のような動詞である。

(50) <u>有个人觉得</u>我吃得多一直笑我。我只想说肚子挺起其实是因为裤儿有
　　 点紧。　　　　　　　　　　　　　　　　　　　　　　　　（微博）
　　 （ある<u>人は</u>，私が食べすぎると<u>思って</u>，いつも私を笑っていました。
　　 でも，私の腹が出ているのは，実はパンツが少しきついからだと言
　　 いたいだけです。）

(51) 假如你，我的孩子，假如你落水了，快要淹死了，<u>有个人认为</u>你活着
　　 可能对他有用，就游过来救你。　　　　　　　　　　　（身居高位）
　　 （もし君が，私の子供よ，もし君が水に落ちて，溺れて死にかけた時，
　　 君が生きていれば自分のためになると<u>思う</u>ような<u>人がいれば</u>，その
　　 人は泳いで君を助けるだろう。）

(52) 中国风演唱会，<u>有个人以为</u>他能红，结果……他没有。　　　（微博）
　　 （中国風のコンサート（での演者の1人を見て），<u>ある人は</u>，彼は売
　　 れっ子になるだろうと<u>思った</u>が，結局…彼はそうはならなかった。）

　最後に，"有个人"に後続する動詞には感情を表す動詞もある。例えば，"想"
（～と思う），"乐意"（喜ぶ）である。

(53) 当地<u>有个人想</u>在沙子上敲他一笔，报价要比约定的多 2000 先令，虽然
　　 只合 1 美元，但父亲绝不容忍这种欺诈行为的发生，这人后来就再也

没跟我们合作了。　　　　　　　　　　　　　　　　（那卡的曙光）

（地元のある人が砂のことで彼からゆすり取ろうと思って，合意金額より2000シリング高い見積もりを提示した。たった1ドルだけだったが，父親はこのような詐欺行為の発生を絶対許さなかったので，この人はその後，我々と取引を一切しなくなった。）

(54) 不过我倒是觉得，若是搭电梯上来的这一段路把我们累瘫了，也会有个人很乐意代我们整理行李的。　　　　　　　　　　　　（有关品味）

（でも，我々がここをエレベーターで上って疲れてしまうようであれば，誰かが喜んで我々の代わりに荷物を梱包してくれるだろう。）

②……"有个人"＋"是"……

　"有个人"には判断動詞である"是"が後続することがある。例えば，次の(55)～(59)である。これらの用例ではいずれも"有个人"は主語で，後部の"是"が先行する述語は判断文である。"有个人是……"で不定名詞句の"有个人"の属性を表す。

(55) 有个人是你们的克星，他会令你们滚蛋，你玩了一场有点危险的游戏，处罚，我的好马隆先生，我要处罚，你们玩了一个相当危险的游戏。

　　　　　　　　　　　　　　　　　　　　　　　　（柯南·道尔）

（ある人はあなたがたの敵であり，彼はあなたがたを追い払うでしょう。あなたは少しばかり危険なゲームをしてしまったのよ。処罰します，親愛なるミスター・マローン。私は処罰します。あなたがたはとても危険なゲームをしたから。）

(56) 最离奇的事情是我甚至不可能知道他们的名字，当然也无法把他们的名字告诉你们，只知道他们中有个人是一名剧作家。　　　（柏拉图）

（最も奇妙なことは，私は彼らの名前すら知らされず，当然その名前を教えることもできない。唯一分かっているのは，彼らのなかのある人は劇作家であるということです。）

(57) 不过我得告诉你们，这个人是个杀人犯，或者至少有个人是杀人犯；……　　　　　　　　　　　　　　　　　（两瓶开胃小菜儿）

180

（でも，あなたがたに言わなければならない。この人は殺人犯だよ。あるいは少なくとも<u>ある人は殺人犯だ</u>…）

(58) "我打电话证实了，这里面确实<u>有个人是公安局的</u>，都给我拖出去打，别打死在屋里了"　　　　　　（新华社 2001 年 8 月份新闻报道）

（電話で裏づけられた。このなかの<u>誰か</u>が間違いなく<u>警察官だ</u>。全員外に引っ張りだせ！部屋の中では殺すな。）

(59) 后面<u>有个人是变态</u>。。。天天踢凳子。。。　　　　　　　　　（微博）

（後ろの<u>ある人は変態</u>で…毎日腰掛を蹴っている…）

　次に，"有个人" の後部には "是" の否定形である "不是" も現れることがある。例えば，次の (60) と (61) である。"有个人不是……" で不定名詞句の "有个人" の属性を表す。

(60) 一朋友发说说："<u>有个人不是男友</u>，可暧昧无比，一起吃饭看电影，从不接吻，可能这就是蓝颜知己吧"　　　　　　　　　　　　（微博）

（友人の 1 人は「说说」[53] に，「<u>ある人は彼氏ではないが</u>，中途半端な関係で，一緒に食事をして映画を観るけれど，キスはしない。言うなれば，肉体関係を持たない異性の友人かな」と書き込んだ。）

(61) <u>有个人不是官</u>，却负责全公司职工干部上上下下的工作。

（脑筋急转弯 7）

（<u>ある人は管理職ではないが</u>，会社の中の幹部を含む全従業員の上がったり下がったりする[54] ことを管理している。）

　さらに，"有个人" の後部には "是……的" のような構文が現れることがある。例えば，次の (62) である。このような文では，"有个人" という人物に対して，話し手が "是爱过我的"（私のことを好きだった）と確信度の低い判断をしている。

53　"说说" はコミュニケーションアプリである QQ の機能の 1 つである。ユーザーが感想などを自由に書き込むことができる。

54　ここはクイズの問いである。"上上下下" は中国語のダジャレであり，「上がったり下がったりする」と「昇格と降格」という 2 通りの意味がある。ここは前者の解釈である。

(62) 突然明白去年今天荣涛哥哥跟我讲的那件事了，或许<u>有个人是爱过我的</u>……　　　　　　　　　　　　　　　　　　　　　　（微博）

　　（去年の今日，栄涛兄ちゃんが聞かせてくれたあの話が，今，突然理解できた。もしかしたら，<u>ある人が私のことを好きだった</u>のかも…）

③……"有个人" ＋ ADJ……

　"有个人"に後続するものには形容詞もある。これらの形容詞は感情，あるいは，状態を表す。例えば，次の（63）と（64）における"细心"（注意深い）と"丑"（醜い）である。

(63) 这些买主中<u>有个人很细心</u>，一定要亲自去看看他买的那块地盘怎么样。　　　　　　　　　　　　　　　　　　　　　　　（山外有山）

　　（これらの買い主の中にはとても慎重な<u>人がいて</u>，その人は必ず自ら出向いて，自分の買った土地がどんなものかを確かめるのです。）

(64) 从前<u>有个人</u>，<u>相貌极丑</u>，街上行人都要掉头对他多看一眼。　　　　　　　　　　　　　　　　　　　　　　　（读者（合订本））

　　（昔，<u>顔立ちがひどく醜い人がいた</u>。通行人は振り返ってまじまじと彼を見た。）

　このように，主語が"有个人"のような不定名詞句で，述語が形容詞である形容詞述語文の場合は，以下のような単文にすると不自然となる。単文の後ろに文が複数続くことで，文として表す意味が完全となるからである。

(64′)＊<u>有个人很细心</u>。（ある人はとても慎重である。）

　つまり，中国語では，上に示した"有个人很细心"のような単文は非文であり，複文の一部を構成する以外には単独では存在しえないということになる。

④ ……"有个人" ＋ NP……

　"有个人"に後続するものには名詞句もある。これは，"有个人"が主語で，

述語が名詞句である名詞述語文である。例えば，次の（65）における"有个人三十岁了"（ある人はもう 30 歳だ）は名詞述語文である。

(65) <u>有个人三十岁了</u>，还没找到对象，这可急坏了他娘，他就安慰说："娘，
　　 你生我时，冥冥之中老天爷也为我生了一个老婆，你不用急。"（微博）
　　 （<u>ある人は，もう 30 歳だが</u>，まだ彼女がおらず，そのことで母親が
　　 心配するので，彼は「おふくろ，あんたが俺を産んだ時，神様は俺
　　 の女房を産んでくれてるよ。心配しなくてもいいんだよ」と慰めた。）

このように，主語が"有个人"のような不定名詞句で，述語が名詞である名詞述語文の場合は，次の文のような単文では成立せず，単文の後ろに文が来る。

(65′) <u>＊有个人三十岁了。</u>（<u>ある人はもう 30 歳だ。</u>）

つまり，中国語では，上に示した"有个人三十岁了"のような単文は不自然であり，複文の一部を構成する以外には単独では存在しえないということになる。

⑤ ……"有个人"＋述補連語……

"有个人"に後続するものには述補連語もある。中国語の述補連語とは，述語と補語から構成されている構造のことである。補語は述語に後置され，述語の結果，状態，程度などについて補足的に説明する。例えば，"我做完了"（私はやり終えた），"我做不完"（私はやり終えていない），"我做得很快"（私はやるのが早い）では，それぞれ，動詞の述語"做"に後続する補語の"完"，"不完"，"得很快"が"做"を補足説明している。

(66) 另一方面，由于班机提早降落，在候机楼<u>有个人</u>穿着咖啡色格子衬衫，
　　 大大的生仔吊带裤，头上<u>戴了</u>顶可笑的米老鼠帽子，脸上<u>又挂了</u>一副
　　 丑不拉几的黑色大太阳眼镜……。　　　　　　　　　　　　　（贼美人）
　　 （もう一方には，飛行機が予定より早く到着したために，ターミナル

には，茶色の格子縞のシャツを着，太いサスペンダーを穿き，おか
しなミッキーマウスの帽子をかぶり，さらには巨大で不格好この上
ないサングラスをかけた人がいた。）

　この（66）においては，主語の“有个人”に後続する“穿着”（着ている），“戴
了”（被っている）と“挂了”（かけている）のようなものは述語の“穿”，“戴”
と“挂”の後に“着”，“了”という助詞がついており，状態の持続を表す。つ
まり，“着”，“了”という助詞によって，“穿”（着る），“戴”（被る）と“挂”（か
ける）という動作が行われた後にその状態が持続していることを表し，場面を
描写している。

⑥“有个人”……，“有个人”……
　“有个人”には“有个人……，有个人……”のような構文もある。これは「列
挙」を表す構文である。

　（67）我不相信爱情了（。不过）[55] 好想：有个人每天叫我叫床，有个人每
　　　　天和我说晚安，有个人每天和我分享他一天中的事情，有个人陪我饭
　　　　后去散步…做我女朋友吧。　　　　　　　　　　　　　　　（微博）
　　　　（俺はもう愛情などは信じない。（でも，）毎日俺を起こしてくれて，
　　　　毎日「お休みなさい」を言ってくれる，その日の出来事を語り，食
　　　　後には散歩に付き合ってくれり…そんな人がいればいいなあと思う
　　　　よ。俺の彼女になってくれ！）

　上の（67）においては，話し手は４つの“有个人”を用いて，将来の彼女に
なる人にしてほしいことを述べている。ここの４つの“有个人”は同一人物で

55　BCC からダウンロードした例である。文の意味から見ると，前後の内容が矛盾するので，筆者が“不
过”を付け加えた。『変形記』というバラエティー番組では，都会育ちの王境沢という少年が田舎の
民家へ行かされ，あまりにも自分の家と環境が違うので，“我王境泽就是饿死外边，从这里跳下去，
也不会吃你们一点东西”（俺，王境沢は（たとえ）外で餓死して，ここから飛び降りても，あなたた
ちの食べ物は口にしない）と宣言した。しかし，しばらくしてから機嫌が直り，腹が空いた王境沢
少年は出された田舎料理を食べて，「うまい」と言った。

ある。つまり，1人の人にしてもらいたいことを列挙しているのである。一方，次の（68）においては，それぞれ4人の人物の進行している動作を列挙して述べている。

(68) 马拉斯格诺斯院长，德夫修士，巴尔德福克斯修士，彼得修士，帕特里克修士，毕顿修士，菲尔布劳斯修士以及许多在战斗中因为太过年轻而还未获得荣誉的人都围坐在炉火边，脸烤得红红的。<u>有个人</u>在修补捕捉鳗鱼的渔网，<u>有个人</u>在制作捕鸟的陷阱，<u>有个人</u>在修补铁铲的破把手，<u>有个人</u>在一本大书上写着什么，还有一个人在制作盛书的珠宝盒子。在他们脚边的灯心草丛中躺着学生们。　　　　　　　　　（神秘邮件）

（ディーン・マラス院長，ドーフ修道士，ブラザー・デヴ修道士，ピーター修道士，パトリック修道士，フィル・ブラウス修道士及びそのほかの多くの人々，みな，戦争中,若さ故に栄誉を与えられなかった彼らは，ストーブを囲んで腰かけ，赤い顔をしていた。そして，　<u>ある人</u>はウナギを捕獲する漁網の修理を，<u>ある人</u>は鳥を捕るわなを作り，<u>ある人</u>はシャベルの壊れたハンドルの修理を，<u>ある人</u>は大きな本に書きものを，もう1人は本を入れる箱を作っていた。そして彼らの足元ではイグサの上で，生徒たちが寝そべっていた。）

　上述したもの以外に「列挙」を示す"有个人……，有的人……，有的人……"のような構文もある。ただし，(69) のような構文は，(67)，(68) とは異なり，初出の人物とは異なる人物のことを列挙して述べる場合に用いられる。このような場合は，「～人もいれば，～人もいる」という意味になる。

(69) Cherry: 每个人的幸福长的都不太一样。寒子：<u>有个人</u>是方的，<u>有的人</u>是圆的，<u>有的人</u>是三角；而<u>你的</u>是樱桃型，<u>我的</u>有着星星的轮廓……　　　　　　　　　　　　　　　　　　　　　　　（微博）

（Cherry: みんなの幸福って，それぞれ違う形をしてるよね。寒子：<u>ある人</u>は四角形，<u>ある人</u>は円形，<u>ある人</u>は三角形をしてる。だけど，あなたのはさくらんぼの形をしてる。わたしのは星のような輪郭を

185

してて…)

⑦ "有个人"……，代名詞／指示名詞＋"是"……

"有个人"には，後部に"他（就）是…"，"这（就）是…"，"这个人（就）是…"
のような構造が続くことがある。

(70) 昨天晚上，一病区有个人自杀了。他是个复员军人，是在去北京上访
的途中被人拦住，直接送过来的。　　　　　　　　　　（江南三部曲）
（昨夜，病棟の１号エリアである人が自殺した。彼は復員軍人で，北
京に向かって陳情にいく途中で引き止められ，直接送り返されてき
たのである。）

(71) 温特斯少尉一直感到有个人不好相处，这就是赫伯特。　　（兄弟连）
（ウィンタース少尉は，常日頃から付き合いにくいと感じる人がいた
が，それはハーバートのことだった。）

(72) 有些人画小猫小狗，有些人画小鸡小鸭，还有个人在画些什么，连自
己都不清楚，这个人就是小舅。　　　　　　　　　　　　（王晓波）
（子猫や子犬を描いている人もいれば，ヒヨコやアヒルを描いている
人もいます。ほかに，自分でも何を描いているのか分からない人も
いるのですが，その人は叔父なのです。）

　上の（70）においては，"有个人"のことを述べた後，後部にある"他"（彼）
のような代名詞を用いて，前部にある"有个人"に対して追加説明をしている。
（71）においても，（72）においても，同様の構造で後部にある"这"（これ／
それ）と"这个人"（その人）のような指示名詞を用いて，前部にある"有个人"
に対して追加説明をしている。これは，先行詞が"有个人"で，後部照応詞が
代名詞，あるいは，指示名詞であり，後部の代名詞あるいは指示名詞によって，
照応表現形式が構成されていると考える。

9.4.1.3 まとめ
　本項では，"有个人"の構文的特徴について，"有个人"を前部要素と後部要

素に分けて，具体的な考察を行い，以下のことを明らかにした。

まず，"有个人" の前部には，名詞，副詞，名詞＋副詞，副詞＋名詞が先行し，"有个人" に後続する VP が行う動作の行われる場所，動作発生時の時間や事態などを表す。また，"有个人" の前部には主述連語が先行することもある。その主述連語における述語を構成するものとしては動詞と感情を表す形容詞がありうる。その場合は，"有个人" に先行する主述連語は，包含文の主文になり，一方，"有个人" と "有个人" に後続する VP はその主文の目的語となって，文の子文となる。

次に，"有个人" の後部には，動詞句，形容詞句，名詞句，"是" 構文，述補連語が後続するが，形容詞句述語文と名詞句述語文は，複文の一部を構成する以外は単独では存在しえない。動詞句と述補連語が後続する場合は，一回性の動作に対する叙述あるいは場面描写について述べている。これ以外には，"有个人……，有个人……" 構文，"有个人……，有的人……" 構文と "有个人……，代名詞／指示名詞＋是……" 構文もある。

9.4.2 "有个人" の意味的特徴

本項では，"有个人" の意味的特徴を考察する。

9.4.2.1 主格における "有个人"

①動作・変化の主体を表す

"有个人" には動詞が後続する。動詞の前に先行する "有个人" は動作の主体，変化の主体を表す。例えば，以下の (73) と (74) の "有个人" は "等"（待つ），"下"（降りる）という動作の主体を表し，(75) の "有个人" は "变得很敏感"（非常に敏感になった）という変化の主体を表す。

(73) 但是有没有人肯停下看看周围，其实<u>有个人</u>一直在<u>等</u>你。他把能给的一切都给了你。等你短信，陪你聊天，为了你做了所有能让你高兴的事。　　　　　　　　　　　　　　　　　　　　　　　　　　　　（微博）
（それにしても，立ち止まって周りを見る人はいるのでしょうか。実は<u>ある人</u>があなたをずっと<u>待っている</u>んですよ。この人は，あなた

に対してできること全てをしています。あなたからのショートメールを待ち，チャットに付き合い，あなたが喜ぶであろうこと全てをやっているんです。)

(74) "他是谁？"他喘吁着问，"<u>有个人</u>从后面楼梯<u>下</u>到厨房去了。他是谁？"
(没有钥匙的房间)

(「あの人は誰？」彼は喘ぎながら「<u>誰か</u>が後ろの階段から台所に降りたんだ。あの人は誰？」と聞いた。)

(75) 自从上次宿舍的"老鼠门"⁵⁶事件，<u>有个人</u>变得很敏感！有点声音就疑神疑鬼的！
(微博)

(寮の最後の「マウスゲート」事件以来，<u>ある人</u>が非常に敏感になった！ちょっとした音でもびくびくする！)

②性質状態の主体を表す

"有个人"の後部には形容詞が現れる。形容詞の前に先行する"有个人"は性質・状態の主語を表す。例えば，(76) と (77) の"有个人"は"完全像你"(あなたにそっくり)，"高极了"(ものすごく背の高い)という性質・状態の主体を表す。

(76) 他们花费零用钱，打电话来只为着说："喂，这儿<u>有个人完全像你</u>。"
(读者（合订本）)

(彼らが小遣いを使って，電話をしてきたのはただ「ほら，ここに<u>あなたにそっくりの人</u>がいるよ」と言うためです。)

(77) 佛蒙特<u>有个人高极了</u>，刮胡子要爬上梯子才够得着。(读者（合订本）)

(バーモントに<u>ものすごく背の高い人</u>がいてね，その人がひげを剃ってもらう時には，剃る人は梯子に登らないといけないのよ。)

③集合のうちの「1人」を表す

"有个人"の前に集合名詞あるいは集合を表す名詞が先行する場合，"有个人"はその集合にある「1人」を表す。

---

56 「~门」事件」(~ゲート事件) はアメリカのウォーターゲート事件という政治スキャンダルに由来する言い方である。ここでは，寮にネズミが出たことを指すと考えられる。

(78) <u>香港某家外资公司里有个人</u>是米卢的朋友，他负责米卢在香港的一切。
　　　　　　　　　　　　　　　　　　　（新华社 2002 年 5 月份新闻报道）
　　（<u>香港の某外資系企業のある人</u>はミールの友人であり，彼はミールの
　　香港でのあらゆることを担当しています。）

(79) 一到日本便去找了他们，据说<u>其中有个人</u>对他很不错，帮他安排了住
　　宿和打工的地方。　　　　　　　　　　　　　　　　　　　（当代）
　　（日本に着くと，すぐ彼らのところへ行った。<u>そのうちのある人</u>はと
　　ても親切で，彼に宿とアルバイトの手配までしてくれたそうです。）

　上の (78) と (79) の "有个人" は前に先行する集合の中の 1 人を表す。こ
の集合の中にある「1 人」は，話し手が同定できる場合もあれば，同定できな
い場合もある。つまり，話し手はその指示する人物が誰か同定できるが，言及
しない可能性があるということである。一方，話し手はその指示する人物が誰
か同定できない可能性もある。これに関しては，第 10 章で改めて詳しく論じる。

9.4.2.2　主題化した "有个人"

　主題（topic）は現代言語学の中で重要な概念である。中国語文法においては，
主題という概念は特に重要であるため，「主題」という術語が必要か否かにつ
いては慎重で，明確な態度を保留する言語学者がいるが，その重要性について
は多くの言語学者が依然として認識している（徐烈囧・刘丹青 2018：1）。

　中国語における主語と主題については，長期にわたり論争されてきたが，中
国語における主題の有無の観点から 3 つの流派に分けられる。1 つ目は，中
国語には主題しかないと主張する。代表的なものは Chao（1979），李英哲ほ
か（1990），徐通锵（1997）である。2 つ目は，中国語には主語も主題もあり，
それぞれ異なる文法性質を持つと主張する。代表なものは Li, etc.（1976），
Tsao（1977），沈家煊（1999）である。3 つ目は，中国語には主題はなく，主
語しかないと主張する。代表なものは吕叔湘（1984），朱德熙（1985）などで
ある（石毓智 2001）。本研究は中国語の主語と主題についての研究ではないの
で，これ以上議論を展開させないが，不定名詞句である "有个人" には主語も
主題も見られることを理由に，中国語には主語も主題もあるという 2 つ目の流

派の立場を取る。

　主語は動作変化の主体あるいは性質状態の主体を表すと考えられている。例えば，(80) における "有个人" は "倒下来了"（倒れてきた）という動作の主体を表す。

(80) "您瞧瞧，<u>有个人倒下来了</u>，倒下来了，倒下来了啊！"

（战争与和平第一卷第二部）（再掲）

　　　（ご覧ください。<u>誰かが倒れてきた</u>，倒れてきた，倒れてきましたよ。）

　一方，(81) における "有个人" は "认识"（知っている）という動作の主体ではなく，動作の対象である。しかし，述語である "认识" の前に先行する。「主語＋述語＋目的語」という中国語の語順とは逆であるので，これは主題としか考えられない。この文の主語は動作の主体の "你"（あなた）である。

(81) 突然说，"这张照片上<u>有个人你认识</u>。可怜的人儿，我一直想向你问他的情况，可是只有咱们俩在一起的时候，又总也想不起这桩事来。"

（人猿泰山系列Ⅱ 返璞归真）

　　　（突然，「この写真の<u>人物</u>をあなたは<u>知っている</u>はずよ，気の毒な人です。以前からあなたに彼のことを尋ねたかったのに，あなたと2人になるといつも，このことを思い出せなかったのです」と言った。）

(82) も動作の対象で，述語の前に先行するので，主題と考えられる。

(82) <u>有个人</u>我很熟悉，是德・布瓦德弗尔将军，非常精明，非常善良。

（追忆似水年华）

　　　（私がよく<u>知っている方がおられて</u>，その方はド・ボワズデヴェル将軍です。とても賢くて優しいです。）

　次に，下の (83) の1つ目の文で述べられている "有个人" は，その後ろにある2つ目の文では "他" として再び述べられ，さらに，3つ目の文でも "他"

として再度述べられている。最初に文の主題として提示され，それに続く文ではこの主題について説明か描写を付け加えるという用法であり，これも主題化している。

(83) 从前<u>有个人</u>，他骗了我，结果<u>他</u>死了。每个人都想谈一场永不分开的恋爱。可在我看来，这个很难。　　　　　　　　　　　　　　　　　　　　（微博）
（昔<u>ある人</u>が，私を騙しました。<u>彼</u>は死んでしまったけれど。誰もが永遠不滅の恋を願っているでしょう。でも私に言わせれば，それはかなり難しいことですね。）

9.4.2.3 「列挙」を表す "有个人"

"有个人" には，"有个人……，有个人……" のような2つ以上の "有个人" が並ぶ構文がある。このような構文における "有个人" は「列挙」の意味を表す。(84) においては，話し手は3つの "有个人" を用いて，5年前に一緒にいた人に対する思い出を述べている。(85) は，前後2つの "有个人" を用いて，話し手は自分の彼女に対する好意について述べている。全体の意味から考えれば，(84) の3つの "有个人" 及び (85) の2つの "有个人" のいずれも同一人物を指していることが分かる。つまり，同一人物が行った複数の事項を列挙して述べているのである。

(84) 五年前<u>有个人</u>对我说：不要做自己后悔的事；五年前<u>有个人</u>与我同桌，整天被我照顾着，一起上课玩各种东西；五年前<u>有个人</u>冬天三更半夜一起起床洗冷水澡。　　　　　　　　　　　　　　　　　　　　（微博）
（5年前，<u>ある人</u>が私に，後悔するようなことをするなと言った。当時，<u>その人</u>[57] は私と机に並べていて，毎日私が彼（女）の世話をし，授業中には一緒にいろんなゲームをして遊んだ。そして<u>その人</u>は，冬の深夜に一緒に起きて水風呂に入ったこともあった。）

---

[57] 原文の "有个人" を直訳すると，「ある人」になるが，日本語としては不自然である。ここと下の "有个人" は前の "有个人" と同様に，同一人物を指すので，「その人」と訳している。(85) も同様である。

(85) 但愿你知道, <u>有个人</u>时时关怀着你, <u>有个人</u>时时惦念着你。

（www.baidu.com, 2020 年 3 月 12 日取得）

（君に知ってもらいたいことがある。<u>ある人</u>はいつも君のことを心配している。そして，<u>その人</u>はいつも君のことを気遣っている。）

一方，(86) の 4 つの"有个人"は 4 人の異なる人物の進行中の動作を列挙して述べている。

(86) 马拉斯格诺斯院长, 德夫修士, 巴尔德福克斯修士, 彼得修士, 帕特里克修士, 毕顿修士, 菲尔布劳斯修士以及许多在战斗中因为太过年轻而还未获得荣誉的人都围坐在炉火边, 脸烤得红红的。<u>有个人</u>在修补捕捉鳗鱼的渔网, <u>有个人</u>在制作捕鸟的陷阱, <u>有个人</u>在修补铁铲的破把手, <u>有个人</u>在一本大书上写着什么, 还有一个人在制作盛书的珠宝盒子。在他们脚边的灯心草丛中躺着学生们。 （神秘邮件）（再掲）
（ディーン・マラス院長，ドーフ修道士，ブラザー・デヴ修道士，ピーター修道士，パトリック修道士，フィル・ブラウス修道士及びそのほかの多くの人々，みな，戦争中，若さ故に栄誉を与えられなかった彼らは，ストーブを囲んで腰かけ，赤い顔をしていた。そして，<u>ある人</u>はウナギを捕獲する漁網の修理を，<u>ある人</u>は鳥を捕るわなを作り，<u>ある人</u>はシャベルの壊れたハンドルの修理を，<u>ある人</u>は大きな本に書きものを，もう 1 人は本を入れる箱を作っていた。そして彼らの足元ではイグサの<u>上</u>で，生徒たちが寝そべっていた。）

さらに，"有个人……, 有的人……, 有的人……"のような構文があり，"有个人"が"有的人…有的人…"と並列する構文である。このような構文における"有个人"も「列挙」を表すが，後部にある"有的人"と対比して，異なる人物を指す。例えば，次の (87) である。

(87) Cherry: 每个人的幸福长的都不太一样。寒子：<u>有个人</u>是方的, <u>有的人</u>是圆的, <u>有的人</u>是三角；而<u>你的</u>是樱桃型, <u>我的</u>有着星星的轮廓

192

......　　　　　　　　　　　　　　　　　（微博）（再掲）

（Cherry：みんなの幸福って，それぞれ違う形をしてるよね。寒子：<u>ある人</u>は四角形，<u>ある人</u>は円形，<u>ある人</u>は三角形をしてる。だけど，あんたのはさくらんぼの形をしてる。わたしのは星のような輪郭をしてて…）

9.4.2.4 まとめ

本項では，"有个人" の意味的特徴について，具体的な考察を行い，以下のことを明らかにした。

まず，主格における "有个人" は，動作主，変化の主体及び性質・状態の主体を表す。この場合は，集合の中の1人を表すこともある。次に，"有个人" は文の主題ともなりうる。最後に，"有个人…，有个人（有的人）…，有个人（有的人）" 構文における "有个人" は「列挙」の意味を表す。同一人物が行う複数の事項を列挙したり，複数の異なる人物が行う異なる事項を列挙したりする。

9.5 本章のまとめ

本章では，まず，不定名詞句である "有个人" を前部要素と後部要素に分けて，"有个人" の構文的特徴を考察したうえで，"有个人" の意味的特徴を検討した。考察結果は以下のようにまとめられる。

まず，構文的特徴については，以下の2点を明らかにした。

①"有个人" には，名詞，副詞，名詞＋副詞，副詞＋名詞が前置し，"有个人" に後置するVPが行う動作の場所，動作発生時の時間及び状態などを表す。また，"有人" には主述連語が前置することもある。その主述連語における述語構成要素としては動詞及び感情を表す形容詞がありうる。その場合は，"有个人" に前置する主述連語は，包含文の主文になり，一方，"有个人" と "有个人" に後置するVPはその主文の目的語及び文の子文となる。

②"有个人" の後部には，動詞句，形容詞句，名詞句，"是" 構文，述補連語が後置するが，形容詞句述語文及び名詞句述語文は，複文の一部を構成する以外は単独では存在しえない。これ以外には，"有个人……，有个人……" 構文，

"有个人……，有的人……"構文と"有个人……，代名詞／指示名詞＋是……"
構文も存在する。

　次に，意味的特徴については，以下の３点を明らかにした。
　①主格における"有个人"は，動作主，変化及び性質・状態の主体を表し，
集合の中の任意の１人を表すこともある。
　②"有个人"は文の主題ともなりうる。
　③"有个人……，有个人（有的人）……，有个人（有的人）……"構文にお
ける"有个人"は同一人物が行う複数の事項の「列挙」をしたり，複数の異な
る人物が行う異なる事項の「列挙」を表したりする。

第 10 章 "有人" と "有个人" の使い分け

　第 8 章と第 9 章では，それぞれ中国語の不定名詞句である "有人" と "有个人" の構文的特徴と意味的特徴を考察したうえで，"有人" と "有个人" の意味・用法を明らかにした。本章では，"有人" と "有个人" の使い分けについて，考察を行う。

10.1　はじめに

　"有人" も "有个人" も同様に，現代中国語の基本語彙である。第 2 章で述べたように，本研究は日本語教育のための対照研究であるため，日本語教育の立場から日本語の「誰か」と「ある人」の中国語の対応形式である "有人" と "有个人" の使い分けを明らかにする。

　本章では "有人" 及び "有个人" の使い分けの考察を行うので，先行研究について詳述する前に，第 8 章で "有人"，第 9 章で "有个人" について明らかにしたことを簡単に再掲しておく。

　第 8 章では，まず，"有人" の構文的特徴については，次の 2 点を明らかにした。

　① "有人" の前部には，名詞，副詞，名詞及び副詞が前置し，"有人" に後置する VP が行う動作の場所，動作発生時の時間，状態などを表す。また，主述連語が前置することもある。それは包含文の主文となり，"有人" と "有人" に後置する VP はその主文の目的語となり，文の子文になる。

　② "有人" の後部には，各種の動詞・動詞句と "是" 構文が後置する。形容詞句及び名詞句は後続することもあるが，制約がある。"有人……，有人……" 構文と条件文の場合はその制約がなくなり，"有人" に後接することがある。

　次に，意味的特徴については，次の 2 点を明らかにした。

　①主格における "有人" は，動作主，変化及び性質状態の主体を表す。また，集合の中の任意の 1 人，あるいは一部を表すこともある。

　② "有人……，有人……" 構文における "有人" は「対比」・「列挙」の意味を表す。

第 9 章では，まず，“有个人” の構文的特徴については，次の 2 点を明らかにした。

① “有个人” の前部には，名詞，副詞，名詞＋副詞，副詞＋名詞が前置し，“有个人” に後置する VP が行う動作の場所，動作発生時の時間や状態などを表す。また，主述連語が先行することもある。その主述連語における述語の内部要素としては動詞と感情を表す形容詞がありうる。その場合は，“有个人” に先行する主述連語は，包含文の主文になり，“有个人” と “有个人” に後置する VP はその主文の目的語となり，文の子文となる。

② “有个人” の後部には，動詞句，形容詞句，名詞句，“是” 構文，述補連語が後続するが，形容詞句述語文及び名詞句述語文は，複文の一部を構成する以外は単独では存在しえない。このほかには，“有个人……，有个人……” 構文，“有个人……，有的人……” 構文以外に “有个人……，代名詞／指示名詞＋是……” 構文もある。

次に，意味的特徴については，次の 3 点を明らかにした。

①主格における “有个人” は，動作主，変化及び性質状態の主体を表す。また，集合の中の任意の 1 人を表すこともある。

② “有个人” は文の主題を表しうる。

③ “有个人……，有个人（有的人）……，有个人（有的人）……” 構文における “有个人” は同一人物・複数の人物が行う異なる事項を列挙する。

本章の 10.2 では，現代中国語における “有人” と “有个人” に関する従来の研究を概観し，10.3 では本章の研究の方法を示したうえで，10.4 では分析と考察を述べる。

10.2 先行研究

従来の研究では，“有人” と “有个人” に関連する研究は，数量詞の “一” と動詞の “有” の意味・用法（8.2 で言及）と “有” 構文の構造・意味（8.2 で言及），“个” と “一个”（9.2 で言及）の研究に限られている。

“有人” と “有个人” の使い分けの研究としては，朱徳熙（1982）と原（1991）

以外には見当たらない。

　朱德熙（1982）は，"有"が先行する「連述構造」については，「"有"＋数量詞＋名詞"」という構造があり，次の（1）のように，"有一个青年叫小晚"（ある若者は「晚君」という／「晚君」という若者がいる）は言えるが，"有青年叫小晚"は言えないと述べている。しかし，次の（2）は例外であるとも指摘している。

　　（1）{有一个青年／＊有青年 [58] } 叫小晚。　　　　　（朱德熙 1982：192）
　　　　　（ある若者は「晚君」という／「晚君」という若者がいる。）
　　（2）{有人／有个人} 丢了把斧子。　　　　　　　　（朱德熙 1982：192）
　　　　　（斧を無くした人がいる／ある人は斧を無くした。）

　（2）においては，"有人"と"有个人"が置き換えられることは言及されているが，置き換えられる場合の条件，置き換えられない場合の条件，その原因については，言及されていない。

　原（1991）は次の（3）においては，"有人"しか使えず，"有个人"は使えないと示している。

　　（3）她好像听出来，广场上真的响起{有人／＊有个人} 走路的脚步声了，
　　　　　那不是一个，是好几个人。　　　　　　　　　（小灰，原 1991：66）
　　　　　（彼女は，広場で，本当に誰か人が歩いている足音を聞いたようだ。
　　　　　それは1人ではない，何人もの人だ。）

　さらに，その原因としては，（3）の"有人走路"（誰か人が歩いている）は，その後で，"那不是一个，是好几个人"（1人ではない，何人もの人だ）と述べる以上，同じ文脈で，"有个人"は使えないからだという。"有个人 VP"の場合は，"个人"は個人として抽出されたものなので，少なくとも話し手にとっては特定の人物である。一方，"有人 VP"の"人"は単数，複数いずれの可能性もあ

58　朱德熙（1982：192）に掲載されている例は { } の前部の名詞句であり，{ } の後部にあるものは本研究の置き換えによって作った作例である。

るのは，不特定であるからだと論じている（原1991:66）。原（1991）では，単数と複数，特定と不特定の角度から"有人"と"有个人"の使い分けについて議論し，結論を出しているが，"有人"と"有个人"の構文的特徴，意味的特徴と指示性の性格に関しては，どのような類似点と相違点があるかについては論じられていない。

　本研究は，第8章と第9章で考察を行った"有人"と"有个人"の構文的特徴と意味的特徴に関する研究結果に基づき，"有人"と"有个人"が置き換えられるか否かの考察を通して，両者の構文的特徴，意味的特徴，統語機能と指示性の性格における類似点と相違点を明らかにする。

10.3　研究の方法

　本章では，第8章と第9章で行われた考察結果を踏まえ，"有人"と"有个人"の類似点と相違点を検討する。

　ここでは，CCLとBCCからダウンロードした1076件の"有人"の用例と1897件の"有个人"の用例及びこの2つの形式間の置き換えによる用例を用いる。必要に応じて，作例も利用する。置き換え用例，作例の許容度判断については，第4章で述べた方法と同様である。なお，以下の用例の｛　｝内の前項はコーパスの記載通りに載せたものである。

10.4　結果と考察

　本節では，"有人"と"有个人"が置き換えられるか否かの観察を通して，両者の構文的特徴，意味的特徴，主題化と指示性の性格における類似点と相違点について，考察を行う。

10.4.1　構文的特徴

　本節では，第8章と第9章で行った"有人"と"有个人"の構文的特徴に関する考察結果に基づき，両者の構文的特徴における類似点と相違点について，考察を行う。

10.4.1.1 前部要素の特徴

第 8 章と第 9 章で述べたように，"有人" の前部にも "有个人" の前部にも，名詞，副詞，名詞＋副詞，副詞＋名詞が先行し，後続する VP が行う動作の主体，動作発生時の時間や事態などを表す。また，動詞及び感情や気持ちを表す形容詞が先行し，包含文の母文の述語となる。

①前部に名詞が先行する場合

まず，"有人" と "有个人" の前部に先行する名詞には場所詞があり，動作の行われる場所を提示する。このような場合には，"有人" と "有个人" は置き換えることが可能である。

例えば，（4）と（5）においては，場所詞である "里屋"（奥の部屋），"陈水扁那边"（陳水扁氏のところ）があり，その後ろにある "站起来招呼我们"（立ち上がって，我々に挨拶をする）と "打电话给队长"（隊長に電話をする）という動作を実施させる場所を表す。

(4) 掀开竹帘，进到上房，<u>里屋</u>〔有个人／有人〕站起来招呼我们，说队长下地去了，这里是他的住家，也是办公室，请我们稍待一下，说着就走出去了。　　　　　　　　　　　　（冰心全集第五卷）（再掲）
（竹の暖簾を開き，母屋に入ると，<u>奥から誰か</u>が立ち上がって，我々に挨拶し，隊長が畑に行っている，ここは彼の家であって，オフィスでもある，我々にちょっと待つようにと言いながら，出て行った。）

(5) 陈水扁那边也〔有人／有个人〕打电话给队长，也是问我要电话号码的。　　　　　　　　　　　　（李敖对话录）（再掲）
（<u>陳水扁氏のところからもある人</u>が隊長に電話をかけてきて，私の電話番号を教えてほしいって。）

次に，"有人" と "有个人" の前部に先行する名詞には時間詞があり，動作の行われる時間を表す。このような場合には，"有人" と "有个人" は置き換えることができる。

（6）过去一直没有使用，<u>现在</u>〔有人／有个人〕使用。想用随时都可以用。

（寻羊冒险记）

（昔は誰も使わなかったが，<u>今は誰かが</u>使っている。使いたい時はいつでも使える。）

（7）世界上最快的信，是 <u>1981 年初</u>〔有个人／有人〕从伦敦寄出的一封信，只两分钟，就到了加拿大的多伦多收件人手中。

（读者（合订本））（再掲）

（世界で最も速い手紙は，<u>1981 年の初めにある人が</u>ロンドンから出した手紙で，たった 2 分間でカナダのトロントの宛先に届いたのです。）

　例えば，（6）と（7）においては，時間詞である“現在”（今），“1981 年初”（1981 年の初め）があり，その後ろにある“使用”（使う）と“寄”（出す）という動作が実施される時間を表す。

　最後に，“有人”と“有个人”の前部に先行する名詞には集合名詞もある。このような場合に，“有人”はその前の集合の中の一部か，あるいは集合の中の 1 人を表すが，一方，“有个人”はその前の集合の中の 1 人を表す。“有人”と“有个人”は置き換えられる場合もあれば，置き換えられない場合もある。例えば，（8）と（9）においては，集合名詞である“第二语言教学界”（第二言語教育界），“我们学校”（うちの学校）があり，その後ろにある“有人”と“有个人”の集合を表す。（8）と（9）における“有人”と“有个人”は前後の文脈から見れば，1 人と考えられるので，両者は置き換え可能である。（10）は，“寝室有个人”（ルームメートのうち 1 人），“其他两人”（ほかの 2 人），“一个……，一个……”（1 人は…，1 人は…）があるので，ルームメートの各々の動作についての叙述である。このような人数の明記がなされている場合にも，文頭にある“有个人”は“有人”と置き換えることができる。なぜなら，“有人”は単数・複数ともに表しうるからである。

（8）第二语言教学界〔有人／有个人〕提出过‘以学生为中心’的口号……。

（当代）（再掲）

200

（第二言語教育界のある人は，「学生中心」というスローガンを掲げていて…）

（9）曾经我们学校〔有个人／有人〕吃了半年的豆芽煮海带，半年的主食就是这个，于是减了 30 多斤。　　　　　　　　（微博）（再掲）

（かつて，うちの学校のある人が，約半年間，もやしと昆布の煮込みだけを食べ続けたの。半年間の主食はこれだけでね。そしたら 15 キロ以上痩せたのよ。）

（10）寝室 59〔有个人／有人〕回家了，给其他俩人打电话，一个一直无法接通，一个一直占线...　　　　　　　　　　（微博）（再掲）

（ルームメートのうち 1 人が帰省した。ほかの 2 人に電話をしたが，1 人はつながらなくて，もう 1 人はずっと話し中でね…）

② 前部に副詞が先行する場合

"有人" と "有个人" の前部には副詞も先行する。この副詞は "有人" と "有个人" に後続する動詞の事態あるいは状態を表す。"突然"（突然），"忽然"（突然），"这时"（この時）のような副詞が先行する場合は，これらの副詞が連用修飾語として後部の一時的に発生する事態の描写を修飾し，後部の動詞は一回で実施される動作である。このような場合には，"有人" と "有个人" は置き換えることができ，意味も変わらない。例えば，（11）と（12）である。

（11）好比我在讲演的时候，忽然〔有人／有个人〕站起来说，你在台湾 4，50 年，吃台湾米长大，喝台湾水长大……。　　（李敖对话录）（再掲）

（たとえば，私の講演中のことですが，突然誰かが立ち上がって，「あなたは台湾には 4，50 年もいて，台湾のご飯を食べて，台湾の水を飲んで…大きくなったんだ」と言ったことがありました。）

（12）这时〔有个人／有人〕从我们眼前走过去，完全没理睬我们。他可能是个农民，还扛着一把崭新的大砍刀，刀刃还用塑料包着。

59　中国の大学の寮は 4 人部屋である。文中に明記された「帰省した 1 人」に，「ほかの 2 人」，「話し手」を入れて計算すれば，4 人となる。

（生命如歌）（再掲）

（この時，<u>誰か</u>が我々の目の前を歩いていって，我々を完全に無視した。彼は農夫みえ，真新しい大鉈を担いではいたが，その刃はプラスチックに包みに覆われていた。）

　一方，(13) ～ (15) のような，"不断"（絶えず），"常"（よく），"一直"（ずっと）のような副詞が先行する場合は，"有人"しか使えず，"有个人"は使えない。このような場合には，副詞は連用修飾語として，後部の動作の様態を表し，後部の動作は複数回で行われる動作であったり，複数の人によって行われる動作であったりする。

(13) 六十年代以后，<u>不断</u>｛有人／＊有个人｝在这方面进行实验，想了各种办法教黑猩猩说话，但是成效甚微。　　　　　　　（当代）（再掲）
　　（60 年代以降，この分野で実験を<u>繰り返しており</u>，チンパンジーに話し方を教える様々な方法を思いついた<u>人がいます</u>が，効果は甚だ小さいものでした。）

(14) 我平时在世界各地来去匆匆间，<u>常</u>｛有人／＊有个人｝要我给他一句话，希望对他的人生有所点拨。
　　　　　　　　　　　（传媒大亨与佛教宗师的对话：包容的智慧）（再掲）
　　（私は普段，世界各地を慌ただしく行ったり来たりしているのですが，<u>よく</u>「あなたの人生から，私に一言アドバイスをください」と，頼んでくる人がいます。）

(15) 在美国的时候以及回来以后，<u>一直</u>｛有人／＊有个人｝问我为什么选择回国。　　（卓越媒体的成功之道：对话美国顶尖杂志总编）（再掲）
　　（アメリカにいた時から帰国後まで，どうして帰国を選んだのかと，<u>常に</u>聞いてくる<u>人がいます</u>。）

　上の (13) における"在这方面进行实验"（この分野で実験を繰り返す）は複数回にわたり行われる動作である。(14) と (15) においては，"要我给他一句话"（アドバイスをくださいと頼む）と"问我"（私に聞く）は複数の人によっ

202

て行われる動作である。このような場合には，“有个人”は使えず，“有人”しか使えない。

③前部に動詞が先行する場合

　“有人”の前部にも“有个人”の前部にも動詞が先行することがある。このような文は包含文であるので，“有人”と“有个人”は「包含文」における子文の主語であり，その前部に先行する動詞は「包含文」の母文の述語となる。このような場合には，“有人”と“有个人”は置き換えることが可能であり，意味も変わらない。例えば，(16) と (17) である。

(16) 我正在岸边与几个助手抢修道具，突然听到 {有人／有个人} 喊我的名字，我抬起头，看见……　　　（中国北漂艺人生存实录）（再掲）
　　（私は岸辺で助手たちと道具に応急措置をほどこしている最中，突然誰かが私の名前を呼ぶのを聞いて，頭を上げたら，…が目に入った。）

(17) 一次刚领完薪水，我挤公车回 “家”，半道上感觉 {有个人／有人} 在我身后动手动脚的乱摸，一开始我以为遇到了性骚扰，我很害怕，也……　　　　　　　　　　　　　　　　　　　　（微博）（再掲）
　　（ある時，給料をもらってから，混雑するバスで「家」へ帰る途中，誰かが私の後ろで触ってるのを感じたんですが，それが始まってすぐに痴漢じゃないかと思って，そして，とても怖いと思いました。）

④前部に形容詞が先行する場合

　“有人”の前部にも“有个人”の前部にも，話し手の気持ちあるいは感情を表す形容詞が先行することがある。このような場合にも，“有人”と“有个人”を置き換えることができ，意味も変わらない。例えば，(18) である。

(18) 幸好 {有个人／有人} 今晚充当了我的军师，为我出谋画策，引导我，释怀我……　　　　　　　　　　　　　　　　　（微博）（再掲）
　　（幸いなことに，今夜ある人が私の軍師になってくれた。入れ知恵をしたり方法を考えたりしてくれて，私を導き，安心させてくれて…

本当にありがたいです。)

　上述したものをまとめると，"有人"・"有个人"ともに前に時間詞，場所詞，集合名詞，感覚あるいは思考を表す動詞，気持ちまたは感情を表す形容詞が先行してもよい。この場合は，両者は置き換え可能であり，意味は変わらない。また，"有人"と"有个人"の前に動詞と形容詞が先行する場合は，"有人"・"有个人"ともに包含文の子文の主語になる。一方，"有人"の前・"有个人"の前ともに副詞が先行するが，複数回にわたり実施される動作を修飾する場合と複数の人によって実施される動作を修飾する場合は使用できるものは"有人"のみである。

10.4.1.2 後部要素の特徴

　第8章で述べたように，"有人"の後部には，各種の動詞句と"是"構文が後続する場合と，形容詞句と名詞句が後続する場合があるが，制約が見られる。しかし，"有人…，有人…"構文と条件文の場合はその制約が解消され，"有人"に後続することができる。

　第9章で述べたように"有个人"の後部には，動詞句，形容詞句，名詞句，"是"構文，述補連語は後続するが，形容詞句述語文と名詞句述語文は，複文の一部を構成する以外は単独では存在しえない。これ以外には，"有个人……，有个人……"構文，"有个人……，有的人……"構文と"有个人……，代名詞／指示名詞＋是……"構文もある。

　ここでは，第8章と第9章で得られた考察結果を踏まえ，"有人"と"有个人"が置き換え可能か否かについて，考察を行う。

　①後部に動詞句が後続する場合，"有人"と"有个人"は置き換えることができ，意味も変わらない。例えば，(19)と(20)においては，"有人"あるいは"有个人"はそれに後続する動詞句の"跑过来"(走ってくる)と"觉得"(思う)の主体である。

　(19)正当我凄凉地走在北京街头时，后面{有人／有个人}气喘吁吁地跑过来，
　　　　边跑边说："快一点，差一会儿地铁就没了。"

204

（国北漂艺人生存实录）（再掲）

（私が物悲しい気持ちで北京の街を歩いている時，後ろから<u>誰か</u>が息苦しそうに<u>走ってきて</u>，走りながら，「急いで！もうちょっとで地下鉄がなくなるぞ」と言った。）

(20) {<u>有人</u>／<u>有个人</u>} <u>觉得</u>我吃得多一直笑我。我只想说肚子挺起其实是因为裤儿有点紧。　　　　　　　　　　　　　（微博）（再掲）

（<u>ある人は</u>，私が食べすぎると<u>思って</u>，いつも私を笑っていました。でも，私の腹が出ているのは，実はパンツが少しきついからだと言いたいだけです。）

　ただし，“叫”（～という）のような動詞が後続し，さらに，その後ろに“他”，“这个人”のような後方照応がある場合は，“有个人”しか使えない。(21)と(22)においては，“叫长脓疮的哈尔拉姆”（膿瘍ができているハーラムという男）と“叫兰志强”（蘭志強という人）の特定の人物を指すだけでなく，後部に“他”（彼）が後方照応しており，再び前に提示された人物の説明か描写を付け加える。このような場合には，“有人”は使えず，“有个人”しか使えない。

(21) 村里 {<u>有个人</u>／＊<u>有人</u>} <u>叫长脓疮的哈尔拉姆</u>。<u>他</u>追求过波利姬。他没鼻子，最爱说人坏话。她瞧都不瞧他一眼。他为这件事恨上了我……　　　　　　　　　　　　　　　　　　　　（失落）（再掲）

（村には<u>膿瘍ができているハーラムという男</u>がおり，彼はポリーチを追いかけていた。彼には鼻がなくて，人の悪口を言うのが大好きだった。彼女は彼を少しも見なかった。彼はそれで私を恨み…）

(22) 初中的时候我们班 {<u>有个人</u>／＊<u>有人</u>} <u>叫兰志强</u>，大家都叫<u>他</u>“缆子强”。第一天上课就因为错进了女厕所差点被傻逼班主任领学校去记过。　　　　　　　　　　　　　　　　　　　　　　　　　（微博）

（中学校の時，クラスには<u>蘭志強という人</u>がいてね，みんなは彼のことを「纜子強」と呼んでいた。授業の初日，彼は誤って女性用トイレへ入ってしまい，バカな担任に学校に連れて行かれたうえ，あやうく記録に残されるところだった。）

②"有个人"は後部に判断動詞"是"が後続しうるが，制約をかける場合に"是"が後続する。下の (23) における"有个人是卢晶"（ある人は卢晶である），(24a)における"有个人是你们的克星"（ある人はあなたたちの敵である）と (24b) における"不是男友"（彼氏ではない）はどちらも"有个人"に"是"あるいは"不是"が後続している。"是卢晶"は"有个人"に対する説明を表し，"是你们的克星"と"不是男友"は"有个人"の属性を表す。

(24a) と (24b) は"有个人……"の後部に，後続する文が複数あり，"有个人"に対して追加説明を付け加えている。このような場合には，"有个人"の後部に"是"構文が使用できる。一方，"有人"は使用できない。

(23) 我全部都发送添加好友。结果发现〔有个人／＊有人〕是卢晶。

(微博)

（わたしは全員に友達追加のリクエストをしましたが，結局ある人が卢晶だと分かりました。）

(24) a. 〔有个人／＊有人〕是你们的克星，他会令你们滚蛋，你玩了一场有点危险的游戏，处罚，我的好马隆先生，我要处罚，你们玩了一个相当危险的游戏。 (柯南・道尔) (再掲)

（ある人はあなたがたの敵であり，彼はあなたがたを追い払うでしょう。あなたは少しばかり危険なゲームをしてしまったのよ。処罰します，親愛なるミスター・マローン。私は処罰します。あなたがたはとても危険なゲームをしたから。）

b. 一朋友发说说："〔有个人／＊有人〕不是男友，可暧昧无比，一起吃饭看电影，从不接吻，可能这就是蓝颜知己吧"。 (微博) (再掲)

（友人の1人は「説説」に，「ある人は彼氏ではないが，中途半端な関係で，一緒に食事をして映画を観るけれど，キスはしない。言うなれば，肉体関係を持たない異性の友人かな」と書き込んだ。）

しかし，以下のような場合には，(25a) の単文としての"有个人是……"は適格性が下がるが，bのように後方に照応する言葉が共起し，より多くの情報が加えられれば，適格な文になる。

(25) a. ＊<u>有个人</u>是个大学生。　　　　　　　　　　　　　　（作例）
（ある人は大学生である。）
b.｛<u>有个人</u>／＊<u>有人</u>｝是个大学生，他在这次抗击新型肺炎中做了志
愿者。　　　　　　　　　　　　　　　　　　　　　　　　　（作例）
（ある人は大学生で，彼は今回の新型肺炎との戦いでボランティアを
やりました。）

　さらに，（26a）のように，単文においては"有人是"は不適格だが，（26b）
のように前に集合名詞が先行することで，"有人"を限定すれば，"有人是
……"は使いうる。

(26) a. ＊<u>有人</u>是警察。（ある人は警察である。）
b. "……老实跟你说吧，我爸爸我哥哥都是警察，还有个叔叔也是。
警界基本是个关系社会，亲属中<u>有人是</u>警察的话，就会优先录用。"
　　　　　　　　　　　　　　　　　　　　　　　　（1Q84）（再掲）
（「…正直に言うと，父も兄も警官で，さらに，叔父も。警察の世界
は基本的につながってるね，親族の<u>誰か</u>が警察だったら，優先的に
採用されるよ。」）

　③"有个人"には形容詞が後続することがある。例えば，次の（27）におい
ては，"相貌极丑"（顔立ちがものすごく醜い）は状態を表す主述連語で，その
前にある"有个人"について描写している。このような形容詞述語文では"有
人"は用いられず,用いられるのは"有个人"のみである。一方,"有人"は"有
人……有人……"構文の場合には，形容詞述語文を後続させることができる。
例えば，（28）である。

(27) 从前｛<u>有个人</u>／＊<u>有人</u>｝，<u>相貌极丑</u>，街上行人都要掉头对他多看一眼。
　　　　　　　　　　　　　　　　　　　　（读者（合订本））（再掲）
（昔，<u>顔立ちがものすごく醜い人</u>がいた。通行人は振り返ってまじま
じと彼を見た。）

207

(28) 有人高，有人矮，有人胖，有人瘦。　　　　　　　　　　（作例）
　　　（背の高い<u>人もいれば</u>，低い<u>人もいる</u>。太っている<u>人もいれば</u>，痩せ
　　　ている<u>人もいる</u>。）

　④名詞述語文では"有个人"は用いられるが，"有人"は使えない。例えば，
次の（29）における"有个人三十岁了"（ある人はもう30歳だ）のような名詞
述語文がその例であり，"有个人"を"有人"に置き換えることはできない。

(29) {<u>有个人</u>／＊有人} 三十岁了，还没找到对象，这可急坏了他娘，他就
　　　安慰说："娘，你生我时，冥冥之中老天爷也为我生了一个老婆，你不
　　　用急。"　　　　　　　　　　　　　　　　　　　　（微博）（再掲）
　　　（ある人は，<u>もう30歳だが</u>，まだ彼女がおらず，そのことで母親が
　　　心配するので，彼は「おふくろ，あんたが俺を産んだ時，神様は俺
　　　の女房を産んでくれてるよ。心配しなくてもいいんだよ」と慰めた。）

　上述したものをまとめると，"有人"・"有个人"ともに動詞句が後続するが，
その動詞句の後に後方照応があり，再び前に提示された人物の説明か描写を付
け加える場合は，"有个人"しか使えない。さらに，"有个人"は形容詞述語文
と名詞述語文にも使えるが，"有人"は使えない。

10.4.2　意味的特徴
　本節では，第8章と第9章で行った"有人"と"有个人"の意味的特徴に関
する考察結果に基づき，両者の意的特徴における類似点と相違点について，
考察を行う。

10.4.2.1 単数と複数
　"有人"は単数の人・複数の人ともに表すことができる。一方，"有个人"は
単数を表す量詞の"个"が入っているので，単数の人しか表すことができない。
文の前後の文脈から人数が分かる場合には，"有人"だけが使えたり，"有个人"
だけが使えたりする。それ以外は，"有人"・"有个人"ともに使うことができ，

両者は置き換え可能であり，意味も変わらない。

(30)｛有人／＊有个人｝去调查汶川地震，但是他们得到了什么真相？
　　　　　　　　　　　（分裂的真相——关于钱云会案的对话）（再掲）
　　　（汶川地震の調査に行った<u>人</u>がいるんですが，<u>彼ら</u>は何か真相を明ら
　　　かにしたんですか。）

(31)我知道，晚间会｛有人／＊有个人｝来看望你，<u>都</u>是<u>些</u>你所喜欢和使
　　　你感兴趣的人，而且是<u>些</u>绝不会打扰你的人。　　　　（大师与玛格丽特）
　　　（夜，あなたに会いに来る<u>人たち</u>は，<u>みな</u>あなたのことが好きで，あ
　　　なたに興味を持っていて，そしてあなたを困らせるような<u>人たち</u>で
　　　はない，と私には分かっているよ。）

　上の（30）の後部には複数を表す人称代詞である"他们"（彼ら）があり，（31）
の後部には複数を表す副詞である"都"（みな）と複数を表す量詞である"些"
（何人か）がある。これらによって，"有人"が複数の人数を表すことが分かる。
このような場合には，"有个人"は使えず，"有人"しか使えない。
　次に，（32）のように，"有个人"の後部に"讲得最好"（最も上手に話した）
があるが，"最"（最も）なので単数の人数を表すとしか解釈できない。このよ
うな場合には，"有个人"しか使えず，"有人"は使えない。

(32)他们在公安大学搞了几天座谈，我都参加了，发现｛有个人／＊有人｝
　　　讲得最好，最符合我们心目中的概念，仔细一问，还是个杭州警察！
　　　　　　　　　　　　　　　　　　　　　　　　　（都市快讯）（再掲）
　　　（彼は公安大学で何日か懇親会を行ったが，私は毎回参加したんだが，
　　　そのうちの<u>ある人</u>が<u>最も上手に話した</u>んだ。我々の心の中にある概
　　　念と合致していたので，詳しく聞いてみたら，杭州の警察官だった。）

　最後に，（33）と（34）のような，文脈が登場人物の人数を問わない場合は，
"有人"も"有个人"も使え，両者は置き換え可能であり，意味も変わらない。

(33) 正当我凄凉地走在北京街头时，后面〔有人／有个人〕气喘吁吁地跑
过来，边跑边说："快一点，差一会儿地铁就没了。"

(国北漂艺人生存实录)（再掲）

（私が物悲しい気持ちで北京の街を歩いている時，後ろから誰かが息
苦しそうに走ってきて，走りながら，「急げ！もうちょっとで地下鉄
がなくなるぞ」と言った。

(34) "看样子，你实在该〔有个人／有人〕照顾你的生活。"　　　（当代）

（「どうも，君には本当に君の生活を世話する人がいないといけない
みたいだね。」）

　（33）のような文においては，"后面有人气喘吁吁地跑过来"（後ろから誰か
が行き苦しそうに走ってきた），"边跑边说…"（走りながら…と言った）とい
う場面の描写なので，動作主の人数とは関係がない。(34) の"该有个人照顾
你的生活"（君の生活を世話する人がいないといけない）のような文では，1
人でも2人でも，人数とは関係なく，何人でもいいが，君の生活を世話する人
がいないといけないという話し手の主張を述べている。(33) と (34) のように，
文脈が登場人物の人数を問わない場合には，"有人"と"有个人"は置き換え
が可能であり，意味も変わらない。

10.4.2.2 「対比」と「列挙」

　"有人"にも"有人……，有人……"構文があり，"有个人"にも同様の"有
个人……，有个人……"構文がある。しかし，このような構文における"有人"
は「対比」と「列挙」両方の意味を表すが，"有个人"は「列挙」しか表さない。
例えば，下の（35）においては，前後2つの"有人"に後続する述語文の"喜
欢丰富"（豊かさを求める）と"喜欢单纯"（シンプルな生活を求める）は全く
異なる性質の描写である。

(35) 这世界上〔有人／＊有个人〕喜欢丰富，〔有人／＊有个人〕喜欢单纯。

(当代)（再掲）

（この世界には豊かさを求める人もいれば，シンプルな生活を求める

人もいます。)

(36) においては，"上照"（写真写りがいい）と "不上照"（写真写りが悪い）
は描写する性質が正反対である。

(36) {有人／＊有个人} 上照，{有人／＊有个人} 不上照，很难看的人往
往照相很好，你别上当。　　　　　　　　　（钱钟书）（再掲）
（写真写りがいい人もいれば，写りが悪い人もいます。ものすごいブ
スが時々逆に写真写りがいいですよ。騙されないでね。）

(37) における "有人" に後続する "来"（来る）と "不来"（来ない），"听"
（聞く）と "不听"（聞かない）の 2 対は正反対の動作である。
　上述した (35) 〜 (37) の 3 文における前後 4 対の "有人" はいずれも「対
比」を表す。このような場合には，"有个人……，有个人……" には置き換え
ることができない。

(37) "{有人／＊有个人} 来，{有人／＊有个人} 不来。{有人／＊有个人}
听，{有人／＊有个人} 不听。我能力有限。"　　　　（小城风云）
（「来る人もいるし，来ない人もいる。聞く人もいるし，聞かない人
もいるよ。俺の力不足だよ。」）

　一方，"有人" と "有个人" は同様に「列挙」をも表すが，置き換えること
はできない。なぜなら，"有人……，有人……" は異なる複数の人物を表すが，"有
个人……，有个人……" は同一人物・異なる複数の人物ともに表しうるからで
ある。

(38) {有人／＊有个人} 骄傲，{有人／＊有个人} 霸道，时间会教育我们，
岁月的磨难，使蛮横的人也会有谦卑的一天。　　　　（读者）（再掲）
（傲慢な人もいるし，横暴な人もいます。時間は我々を教育してくれ
るんですが，苦難の月日から，横暴な人でも謙虚な人になる日が来

211

るでしょう。

(39) ｛有人／＊有个人｝说这是现实在挑战历史，也｛有人／＊有个人｝说
历史将永远嘲笑现实。 (当代)

（ある人は現実は歴史への挑戦だと言うが，ある人は歴史はいつまで
も現実を嘲笑すると言う。）

(40) a. 五年前｛有个人／＊有人｝对我说：不要做自己后悔的事；五年前
｛有个人／＊有人｝与我同桌，整天被我照顾着，一起上课玩各种东西；
五年前｛有个人／＊有人｝冬天三更半夜一起起床洗冷水澡。

(微博) (再揭)

（5年前,ある人が私に,後悔するようなことをするなと言った。当時,
その人は私と机に並べていて，毎日私が彼（女）の世話をし，授業
中には一緒にいろんなゲームをして遊んだ。そしてその人は，冬の
深夜に一緒に起きて水風呂に入ったこともあった。）

b. ……许多在战斗中因为太过年轻而还未获得荣誉的人都围坐在炉火
边，脸烤得红红的。｛有个人／有人｝在修补捕捉鳗鱼的渔网，｛有个
人／有人｝在制作捕鸟的陷阱，｛有个人／有人｝在修补铁铲的破把手，
｛有个人／有人｝在一本大书上写着什么，还有一个人在制作盛书的珠
宝盒子。 (神秘邮件) (再揭)

（…多くの人々,戦争中,若さ故栄誉を与えられなかった彼らはストー
ブを囲んで座っており，顔が赤くなっていた。ある人は鰻を捕まえ
るための漁網を修理していて，ある人は鳥を捕まえるためにわなを
作っていて，ある人はシャベルの壊れたハンドルを修理していて，
ある人は大きな本に何かを書いている。また，もう1人は本入れ用
の宝石箱を作っている。）

(38) と (39) は，2 つの"有人……"を用いて，代表的な人を列挙するこ
とで,様々なタイプの人がいることについて述べている。この 2 文における"有
人"は単数ではなく，複数つまり一部の人を表すので，単数しか表せない"有
个人"と置き換えることができない。一方，(40a) は，3 つの"有个人……"
を通して，同一人物によって行われた複数の異なる動作を列挙している。この

212

例においても，“有人” に置き換えられない。しかし，(40b) は 4 つの “有个人” を用いて，ストーブを囲んで座っている人たちはそれぞれ進行中の動作を描写している。ここの 4 つの “有个人” は異なる複数の人である。“有人” と置き換えることは可能であるが，意味は変わる。“有人” に置き換えると，それぞれ 1 人の可能性もあれば，それぞれ 1 人以上の複数の人の可能性もある。

上述したものをまとめると，意味的特徴においては，“有人” は単数・複数ともに表しうるが，“有个人” は単数しか表せない。また，“有人” は「対比」・「列挙」ともに表しうるが，“有个人” は「列挙」しか表せない。「列挙」についてはさらに相違点があり，“有人” は異なる複数の人物の事項を列挙するが，“有个人” は同一人物・異なる複数の人物の行う事項を列挙しうる。

10.4.3 主題化

本節では，主題化の観点から “有人” と “有个人” の類似点と相違点について考察する。

“有人” と “有个人” はどちらも述語の前に先行し，後続する動詞の動作主，変化及び性質・状態の主体を表す。例えば，(41) の “有人” は “来了”（来た）という動作の主体を表し，“有人来了” で，文の主語となる。(42) は典型的な「主語＋述語＋目的語」文であり，“有人”（ある人）は主語で，“认为”（思う）は述語で，“认为” に後続する部分はこの文の目的語であり，“认为”（思う）の内容を表す。

(41) 忽然，章星警觉地说：“脚步声！有人来了！”　　　　　　　（战争和人）
（突然，章星ははっと気づいて，「足音だ！誰か来た！」と言った。）

(42) 有人认为宋代是典型的儒官儒政。　　　　　　　　　　　　（当代）
（ある人は宋の時代は典型的な儒者が官僚になり，儒者がまつりごとを行った時代だと思っている。）

また，“有个人” も主語となりうる。例えば，(43) の “有个人” は “倒下来了”（倒れてきた）という動作の動作主であり，文の主語となっている。

213

(43) "您瞧瞧，{有个人／有人} 倒下来了，倒下来了，倒下来了啊！"

（战争与和平第一卷第二部）（再掲）

（ご覧ください。誰かが倒れてきた，倒れてきた，倒れてきましたよ。）

　中国語には日本語のような格助詞などのマーカーがないので，主語と主題を見極めることは難しい。中国語では，主題の有無の観点から３つの流派に分けられることは第９章で既に述べた通りであり，中国語における主語と主題については，長期にわたり論争されてきたが，(44) により，中国語には主語も主題もあり，それぞれ異なる文法性質を持つという主張は裏づけられるであろう。ここの "有个人" は "认识"（知っている）という動作の主体ではなく，動作の対象である。しかし，"有个人" が述語である "认识" の前に先行し，文頭に来ているので，"有个人" は主題としか考えられない。このような場合には，"有人" に置き換えることはできず，"有个人" しか使えない。

(44) 突然说，"这张照片上 {有个人／＊有人} 你认识。可怜的人儿，我一直想向你问他的情况，可是只有咱们俩在一起的时候，又总也想不起这桩事来。"　　　　　　　　　　　　（人猿泰山系列Ⅱ）（再掲）

　　　（突然，「この写真の人物をあなたは知っているはずよ，気の毒な人です。以前からあなたに彼のことを尋ねたかったのに，あなたと２人になるといつも，このことを思い出せなかったのです」と言った。）

(45) {有个人／＊有人} ①我很熟悉，②是德・布瓦德弗尔将军，③非常精明，④非常善良。　　　　　　　　　　　　　（追忆似水年华）（再掲）

　　　（ある方は①私がよく知っていて，②その方はド・ボワズデヴェル将軍です。③とても賢くて④優しいです。）

　(45) でも "有个人" しか使えない。"有个人" は後続する "我很熟悉"（私がよく知っている）の目的語であり，ここでは文頭に置くことで，主題となる。この "有个人" は，①我很熟悉（私がよく知っている），②是德・布瓦德弗尔将军（ド・ボワズデヴェル将軍である），③非常精明（とても賢い），④非常善良（とても優しい）の４つの部分の主題となっている。

さらに, (46) の "有个人" は, その後ろにある, 動作を表す "骗" (騙す) と状態を表す "死了" (死んだ) の主体であるが, 同時に主題でもある。1つ目の文で述べられている "有个人" は, 2つ目の文では "他" として再び述べられ, さらに, 3つ目の文でも "他" として再々度述べられている。最初に文の主題として提示され, それに続く文ではこの主題について説明か描写を付け加えるという用法である。ここでも "有个人" は主題化している。

(46) 从前 {有个人／＊有人}, 他骗了我, 结果他死了。每个人都想谈一场永不分开的恋爱。可在我看来, 这个很难。 （微博）（再掲）

（昔ある人が, 私を騙しました。彼は死んでしまったけれど。誰もが永遠不滅の恋を願っているでしょう。でも私に言わせれば, それはかなり難しいことですね。）

上述したものをまとめると, "有人" も "有个人" も文の主語となるが, "有个人" のみが文の主題になり, 主題化されうる。

10.4.4 指示性の性格

ここでは, 第2章で言及した指示性に関する先行研究について詳細に述べる。まず, 指示性に関する分類法であるが, 徐烈炯 (1990:246) によって提示された言語学界で最も通用している分類法は以下の通りである。

図 10.1 指示性に関する分類法 （筆者が日本語に訳出）

図 10.1 で示すように, 徐烈炯 (1990:246) は, 名詞句の指示的用法をまず,「総称」と「非総称」に分ける。次に,「非総称」用法は「定」と「不定」に, さらに,

「不定」は「特定的」と「不特定的」に分ける。

なお，「総称」指示とは，ある種類全体を指す用法であり，「非総称」指示とは，特定の個体を指す用法である（日本語文法学会 2014：361）。「定」指示，「不定」指示と「特定」指示，「不特定」指示については，建石（2017）は，聞き手あるいは話し手を中心に，当該の指示対象が同定することできるかどうかについて，次の表 10.1 のように定義している。

表 10.1　建石（2017）の「定」指示と「特定」指示の定義

指示のカテゴリー	視点の位置	定　　義
「定」指示	聞き手	聞き手が当該の指示対象を唯一に同定することができる（と話し手が想定している）場合
「不定」指示		聞き手が当該の指示対象を唯一には同定することができない（と話し手が想定している）場合
「特定」指示	話し手	話し手が当該の指示対象を唯一に同定することができる場合
「不特定」指示		話し手が当該の指示対象を唯一には同定することができない場合

（建石 2017：3 を筆者がまとめた）

本項では，上述した指示性に関する分類と定義に基づき，考察を行う。

まず，"有人"も"有个人"も「不特定」指示であり，「不定」指示の場合を示す。例えば，(47)〜(48) における"有人"と (49)〜(50) における"有个人"はいずれも話し手が当該の指示人物が同定できず，聞き手も当該の指示人物が同定できない場合に用いられている。

(47) 皇帝出门，随带的是太仆，<u>在外面有人</u>犯法，就是廷尉的事。

（当代）（再掲）

＜不特定＞＜不定＞

（皇帝がお出かけの時，太僕が付いていくのですが，皇宮以外で<u>誰かが</u>法を犯した場合は，それは廷尉の責任になります。）

(48) 陈水扁那边<u>也有人</u>打电话给队长，也是问我要电话号码的。

（李敖对话录）（再掲）

＜不特定＞＜不定＞

216

（陳水扁氏のところからもある人が隊長に電話をかけてきて，私の電話番号を教えてほしいって。）

　上の（47）は"在外面有人犯法"（皇宮以外で誰かが法を犯した場合）のことを仮定して述べているので，すでに発生した事実ではない。話し手も聞き手も当該人物が同定できないと考えられる。ここの"有人"は「不特定」指示であり，「不定」指示でもある。（48）においては，文脈から見れば，すでに発生した事実の叙述であるが，話し手にとって，"打电话给队长"（隊長に電話をした）のは誰なのか，分かる可能性もあれば，分からない可能性もある。同定できる場合は，話し手は情報を省略するという形で，「隊長に電話をした」人物の紹介を省いているので，聞き手には当然当該人物が同定できない。ここでの"有人"は「特定」指示であり，「不定」指示でもある。同定できない場合は，話し手が分からないので，聞き手も分からない。ここの"有人"は「不特定」指示であり，「不定」指示でもある。

(49) 祖父说他也不知道怎么回事就拿起了玄铁刀，仿佛是有个人把刀递到他手上似的。（作家文摘）　　　　　　　　　　　＜不特定＞＜不定＞
（祖父はなぜか分からないが，玄鉄の包丁を手に持った。まるで誰かが包丁を手渡したみたいと言った。）
(50) 我无法想像 12 个月后我退役的情景，但总有一天会有个人拍拍我的肩膀，说：时间到了。　　　　　（新华社 2004 年 2 月份新闻报道）
　　　　　　　　　　　　　　　　　　　　　　　　＜不特定＞＜不定＞
（12 か月後退役時の状況が想像できないが，いつか誰かが肩を叩いて，「もう時間だよ」という日が来るでしょう。）

　上の（49）は"仿佛是有个人把刀递到他手上似的"（まるで誰かが包丁を手渡したみたい）という文は祖父の感覚の描写であり，比喩表現である。現実世界に存在する人物ではない。（50）は将来のことを言っているので，実現するか否かは現段階では分からないことになり，"有个人"が指示する人物は誰か同定できない。この 2 文における"有个人"はどちらも「不特定」指示であり，

「不定」指示でもある。

　次に，"有人" も "有个人" も「特定」指示であり，「定」指示である場合を示す。

(51)"……从前莫里和卡扎莱斯常去，后来西埃耶斯和韦尔尼奥常去，现在{有人／有个人} 每星期去一次。"马拉说{有人／有个人} 时，眼睛瞧着丹东。丹东叫了起来："我要是有一分权力，那就厉害了。"（九三年）

　　　　　　　　　　　　　　　　　　　　　　　　　　　　＜特定＞＜定＞

（「…前はモリとカジャライスがよく行ったが，その後シアヤスとウィニオもよく行っている。今はある人が週に１回行っている。」マラーは「ある人」について言いながら，タントウを見つめた。タントウは「もし僕に，あと少し権力があれば，すごいことになるぞ！」と叫んだ。）

　（51）においては，"马拉说有人时，眼睛瞧着丹东。"（マラーは「ある人」について言いながら，タントウを見つめた）から分かるように，話し手が指示する人物を同定できるので，「特定」指示である。さらに，聞き手のタントウも話し手が誰のことを言っているか，同定できるので，ここの "有人" は「定」指示でもある。この文の中の "有人" は "有个人" に置き換えることができ，意味も変わらない。したがって，"有个人" も「特定」指示と「定」指示の両方の指示性を持つ。

　さらに，"有人" も "有个人" も「特定」指示であり，「不定」指示である場合を示す。その例としては，（52）と（53）が挙げられる。

(52) 解英冈道："他否认，{有个人／有人} 不会否认。"严丽华道："谁？"解英冈道："桃心今主，他一定不会推说不知，自己的铁令到了人家小铁盒上，用来盛宝贵无比的'七返灵砂'，再说不知，岂非笑话？"（金菊四绝）

　　　　　　　　　　　　　　　　　　　　　　　　　　　　＜特定＞＜不定＞

（解英岡は「彼は否定するが，ある人は否定しないはずだよ」と言った。厳麗華は「誰？」。解英岡は「桃心今主だよ。彼は知らないふりはできないはずだ。自分の鉄令は他人に鉄箱を持って行かれたのよ。

218

盛るのに使われてるすごく貴重な『七返霊砂』を。今さら，知らないなんて，冗談じゃない！」と言った）

(53) 〜〜〜拜托，{有个人／有人} 不停给我打电话，我朋友给我打电话都打不进来，我微博一下告诉他们怎么回事，你们别老往自己身上安好么〜〜〜（微博）　　　　　　　　　　　　　＜特定＞＜不定＞

（あのね，ある人からね，ひっきりなしに電話があったものだから親友からの電話を受け取れなくってね。それで，ウェイボーであんたたち友人に事情を説明したのよ。あんたたち，その電話はあんたたちだと言っているわけではないからね。）

　上の (52) においては，話し手の解英岡は "不会否认"（否定しないはずである）と確信を持って述べているので，「ある人」が誰であるかが分かっている。一方，聞き手である厳麗華は「ある人」が誰であるかが分かっていないので，"谁？"（誰？）と聞いている。(53) においては，話し手は "有个人" が誰であるか同定できるが，当該人物を明示する必要はないか，あるいは，情報を減らすという形を取るという 2 つの理由から，「ずっと自分に電話をした」人物に "有个人" という不定名詞句を用いている。しかし，このような場合には，聞き手は話し手が当該人物を明示していないため，聞き手は当該人物が同定できない。したがって，(49) と (50) における "有个人" は「特定」指示と「不定」指示である。この 2 文の中の "有个人" は "有人" に置き換えることができ，意味も変わらない。したがって，"有人" も「特定」指示と「不定」指示という指示性を持つ。

　続いて，"有人" も "有个人" も「不特定」指示であり，「定」指示である場合を示す。これはつまり，話し手は同定できないが，聞き手は同定できるということである。例えば，次の (54) である。

(54) "窗外 {有个人／有人} 在抽烟，他是谁？" "啊，那不是小王吗？"
　　　　　　　　　　　　　　　　　　　　　　　　　　（作例）

（「窓の外では誰かが煙草を吸ってるんだけど，彼は誰？」「あ，王さんじゃない？」）

この（54）では，疑問文が使用されており，「窓の外で煙草を吸っている人」は話し手は同定できないが，聞き手は同定できる対象となっている。このような場合にも，"有人"と"有个人"は置き換えが可能であり，意味も変わらない。

最後に，「対比」を表す"有人……有人……"には前後で正反対の性質あるいは動作を伴うが，（55）のような構文は"有个人"と置き換えはできない。その理由は，前後の2つの"有人"を合わせると，1つの完全な集合，つまり写真を撮った人という集合となるからである。この場合は，典型的な指示ではないが，「総称」指示になる。一方，"有个人"にはこのような指示性はない。

(55) {有人／＊有个人} 上照，{有人／＊有个人} 不上照，很难看的人往
往照相很好，你别上当。　　　　　　　　　　（钱钟书）（再掲）
（写真写りがいい人もいれば，写りが悪い人もいます。ものすごいブスが時々逆に写真写りがいいですよ。騙されないでね。）

以上のものをまとめると，指示性の性格については，"有人"も"有个人"も「特定」指示，「不特定」指示，「定」指示と「不定」指示という指示性を持つ。一方，「対比」を表す"有人"には「総称」指示があるが，"有个人"にはない。

10.5　本章のまとめ

本章では，構文的特徴，意味的特徴，主題化と指示性の性格における現代中国語の不定名詞句である"有人"と"有个人"の使い分けについて，考察を行った。考察結果は以下のようにまとめられる。

まず，構文的特徴については，以下のことを明らかにした（表10.2参照）。"有人"も"有个人"も，前に時間詞，場所詞，集合名詞，感覚あるいは思考を表す動詞，気持ちあるいは感情を表す形容詞が先行してもよい。この場合は，両者は置き換え可能であり，意味は変わらない。また，"有人"と"有个人"の前に動詞と形容詞が先行する場合は，"有人"も"有个人"も包含文の子文の主語になる。"有人"の前にも"有个人"の前にも副詞が先行するが，複数

回にわたり実施される動作を修飾する場合と複数の人によって実施される動作を修飾する場合に使用できるのは "有人" のみである。"有个人" は一回性の出来事の場合にしか使用できない。その原因は "有个人" の後部には一回性の出来事の叙述と場面描写があるからである。一方、"有人" に後続するものには複数回行われる動作も一回性の動作もある。しかし、"叫"（いう）のような動詞が後続し、さらに、その後ろに "他"、"这个人" のような後方照応がある場合は、"有个人" しか使えない。また、"有个人" は "是" 構文、形容詞述語文・名詞述語文ともに使えるが、"有人" は使いにくい。

　次に、意味的特徴については、"有人" は単数と複数を表すが、"有个人" は単数しか表さない。また、"有人" は「対比」も「列挙」も表しうるが、"有个人" は「列挙」しか表しえない。"有人" は複数の異なる人物の動作を列挙するが、"有个人" は同一人物・異なる複数の人物の動作を列挙する場合もある。

　さらに、主題化については、"有人" は主語しか表示しえないが、"有个人" は主語も主題も表示しうる。

　最後に、指示性の性格については、"有人"・"有个人" ともに「特定」指示、「不特定」指示、「定」指示と「不定」指示という指示性を持つ。一方、「対比」を表す "有人" には「総称」指示があるが、"有个人" にはない。

表 10.2 　"有人" と "有个人" の使い分け

	構文的特徴		意味的特徴			情報構造	指示性の性格		
	複数回の動作を修飾する副詞	"是"構文，形容詞述語文，名詞述語文	人数	対比	列挙	主題	特定性	定性	総称
有人	+ −	−	≥ 1	+	+ （複数人物）	−	+ −	+ −	+ −
有个人	−	+	= 1	−	+ （同一・複数人物）	+	+−	+−	−

221

第11章 「誰か」,「ある人」と"有人","有个人"の対照分析

　第5章では，日本語の不定名詞句である「誰か」の意味・用法を，第6章では「ある人」の意味・用法をそれぞれ記述したうえで，第7章では「誰か」と「ある人」の使い分けを明らかにした。第8章では，中国語の不定名詞句である"有人"の意味・用法を，第9章では"有个人"の意味・用法をそれぞれ記述したうえで，第10章では，「誰か」と「ある人」の使い分けを明らかにした。本章では，「誰か」,「ある人」と"有人","有个人"の対照分析を行い，「誰か」,「ある人」と"有人","有个人"の対応形式と非対応形式を明らかにする。

11.1　はじめに

　第7章では，構文的特徴，意味的特徴，主題化，談話的機能，指示性の性格と文体的特徴という視点から，現代日本語の不定名詞句である「誰か」と「ある人」の使い分けについて，考察を行った。考察結果は以下のようにまとめられる。

　まず，構文的特徴については，次のことが明らかになった。

　①「誰か」には「格助詞顕在型」も「無助詞型」もあるが，「ある人」には格助詞の「無助詞型」はない。

　②「誰か」も「ある人」もガ格，ヲ格，ニ格，カラ格，ト格，ヘ格，デ格を伴うことが可能である。

　次に，意味的特徴については，次のことが明らかになった。

　①「誰か」は集合の中の任意の1人を表し，「ある人」は部分集合を表すこともある。

　②「誰か」は「列挙」しか表さないが，「ある人」は「対比」も「列挙」も表しうる。

　続いて，主題化については，「誰か」も「ある人」もハによって主題を表しうるが，「誰か」は「その」という指示詞に後続することによって，前に提示された「誰か」あるいは「何者か」を再び取り立てて，話題を展開させる。一

方,「ある人」はガ格, 二格, カラ格, ト格が主題化しうるということが分かり, 談話的機能については,「ある人」は聞き手の存在が必要不可欠であるが,「誰か」は話し手の独話の場合もあるので, 聞き手の存在は必要のない場合もあるということが明らかになった。

さらに, 指示性の性格においては, 次のことが明らかになった。

①「誰か」も「ある人」も「定」指示を表さず,「不定」指示という指示性しか持たない。

②「誰か」は「不特定」指示しか表さないが,「ある人」は「特定」指示も「不特定」指示も表しうる。

③「対比」を表す「ある人」には非典型な「総称」指示があるが,「誰か」にはない。

最後に, 文体的特徴においては, 法律文書には「ある人」しか使用されず,「誰か」は使用されないことが分かった。

第 10 章では, 構文的特徴, 意味的特徴, 統語機能と指示性の性格という視点から, 現代中国語の不定名詞句である"有人"と"有个人"使い分けについて, 考察を行った。考察結果は以下のようにまとめられる。

まず, 構文的特徴については, 次のことが明らかになった。

"有人"も"有个人"も, 前に時間詞, 場所詞, 集合名詞, 感覚あるいは思考を表す動詞, 気持ちあるいは感情を表す形容詞が先行してもよい。この場合は, 両者は置き換え可能であり, 意味は変わらない。また,"有人"と"有个人"の前に動詞と形容詞が先行する場合は,"有人"も"有个人"も包含文の子文の主語になる。一方,"有人"の前にも"有个人"の前にも副詞が先行するが, 複数回にわたり実施される動作を修飾する場合と複数の人によって実施される動作を修飾する場合に使用しうるのは"有人"のみである。

次に, 意味的特徴については,"有人"は単数・複数ともに表しうるが,"有个人"は単数しか表しえない。また,"有人"は「対比」と複数の人物に対する「列挙」を表すが,"有个人"は同一人物・複数の人物の異なる事項の「列挙」を表す。

さらに, 主題化については,"有人"は主語しか表示できないが,"有个人"は主語も主題も表示できる。

最後に，指示性の性格については，"有人"も"有个人"も「特定」指示,「不特定」指示,「定」指示と「不定」指示という指示性を持つ。一方,「対比」を表す"有人"は「総称」指示があるが,"有个人"にはない。

　上述した考察結果を踏まえ，本章では，日本語と中国語における不定名詞句である「誰か」,「ある人」と"有人","有个人"の対照分析を行い，言語間における考察対象の類似点と相違点の考察を通して，この2対4形式の対応関係，非対応関係を明らかにする。

11.2　先行研究

　日本語と中国語の不定名詞句に関する対照研究においては，管見の限り，日本語の「誰か」,「ある人」と中国語の"有人","有个人"については触れられていない。

　本研究対象の1つである「誰か」と中国語の"谁"との対照分析を行ったものとしては姚佳秀（2017）のみが取り上げられる。

　姚佳秀（2017）では，「日本語では「不定」の意味は「誰＋か」によって担われている。それに対して中国語の「不定」の意味は疑問詞の"谁"によって担われるほかに，文脈やほかの成分とのインタラクティブによって顕現されることもある」と述べている。さらに，両同形語の対応形式と非対応形式を次のようにまとめている。

　　　①推測のモダリテイが含まれる文，仮定条件を表す文，譲歩文に用いられた場合の中国語の「不定」の意味を表す"谁"の意味・機能は日本語の「誰＋か」と対応する。また,"吗","吧"と共起する場合の"谁","有没有","是不是"を受けた場合の"谁"は日本語の「誰＋か」と対応する。
　　　②中国語の「不定」の意味を表す"谁"は否定文に生起した場合,「不定」を表す「誰＋か」とは対応しない。
　　　③日本語では，「誰十か」は後続の名詞または名詞句と同格関係を結ぶことができるのに対して，中国語の「不定」を表す"谁"はそれと同じような意味・用法を持っていない。

④日本語の「誰＋か」という構造は「〜か＋誰か」のような形で並列
関係を構成することが可能である。それに対して，中国語の「不定」を
表す "谁" は並列関係を結ぶことができない。

(姚佳秀 2017:293 − 294)

　第5章，第6章，第8章，第9章では，それぞれ「誰か」，「ある人」，"有人"，
"有个人" を考察する際，さらに，第7章と第11章では「誰か」と「ある人」
の使い分け，"有人" と "有个人" の使い分けを考察する際に，それぞれ1つ
の言語の内部のことを検討するため，意味役割，主題化，構文的特徴など，言
語ごとに特徴が見られるカテゴリーから考察を行ったが，本章では，異なる両
言語間のことを対照分析するので，文法分析に関しては，日本語と中国語の事
情が異なるところがあることを勘案し，日本語と中国語の両言語に適応するよ
う，言語類型論の視点から提示された角田(2009)の「文法分析の4つのレベル」，
つまり，意味役割のレベル，格のレベル，統語機能のレベル，情報構造のレベ
ルから考察を行うこととする。姚佳秀 (2017) の研究では日中両同形語の意味・
機能をめぐり，対応・不対応に絞って考察が行われたが，統語機能における両
形式の相違点に関する，より深いレベルでの考察がなされていない。
　したがって，本章では，意味的特徴，文法的特徴，指示性の性格，談話的機
能と文体的特徴の5つのカテゴリーから対照分析を行う。
　具体的に述べると，第5章から第7章までの日本語の不定名詞句である「誰
か」と「ある人」の考察結果及び第8章から第10章までの中国語の不定名詞
句である "有人" と "有个人" の考察結果を踏まえ，意味的特徴，文法的特徴，
指示性の性格，談話的機能と文体的特徴をめぐり，日本語の「誰か」，「ある人」
と中国語の "有人"，"有个人" の対照分析を通し，日本語と中国語の不定名詞
句の類似点と相違点を明らかにする。

11.3　研究の方法

　本章では，まず，第5章〜第7章で行った「誰か」と「ある人」に関する考
察結果と第8章〜第10章で行った "有人" と "有个人" に関する考察結果に

基づき，中日両言語における本研究の研究対象である４形式の類似点と相違点を帰納的にまとめる。次に，これらの考察結果を踏まえ，中日対訳の方法を取り，両言語における「誰か」・「ある人」と“有人”・“有个人”の対応形式と非対応形式を検討する。

11.4 結果と考察

本節では，まず，日本語の「誰か」，「ある人」と中国語の“有人”，“有个人”を対象に，意味的特徴，文法的特徴，指示性の性格，談話的機能，文体的特徴について，対照分析を行う。次に，この２対４形式の対応関係と非対応関係について考察を行う。

11.4.1 意味的特徴

本項では，意味的特徴から「誰か」，「ある人」と“有人”，“有个人”の類似点と相違点を考察する。

まず，「誰か」「ある人」と“有人”“有个人”には，単数を表すものもあれば，複数を表すものもある。日本語においては，「誰か」は集合の中の任意の１人を表すので，単数を表す。「ある人」は「一部の人」を表すので，単数も複数も表す。例えば，（１）のような文における「誰か」は「三人の中」の「１人」を指す。具体的に「三人の中のどの人か」は同定できないが，そのうちの１人に違いないという意味合いとなる。（２）の「ある人」は特定人物を指すので，単数を表す。（３）には，前後２つの「ある人」がある。「ある人は〜，ある人は〜」がある文の前に「十人以上の人」があり，後ろの文にも「この人たち」という複数を表す接尾辞があるので，ここの２つの「ある人」は複数の人物を表すと言えよう。つまり，このような「ある人は〜，ある人は〜」構文における「ある人」は複数の人物を表しうるということになる。

　（１）しかし，三人の中の誰かが犯人と断定することも出来なかった。

　　　　　　　　　　　　　　　　　　　　　　　　　　　　（みちのく殺意の旅）
　（２）私はおなかの小さな手術をして，入院していた。ある人が見舞にき

て，こんな話をして帰った。　　　　　　　　　（花明かりのことば）（再掲）

（3）私のところに，毎週水曜日，十人以上の人が集まり，日本画を描い
　　　ています。ある人はとても上手で，ある人はただ一生懸命描いてい
　　　るだけです。しかし，この人たちの生きる喜びは，私にまで伝わっ
　　　てきます。皆さんの楽しい「新役者」の教室です。

　　　　　　　　　　　　　　　　　　　（「星の王子さま」と永遠の喜び）

　一方，中国語の"有人"は単数と複数を表すが，"有个人"は単数しか表さない。
（4）の"有人"の後部に"她"（彼女）が付いているので，"有人"が単数を
表すことが分かる。（5）の"有人"の後部には複数を表す副詞である"都"（み
な）と複数を表す量詞である"些"（何人か）があるので，"有人"が複数の人
数も表すことが分かる。一方，"有个人"は"一"を表す"有一个人"から来
た言葉なので，単数しか表すことができない。（4）の"有人"は単数を表し
ているので，"有个人"と置き換えが可能である。一方，（5）の"有人"は"有
个人"に置き換えることは不可能である。それは複数を表す副詞である"都"・
量詞である"些"がともにあるからで，ここでも，"有个人"は単数しか表し
えないことが分かる。

（4）第九项〔有人／有个人〕证明过，她家的狗狗活的很好。还喝咖啡。
　　　　　　　　　　　　　　　　　　　　　　　　（微博）（再掲）
　　　（第九项はある人によって裏づけられた。彼女の家のワンちゃんはと
　　　ても元気だ。コーヒーも飲んでいる。）

（5）我知道，晚间会〔有人／＊有个人〕来看望你，都是些你所喜欢和使
　　　你感兴趣的人，而且是些绝不会打扰你的人。
　　　　　　　　　　　　　　　　　　　（大师与玛格丽特）（再掲）
　　　（夜，あなたに会いに来る人たちは，みなあなたのことが好きで，あ
　　　なたに興味を持っていて，そしてあなたを困らせるような人たちで
　　　はない，と私には分かっているよ。）

次に，両言語には「対比」も「列挙」も表すものもあれば，「列挙」しか表

さないものもある。日本語においては、「誰かは／ある人は～，誰かは／ある人は～」構文がある。このような構文の「誰か」は「列挙」しか表さないが、「ある人」は「対比」も「列挙」も表す。例えば、（6）と（7）における3つの「誰か」も2つの「ある人」も「列挙」を表し、（8）における前後2つの「ある人」は「対比」を表す。

（6）「おまえだって，よく話してたじゃねえか。どんな奴だって，あんなふうに，こんなふうに，育てられるんだって。<u>誰かは</u>，金持ちにへいこら頭を下げる野郎になる。<u>誰かは</u>，成績上げるためには，他人を蹴落としても平気になる。そして<u>誰かは</u>，他人を平気で殴れるし，殺せるようにもなる…みんな，そういうふうに育てられてゆくんだって。…」　　　　　　　　　　　　　　　　　　（永遠の仔）（再掲）

（7）人はそれぞれ，特別神経質な人でなくても，「これだけはがまんできない」というものがあるのだろう。<u>ある人</u>は髪，<u>ある人</u>は爪，あるいは鼻毛というように。　　　　　（旅はお肌の曲がり角）（再掲）

（8）<u>ある人</u>からは尊敬され，<u>ある人</u>からは敬遠されるでしょうが，わが道を行く者には，別の道を孤独に歩んできた者との絆が約束されているのです。　　　　　　　　　（月刊朝日グラフ　パーソン）（再掲）

　一方，中国語にも"有人／有个人……，有人／有个人……"構文がある。このような構文における"有人"は「列挙」と「対比」両方の意味を表しうるが、"有个人"は「列挙」しか表さない。例えば、（9）の前後2つの"有人"，（10a）における3つの"有个人"及び（10b）における4つの"有个人"は「列挙」を表す。ただし、（9）と（10b）の"有人"と"有个人"は前後異なる複数の人物を挙げて述べているが、（10a）の"有个人"は前後同一人物の複数の事項を挙げて述べている。さらに、（11）における前後2つの"有人"は前と後では正反対のことを求める人物を述べているので、「対比」を表すこととなる。

（9）<u>有人</u>骄傲，<u>有人</u>霸道，时间会教育我们，岁月的磨难，使蛮横的人也会有谦卑的一天。　　　　　　　　　　　　（读者）（再掲）

（傲慢な人もいるし，横暴な人もいます。時間は我々を教育してくれ
るんですが，苦難の月日から，横暴な人でも謙虚な人になる日が来
るでしょう。）

(10) a. 五年前有个人对我说：不要做自己后悔的事；五年前有个人与我同
桌，整天被我照顾着，一起上课玩各种东西；五年前有个人冬天三更
半夜一起起床洗冷水澡。　　　　　　　　　　　（微博）（再掲）

（5 年前，ある人が私に，後悔するようなことをするなと言った。当時，
その人は私と机に並べていて，毎日私が彼（女）の世話をし，授業
中には一緒にいろんなゲームをして遊んだ。そしてその人は，冬の
深夜に一緒に起きて水風呂に入ったこともあった。）

b. ……许多在战斗中因为太过年轻而还未获得荣誉的人都围坐在炉火
边，脸烤得红红的。有个人在修补捕捉鳗鱼的渔网，有个人在制作捕
鸟的陷阱，有个人在修补铁铲的破把手，有个人在一本大书上写着什么，
还有一个人在制作盛书的珠宝盒子。　　　　　　（神秘邮件）（再掲）

（…多くの人々，戦争中，若さ故栄誉を与えられなかった彼らはストー
ブを囲んで座っており，顔が赤くなっていた。ある人は鰻を捕まえ
るための漁網を修理していて，ある人は鳥を捕まえるためにわなを
作っていて，ある人はシャベルの壊れたハンドルを修理していて，
ある人は大きな本に何かを書いている。また，もう 1 人は本入れ用
の宝石箱を作っている。）

(11) 这世界上有人喜欢丰富，有人喜欢单纯。　　　　　　（当代）（再掲）

（この世界には豊かさを求める人もいれば，シンプルな生活を求める
人もいます。）

　上述したものをまとめると，表 11.1 となる。つまり，「誰か」と "有个人"
は単数を表し，「対比」を表さない。「ある人」と "有人" は単数も複数も表す
ので，「対比」を表す。
　この 4 形式はいずれも「列挙」を表すが，"有个人" は同一人物の異なる事
項と複数の異なる人物の事項を表すが，ほかは複数の異なる人物の事項を表す。
　さらに，「対比」を表す "有人……, 有人……" 構文は日本語の「ある人は～，

ある人は〜」と完全に一致している。

表 11.1　意味的特徴から見る類似点と相違点

	誰か	ある人	有人	有个人
人数	= 1	≥ 1	≥ 1	= 1
対比	−	+	+	−
列挙	+ （複数人物）	+ （複数人物）	+ （複数人物）	+ （同一・複数人物）

11.4.2　文法的特徴

　本項では，文法分析の角度から「誰か」，「ある人」と"有人"，"有个人"の類似点と相違点を考察する。角田（2009）は言語類型論の視点から「文法分析の4つのレベル」を提示しており，それぞれ意味役割のレベル，格のレベル，統語機能のレベル，情報構造のレベルがある。以下ではこの4つのレベルに分けて，見ていく。

11.4.2.1 意味役割レベル

　角田（2009）で提示された意味役割は，文の中で名詞，代名詞，副詞などが表す意味を，主に動詞との関係で，分類したものである（角田 2009:179）。つまり，動作主，対象，相手，受益者，感情・感覚の持ち主，所有者，出発点，場所，時間，道具などを指す。

　上述した意味役割レベルのうち，まず，日本語の場合を見てみる。(12)〜(14)における「誰か」と「ある人」は動作主を表す。

(12) 正面玄関に，タクシーが停まる音がした。どうやら，誰か戻ってきたようだ。　　　　　　　　　　　　　　　　　　（約束の少年）（再掲）

(13) おばあさんの家はトタン屋根でものすごく暑いから，ある人がクーラーを寄付したのです。そうしたらお役所の人が生活保護を受けている身分でクーラーを付けていると言うわけです。

（NPO と市民社会）（再掲）

(14) 僕は生まれてこのかた，ただの一度も，<u>誰か</u>からそんなことを言われた経験がなかったのだ。 (海辺のカフカ)

(15) と (16) における「誰か」と「ある人」は対象を表す。

(15) あなたが好きになった人は，あなたの顔を見ると，ほかの<u>誰か</u>を思い出す。 (マーフィーの法則) (再掲)

(16) <u>ある人</u>を心に思い浮かべるとき，あなたはその人の何をイメージしますか。 (幸せの顔づくり) (再掲)

(17) と (18) における「誰か」と「ある人」は相手を表す。

(17) 「嫌だって言ってるだろっ，他の<u>誰か</u>に頼めよ！」 (ケダモノは二度笑う) (再掲)

(18) <u>ある人</u>にいくら言ってもダメなら別の人をさがせばいいのです。 (自分の「素敵」を見つけよう) (再掲)

(19) と (20) における「誰か」と「ある人」は着点を表す。

(19) 知らない<u>誰か</u>まで届いてほしい。 (https://twitter.com/you_say_plb, 2019 年 11 月 12 日取得) (再掲)

(20) <u>ある人</u>には情報が流れるけど，<u>ある人</u>には流れなくなる。 (ニッポン食いしんぼ列伝) (再掲)

(21) と (22) における「誰か」と「ある人」は場所を表す。

(21) 深夜の電話は不吉だ。鳩尾にいやな予感がうずまいた。身内の<u>誰か</u>に何か起こったにちがいない。 (禁断のときめき) (再掲)

(22) ひとりひとりの顔や性格がちがうように，同じ胃がんでも，人によって異なる性質と特徴とをもっています。<u>ある人</u>に発生したがんが，

231

増殖・発育していく過程で，いろいろな性格の異なるがん細胞集団に変わっていくことがしばしばです。

（ガンの早期発見と治療の手引き）（再掲）

(23) と (24) における「誰か」と「ある人」は起点を表す。

(23) ただ，誰かから電話がかかってきて，席をはずしたのが気になる。

（神戸新聞）（再掲）

(24) 十四年前に，ある人から突然電話があったんですよ。ダイエーが九州に球団をつくると。　　　　　　　　　（プロジェクト H）（再掲）

(25) と (26) における「誰か」と「ある人」は仲間を表す。

(25) 河合が電話で誰かと話し，しばらくすると立派な口髭をたくわえた大男が現れた。　　　　　　　　　　　　（小説宝石）（再掲）

(26) ある人と一緒に旅に出ると言って大学を休学して，適当にうろうろしているらしい。　　　　　　　　　　（Yahoo！ブログ）（再掲）

(27) の「誰か」は手段を，(28) は呼びかけを，(29) は比較の基準を表す。

(27) 俺も彼に飢えていた。独り寝がこんなにつらいものだとは思わなかった。だからといって他の誰かで埋め合わせるわけにもいかない。そんなことをすれば昴を怒らせてしまう。

（執事は夜に嘘をつく！）（再掲）

(28)「助けて！」マーゴは悲鳴をあげた。「誰か，助けて！」他の乗客たちは，あんぐり口を開けて，その場に突っ立っていた。　　（遺産）（再掲）

(29) 人と人とを比べる必要が，どうしてあるの？どうして，誰かより上に，人は，ならなくちゃならないの。　　　　（Yahoo！ブログ）（再掲）

一方，第8章と第9章で述べた"有人"も"有个人"も動作主を表すが，"有

个人"は対象をも表しうる。例えば,(30)と(31)における"有人"も"有个人"も動作主を表すが,(32)の"有个人"は対象を表す。

(30) 所以西方哲学家就<u>有人</u>讨论人在宇宙中的地位,这个问题是大家很容易想到的。 (当代)(再掲)
（だから,西洋の哲学者の中には宇宙における人間・人類の位置づけについて議論している<u>人がいる</u>んですが,この問題はみなさんがすぐ思い付くものですね。）

(31)"他是谁？"他喘吁着问,"<u>有个人</u>从后面楼梯下到厨房去了。他是谁？" (没有钥匙的房间)(再掲)
（「あの人は誰？」彼は喘ぎながら「<u>誰か</u>が後ろの階段から台所に降りたんだ。あの人は誰？」と聞いた。）

(32) <u>有个人</u>我很熟悉,是德・布瓦德弗尔将军,非常精明,非常善良。 (追忆似水年华)(再掲)
（私がよく知っている<u>方がいて</u>,その方はド・ボワズデヴェル将軍です。とても賢くて優しいです。）

　上述したものをまとめると,意味役割のレベルでは,日本語の「誰か」と「ある人」は動作主,対象,相手,着点,場所,起点,手段,呼びかけ,比較の基準を表すが,中国語の"有人"は動作主しか表さず,"有个人"は動作主と対象を表す。

11.4.2.2 格レベル

　角田（2009）で提示された格は,名詞,代名詞,副詞などの形の一種である。具体的には,主格,対格,能格,絶対格,与格,所格,方向格,奪格,仲間格,道具格,所有格などがある（角田 2009:179）。

　日本語は格表示マーカーがある言語であり,日本語の格については,鈴木（1972）によって提示されたガ格,ヲ格,ニ格などと呼ぶ方法もあるが,一方,中国語は格表示マーカーがない言語であるので,ガ格のような呼び方がない。したがって,対照分析のため,本項では,本研究が第 5 章と第 6 章で使用した

ガ格，ヲ格，ニ格などについては，角田（2009）で提示された格の呼び方に倣い，主格，対格，与格，所格，方向格，奪格，仲間格，所有格を使うこととする。
　まず，日本語の「誰か」と「ある人」を見てみる。（33）と（34）では，「誰か」も「ある人」も主格で表示している。

(33) クラスメートとオシャベリしてたら，あなたの親友の悪口を<u>誰か</u>がいい出したの。さて，あなたはどうする？

（悪魔のいたずら心理ゲーム）（再掲）

(34) <u>ある人</u>がキムジンと友人になった。毎晩一緒に漁に出掛けた。キムジンからタコの穴を教わってたくさんこれを取ることが出来て幸福であった。　　　　　　　　（世界の故事・名言・ことわざ）（再掲）

（35）と（36）では，「誰か」も「ある人」も対格で表示している。

(35) 漠然としたいい方は，背後の<u>誰か</u>を暗示していた。

（訃報は午後二時に届く）（再掲）

(36) リンカーン大統領の親友が大統領に自分の親しい<u>ある人</u>を採用してくれるように頼んだ。ところが一向に実行してくれん。

（人生の五計）（再掲）

（37）と（38）では，「誰か」も「ある人」も与格で表示している。

(37) その発言が<u>誰か</u>に影響を及ぼすことなど考えに入れない。

（好き勝手に生きる）（再掲）

(38) <u>ある人</u>に，必ず戻ると約束をしておりますので。

（封印の竜剣）（再掲）

（39）と（40）では，「誰か」も「ある人」も所格で表示している。

(39) 深夜の電話は不吉だ。鳩尾にいやな予感がうずまいた。身内の<u>誰か</u>

に何か起こったにちがいない。　　　　　　（禁断のときめき）（再掲）

(40) ある人に発生したがんが，増殖・発育していく過程で，いろいろな
性格の異なるがん細胞集団に変わっていくことがしばしばです。

　　　　　　　　　　　　（ガンの早期発見と治療の手引き）（再掲）

(41) と (42) では，「誰か」も「ある人」も奪格で表示している。

(41) このように，皆が誰かから利益を得ようとしている。その結果，ど
うだろう！　　　　　　　　（アドルフ・ヒトラーの青春）（再掲）

(42) また，ある人から別の人へと所有者が変わってもその経過が登記記
録に記録されているため，登記記録を調べる，つまり登記事項証明
書を見ることによって過去から現在に至るまでの所有者を知ること
ができます。

（すぐに役立つ不動産登記の法律と申請手続き実践マニュアル）（再掲）

(43) と (44) では，「誰か」も「ある人」も方向格で表示している。

(43) 冒頭に「謹書」とあるように，この『日記』は誰かへみせるために
清書したらしい。　　　　　　　　　　　　（前田慶次）（再掲）

(44) 感情転移　ある人から他のある人へ感情を移しかえることをいう。

　　　　　　　　　　　　　　　　　　　　　（神経症を治す）

「誰か」も「ある人」も仲間格で表示している。例えば，(44) と (45) である。

(45)「私，ここで，誰かと一緒にごはんを食べるのがひさしぶりで」言葉
を切り，女は涙を拭っている。　　　　　（人生ベストテン）（再掲）

(46) 今日，ある人と話をして「ああ，素晴らしい人だな」と関心した。
こういった関心は久しぶりで，とても新鮮だった。

　　　　　　　　　　　　　　　　　　（Yahoo！ブログ）（再掲）

ほかに，（47）と（48）では，「誰か」は方向格，比較格で表示している。

(47) 俺も彼に飢えていた。独り寝がこんなにつらいものだとは思わなかった。だからといって他の<u>誰か</u>で埋め合わせるわけにもいかない。そんなことをすれば昴を怒らせてしまう。

（執事は夜に嘘をつく！）（再掲）

(48) 私が受けた教育を実践している人たちにとって，小学生にもならない子どもたちが，大人たちと同じ言葉を使って話したり書いたりすることはあたりまえだったので，私が<u>誰か</u>より優秀であると思ったことがないのです。　　　（ひとが否定されないルール）（再掲）

また，「誰か」は（49）では同格，（50）では呼格として表示している。

(49) <u>誰か</u>知らない人が，乳母のとなりにいた。

（ワイルド・スワン）（再掲）

(50) 「おい！<u>誰か</u>，外にいるのか！？」俺は，窓越しに怒鳴った。

（山田太郎十番勝負）（再掲）

　最後に，「誰か」は無助詞格で表示している（第5章の考察結果を参照）。「誰か」の無助詞格は，(51) と (52) のように無助詞格で表示しており，「省略」（格助詞使用・無使用いずれも可）となるものもあれば，（53）のように無助詞格で表示しているが，「省略」ではなく，「無助詞表示」（格助詞使用は不可）となるものもある。

(51) 正面玄関に，タクシーが停まる音がした。どうやら，<u>誰か</u>φ戻ってきたようだ。　　　　　　　　　　　　（約束の少年）（再掲）

(52) うるさいわね。そんなことより早く<u>誰か</u>φ呼んできて。こいつらを連行してもらうわよ。　　　　　　（ギルティートレイン）（再掲）

(53) これはどう考えてもおかしいと思います。<u>誰か</u>φ答えを教えてください。　　　　　　　　　　　　　　　（Yahoo！知恵袋）（再掲）

一方, 中国語の方では, "有人" は (54) のように, 動作の主体を表し, 主格で表示している。"有个人" は, (55) においても, 動作の主体を表し, 主格で表示しているが, (56) においては, "我很熟悉"(私がよく知っている)の対象であるので, 対格で表示しており, (57) においては, "我必须和他谈一谈"(私がきちんと話さなければならない)という共同動作の対象であるので, 仲間格で表示している。

(54) 星云大师：<u>有人</u>问我, 创建佛教事业成功的秘诀是什么？我说, 利用每一天的零碎时间, 用心思考。

　　　　　　　　　　　　　　(传媒大亨与佛教宗师的对话：包容的智慧)(再掲)
　　　　(星雲法師：<u>ある人</u>から私は, 仏教事業を起業し成功した秘訣は何かと聞かれました。私は, 毎日のわずかな時間を利用して, 十分に考えることだ, と言いました。)

(55) 他们花费零用钱, 打电话来只为着说："喂, 这儿<u>有个人</u>完全像你。"

　　　　　　　　　　　　　　　　　　　　(读者(合订本))(再掲)
　　　　(彼らが小遣いを使って, 電話をしてきたのはただ「ほら, ここにあなたにそっくりの<u>人がいるよ</u>」と言うためです。)

(56) <u>有个人</u>我很熟悉, 是德・布瓦德弗尔将军, 非常精明, 非常善良。

　　　　　　　　　　　　　　　　　　(追忆似水年华)(再掲)
　　　　(私がよく知っている<u>方がいて</u>, <u>その方</u>はド・ボワズデヴェル将軍で, とても賢くて優しいです。)

(57) 桑说道,"<u>有个人</u>我必须得和他谈一谈。""请随便。"莎伦说道。(嫉妒)
　　　　(「<u>ある人</u>とはね, きちんと話をしなくちゃ」とサンが言った。サリンは「どうぞ」と言った。)

上述したものをまとめると, 格のレベルでは, 日本語の「誰か」も「ある人」も主格, 対格, 与格, 所格, 方向格, 奪格, 仲間格, 所有格で表示しうるが, 「誰か」はそれ以外に, 比較格, 呼格, ゼロ格によっても表示しうる。一方, 中国語の "有人" は主格でしか表示しえないが, "有个人" は主格のみならず, 対格, 仲間格でも表示しうる。

11.4.2.3 情報構造レベル

　角田（2009）は，情報構造は，単純化していうと，文の表す内容であり，状況，文脈によって決まるものであると定義したうえで，情報構造の代表的な分類を2つ紹介した。1つ目は，「主題又は話題」対「評言」である。つまり，ある文の中で「これから…について述べる」と示す部分が「主題」で，それについて述べる部分が「評言」である。日本語では主題の部分はハで表示されている。例えば，次の（58）においては，「太郎さんは」が「主題」であり，「東京へ行きました」が「評言」である。

(58) 太郎さんは　　東京へ行きました。　　　　　　　　　　　　（作例）
　　　主題　　　　　　評言

　2つ目の分類は「旧情報」対「新情報」である。つまり，ある文脈で，既知の事柄は「旧情報」であり，未知の事柄は「新情報」である。例えば，「今年はどのチームが優勝するだろう？」という質問に対して，（59a）においては，「花子さんが」が「新情報」であり，「優勝する」が「旧情報」である。（59b）においては，「優勝するのは」が「旧情報」であり，「花子さんだ」が「新情報」である。

(59) a. 花子さんが　　優勝する。　　　　　　　　　　　　　　　（作例）
　　　　新情報　　　　旧情報
　　 b. 優勝するのは　花子さんだ。　　　　　　　　　　　　　　（作例）
　　　　旧情報　　　　新情報

　中国語の文法研究分野では「主題」あるいは「話題」という用語を用いて取り上げられているので，中日両言語の統一性を考慮し，本項では角田（2009）で提示された1つ目の分類である「主題」対「評言」という用語を使うこととする。

　まず，日本語の場合を見てみる。日本語には主題マーカーであるハが存在するので，主題の判断は容易であると思われる。

　「誰か」は, (58) 〜 (59) のように, 前の文では「誰か」あるいは「何者か」について述べ, その後ろの文ではその「誰か」について再度言及する時, 「その」の後に付く「誰かは」という名詞句を使っている。つまり, 「その＋誰か」にハを後続させるという形で表示されているのである。このように, 話者がまず「誰か」あるいは「何者か」で話を開始させ, 続いて「その誰かは」あるいは「その何者かは」で主題を提示し, 話題を展開し, 「評言」を述べる。さらに, (58) と (59) の文の後部にある「評言」を見てみると, (60) の「鏡に見入り, 熱心に顔をいじっている」は場面描写であり, 「誰か」に起きた事象について述べている。(61) の「あなたの会社の外部の者だ」は措定を表す判断文であり, 「誰か」の属性について述べている。

(60) 誰かが鏡に向かっている。テーブルの上には, 化粧の道具が並んでいる。その誰かは鏡に見入り, 熱心に顔をいじっている。

（ミステリーズ）（再掲）

(61) 要するに, 何者かが, あなたの会社のネットワークを不正規に利用しようとしている。その何者かは, あなたの本国での学歴に関して, 微妙な点があることを知っている。そしておそらく, その誰かは, あなたの会社の外部の者だ。　　　　（ヴィーナス・シティ）（再掲）

　次に, 「ある人」は, (62) 〜 (64) のように「ある人は」で, (63) のように「ある人からは」で文の主題を示し, 文の後部では主題について「評言」を述べる。形としては, 単独の主題マーカーであるハあるいは格助詞のカラの後にハを付けるという両形式が見られる。「評言」の述べ方については, (62) と (65) の「…疲れたパンダを描きました」と「…と言われたこともある」は動作についての叙述である。(63) の「プレスで弾丸を抜いていました」は場面描写であり, 事象について述べている。(64) の「…ことに満足し, …楽観的である」は性質あるいは状態についての叙述である。

(62) ある人は, パンダも疲れることがあるだろうと, 疲れたパンダを描きました。これが「タレパンダ」として流行っています。

（知的財産錬金術とネーミング）

(63) <u>ある人はプレスで弾丸を抜いていました。</u>鋳工に行くと，足の下が
マンホールになっていて，真赤な鉄がドロドロに溶けて灼熱の海の
ようでした。　　　　　　　　　　　（東京都学徒勤労動員の研究）

(64) <u>ある人はこれまでなし得たことに満足し，将来においても楽観的で
ある。</u>　　　　　　　　　　　　　　　（障害，と教育）（再掲）

(65) <u>ある人からは，「それは天使だったのよ」と言われたこともあるが，</u>
そんな幻想的な子供である自覚はなかった。（太りすぎの雲）（再掲）

　一方，中国語のほうは，日本語のような格助詞がないので，主語であるか主
題であるかを見極めることは難しいと思われる。第9章と第10章で述べたよ
うに，中国語における主語と主題については，本研究では中国語には主語も主
題もあるという立場を取る。それは本研究の対象である"有个人"には主題が
見られるからである。(66)によりこの主張が裏づけられる。ここの"有个人"
は"认识"（知っている）という動作の主体ではなく，動作の対象である。しかし，
"有个人"が述語である"认识"の前に先行し，文頭に来ているので，"有个人"
は主題としか考えられない。

(66) 突然说，"这张照片上<u>有个人</u>你认识。可怜的人儿，我一直想向你问他
的情况，可是只有咱们俩在一起的时候，又总也想不起这桩事来。"

　　　　　　　　　　　　　（人猿泰山系列Ⅱ　返璞归真）（再掲）

（突然，「この写真の<u>人物</u>をあなたは<u>知っている</u>はずよ，気の毒な人
です。以前からあなたに彼のことを尋ねたかったのに，あなたと2
人になるといつも，このことを思い出せなかったのです」と言った。）

　さらに，「評言」の部分においては，(66)の"你认识"（あなたは知っている）
のような動作と (67)の"他骗了我，结果他死了"（私を騙しました。彼は死
んでしまったけれど）のような前文の動作と構文の状態を表す表現で，事象に
ついて述べている。また，(68)においては，「評言」の部分は次の4つの部分
から構成されている。すなわち，"①我很熟悉"（私がよく知っている），"②是

徳・布瓦徳弗尔将军"（ド・ボワズデヴェル将軍である），"③非常精明"（とても賢い），"④非常善良"（とても優しい）である。①は状態について，②属性について，③と④は性質について述べている。これらの 4 つの部分は並列関係で，いずれも"有个人"についての属性，性質及び状態について述べている。

(67) 从前<u>有个人</u>，他骗了我，结果他死了。每个人都想谈一场永不分开的恋爱。可在我看来，这个很难。　　　　　　　　（微博）（再掲）
（昔<u>ある人</u>が，私を騙しました。彼は死んでしまったけれど。誰もが永遠不滅の恋を願っているでしょう。でも私に言わせれば，それはかなり難しいことですね。）

(68) <u>有个人</u>①我很熟悉，②是德・布瓦徳弗尔将军，③非常精明，④非常善良。
　　　　　　　　　　　　　　　　　　　　　　（追忆似水年华）（再掲）
（<u>ある方</u>は私がよく知っていて，その方はド・ボワズデヴェル将軍で，とても賢くて優しいです。）

　一方，本研究のもう 1 つの対象である"有人"には，動作の対象が文の一番前に来て，文の主題となる用法がない。(69) のような文は本研究のコーパスによる用例収集の時に多く見られたが，これは文の主題ではない。この部分の"有人"はこの文の前件の主語であり，"总结了这样一些随机应变之术"（これらのような臨機応変な対応方法をまとめている）の動作主である。つまり，話者は，文の後件にある"颇有一点借鉴意义"（かなり参考にする価値があります）を通して，"有人"という人に対してではなく，"有人总结了这样一些随机应变之术"（ある人はこれらのような臨機応変な対応方法をまとめている）ということに対して，自らの主張を述べているのである。

(69) <u>有人</u>总结了这样一些随机应变之术，颇有一点借鉴意义。
　　　　　　　　　　　　　　　　　　　　　　　　　（当代）（再掲）
（<u>ある人</u>はこれらのような臨機応変な対応方法をまとめているんですが，かなり参考にする価値があります。）

241

上述したものをまとめると，日本語のほうは，「誰か」も「ある人」も主題マーカーであるハによって主題を表すことができる。「誰か」は「その」という指示詞に後続することによって，前に提示された「誰か」あるいは「何者か」を再び取り立てて，話題を展開させる。「評言」の部分においては，「誰か」には事象叙述と属性叙述があるが，「ある人」には事象叙述と性質叙述がある。中国語のほうは，"有人"の場合は主題が表示できないが，"有个人"の場合は主題が表示でき，「評言」の部分には事象，属性と及び性質叙述がある。

11.4.2.4 統語機能レベル

　角田（2009）で提示された統語機能は，名詞，代名詞，副詞などの，文中の役目，働き，振る舞い，使い方による分類である。つまり，文の成分のことである（角田 2009:180，211）。これは，文中においては，主語，目的語，連用修飾語，連体修飾語，呼び掛け語などのことを指す。

　文の成分に関して，まず，日本語の「誰か」と「ある人」を見てみる。「誰か」も「ある人」も（70）と（71）のように，文中の主語である。文の後件にある「いい出した」と「こんな冗談を言って聞かせてくれた」という述語に対して言うところの文の主語となっている。

　　（70）クラスメートとオシャベリしてたら，あなたの親友の悪口を誰かがいい出したの。さて，あなたはどうする？

　　　　　　　　　　　　　　　　　　　（悪魔のいたずら心理ゲーム）（再掲）

　　（71）ある人が，こんな冗談を言って聞かせてくれた。「広東人を動物園に案内したら，どうしたと思う？彼の口から唾がたらたら流れだしたのさ」。　　　　　　　　　　　　　　　　　　　　　　（風変わりな贈り物）

「誰か」も「ある人」も，（72）〜（78）のように，文中の目的語ともなる。目的語は，文の成分の1つであり，述語となる動詞の（まれに形容詞の）運動の対象となるものである（日本語文法学会（編）2014:626）。（72）の「誰か」は後続する「かつぐ」という動作の対象であり，（73）の「誰か」は「訊く」の相手であり，（74）の「誰か」は「喋る」の相手であり，（75）の「誰か」も

「みせる」の相手である。(76) の「ある人」は後続する「いかる」という動作の対象であり,(77) の「ある人」は後続する「会う」の相手であり,(78) の「ある人」も後部の「もめる」という動作の相手である。これらの文における「誰か」も「ある人」も文の目的語として,文の後部の動作の対象や相手を表す。

(72) ゾウはあわてて外へ出ていきましたが,まもなく全身を雪だらけにし,せなかに<u>誰かをかついで</u>もどってきました。

(クレヨン王国王さまのへんな足)(再掲)

(73)「あなたの上司か院長に会えますかしら。わたしを追い返す前に,<u>誰かに訊いてみてください</u>」　　　　　　　　　(到着時死亡)(再掲)

(74) 菜摘はダイニングルームの椅子に座って,<u>誰かと電話で喋っている</u>。夫かもしれない。　　　　　　　　　　　　(週刊朝日)(再掲)

(75) 冒頭に「謹書」とあるように,この『日記』は<u>誰かへみせる</u>ために清書したらしい。　　　　　　　　　　　　(前田慶次)(再掲)

(76) <u>ある人をいかる</u>。それではよくないと,知性でもってそのいかりを抑制する。これがいかりを滅する第一歩です。

(十牛図・自己発見への旅)

(77) ある時,ある場所で,<u>ある人にお会いした</u>。その方と先日,改めてお会いする機会に恵まれた。　　　　　(Yahoo!ブログ)(再掲)

(78) 今<u>ある人と込み入った事情でもめてます</u>。　　　(Yahoo!知恵袋)

　次に,「誰か」も「ある人」も (79)～(81) のように,連用修飾語ともなる。連用修飾語も,文の成分の1つである。文の表す事態の広い意味での成り立ち方を様々な観点から修飾・限定したものである(日本語文法学会(編) 2014:263)。(79) の「誰かから」は「得る」という動作の行われ方の様態を修飾し,(80) の「ある人から」は「電話がある」という事態の実現のされ方を限定し,修飾を行っている。さらに,(81) の「誰かで」は「埋め合わせる」という動作の様態を修飾している。

(79) このように,皆が<u>誰かから利益を得よう</u>としている。その結果,ど

243

うだろう！　　　　　　　　　　　（アドルフ・ヒトラーの青春）（再掲）

(80) 十四年前に，<u>ある人</u>から突然電話があったんですよ。ダイエーが九州に球団をつくると。　　　　　　　　　（プロジェクトH）（再掲）

(81) 俺も彼に飢えていた。独り寝がこんなにつらいものだとは思わなかった。だからといって他の<u>誰か</u>で埋め合わせるわけにもいかない。そんなことをすれば昴を怒らせてしまう。（執事は夜に嘘をつく！）（再掲）

　続いて，「誰か」にも「ある人」にも(82)のような「誰かの」，(83)のような「ある人の」の形式があり，両形式はそれに後続する名詞を修飾し，その名詞句を限定し，連体修飾語となる。

(82) あきらめてなんとかベッドの上で体を起こしたときに，隣にいる<u>誰かの肌</u>に手が触れた。　　　　　　　　　　　（ねじまき鳥クロニクル）

(83) 私は<u>ある人の影響</u>をずっと受けています。それは田中先生です。
　　　　　　　　　　　　　　　　　　　　　　　　（建石2017:77）（再掲）

　最後に，「誰か」は，(84)〜(86)のように，文中の呼び掛け語となるが，「ある人」は呼び掛け語とはならない。呼び掛け語は，聞き手がある発話では，聞き手に向けた表現によって，話し手と聞き手の間での伝達関係を構築，調整することがある。(84)の「誰か」の後部には動詞はなく，ただ呼び掛けているのである。(85)においては，まず「誰か」で呼び掛け，その後聞き手に対して事態実現を要求している。(86)においては，「誰か」で呼び掛け，その後話し手が聞き手に対して問いかけている。

(84) 「だ…<u>誰か</u>…」助けを求めようとする低い呻きは，だがろくに声にもならず，すぐに潰えた。　　　　　　　　　　　　（暗色群生）（再掲）

(85) これはどう考えてもおかしいと思います。<u>誰か</u>答えを教えてください。　　　　　　　　　　　　　　　　　　　　（Yahoo！知恵袋）（再掲）

(86) 「おい！<u>誰か</u>，外にいるのか！？」俺は，窓越しに怒鳴った。
　　　　　　　　　　　　　　　　　　　　　　（山田太郎十番勝負）（再掲）

一方, 中国語の場合は,"有人"も"有个人"も文の主語となる。例えば, (87) と (88) における"有人"と"有个人"は文の主語である。

(87) 美国<u>有人</u>把一个小猩猩和自己同龄的婴儿放在一起照料。

　　　　　　　　　　　　　　　　　　　　　　　　　（当代）（再掲）

　　　（アメリカでは, チンパンジーの赤ちゃんを自分の家の同じ年齢の赤ちゃんと同じところにおいておいて, 一緒に世話をした<u>人がいます。</u>）

(88) "好好洗, 搓干净！"后排<u>有个人</u>喊叫着。一阵笑声, 前排的官员们有些生气, 可整个剧院的所有人都是这么想的。　　　　　（雪）（再掲）

　　　（「ちゃんと洗え, きれいにもみ洗いをしろ！」後ろの列にいる<u>誰か</u>が叫んだ。ひとしきり続いた笑い声の後, 前に座っている役員たちは少し怒ったが, 劇場の中にいる人間はみんな同じことを思っていた。）

さらに, 次の (89) と (90) のように,"有人"も"有个人"も包含文における子文の主語ともなる。(89) は"有人"の前に"听到"（聞く）という動詞があり, その後ろにある"有人……"という文は"听到"（聞く）の内容を表す。(90) も"有个人"の前に"发现"（気づく）という動詞があり, その後ろにある"有个人……"という文は"发现"の具体的な事象の内容を表す。

(89) 我正在岸边与几个助手抢修道具, 突然<u>听到有人</u>喊我的名字, 我抬起头, 看见…　　　　　　　　　　（中国北漂艺人生存实录）（再掲）

　　　（私は岸辺で助手たちと道具に応急措置をほどこしている最中, 突然<u>誰か</u>が私の名前を呼ぶ<u>のを聞いて</u>, 頭を上げたら, …が目に入った。）

(90) 走到一条偏僻的街口, <u>发现有个人</u>东张西望一阵以后, 急忙掏出一封信投入邮筒, 转身就往小巷走去。　　　　　（福建日报）（再掲）

　　　（市の中心から離れた通りへ歩いて来た時, <u>誰か</u>がしばらく周りをキョロキョロ見回わしてから, 急いで手紙を取り出して郵便ポストに入れて, それから踵を返して路地のほうへ行ったのと気づいた。）

次に，"有个人"は文の目的語ともなる。(91) の"有个人"は後部にある"熟悉"（知っている）という動作の対象であるが，情報構造から言うと，これは文の主題として取り立てるため，文頭に来たのである。これに反して，"有人"は文の目的語とはならない。

　(91) <u>有个人</u>我很熟悉，是德・布瓦德弗尔将军，非常精明，非常善良。

（追忆似水年华）（再掲）

　（<u>ある方</u>は私がよく知っていて，その方はド・ボワズデヴェル将軍です。とても賢くて優しいです。）

　上述したものをまとめると，「誰か」と「ある人」は文中においては，主語，目的語，連用修飾語，連体修飾語となる。「誰か」は呼び掛け語ともなるが，「ある人」は呼び掛け語とはならない。一方，中国語の場合は，"有人"・"有个人"はいずれも「誰か」と「ある人」のように，文中においては，連用修飾語，連体修飾語，呼び掛け語とはならないが，主文の主語・包含文の子文の主語とはなる。"有个人"は文中で目的語とはなるが，"有人"は目的語とはならない。

11.4.3　指示性の性格
　指示性に関しては，本研究の第2章で示したように，名詞句の指示的用法はまず，「総称」と「非総称」に分けられる。次に，「非総称」用法は「定」と「不定」に，さらに，「不定」は「特定的」と「不特定的」に分けられている。
　本節では，第2章で示した分類に基づき，対照分析を行う。
　まず，日本語の場合を見てみる。話し手が当該人物を同定できるかという視点から見れば，「ある人」は話し手が同定できるという「特定」指示と同定できないという「不特定」指示の両方を表すことができる。一方，「誰か」は「特定」指示を表すことはできない。例えば，(92)の「誰か」は現実世界には存在するが，話し手がその人物の情報について把握せず，誰だか同定できない。(93)の「誰か」は現実世界に存在する可能性も，存在しない可能性もあるため，特定人物ではない。(94) と (95) の「ある人」も特定人物ではない。これらの「誰か」と「ある人」は「不特定」指示を表す。一方，(96) の「ある人」は話し手が当該

246

人物が同定できるが，なんらかの理由で話し手が情報省略という形で「教える」の動作主の情報を提示しないので，ここでの「ある人」は「特定」指示となる。

(92) 叫び声があがり，群衆が押し寄せた。幻は走り，誰かがその白シャツをつかんで，引き戻した。（白い霧の予言）（再掲）　　　＜不特定＞

(93) 国内外を問わずなんですが，大きな野生のクジラを見たいのですが，お勧めの場所があれば誰か教えてください。（Yahoo！知恵袋）（再掲）　　　　　　　　　　　　　　　　　　　　　　　＜不特定＞

(94) ある人を心に思い浮かべるとき，あなたはその人の何をイメージしますか。その人のからだのうち，足や腕，背中や胸ではないはずです。誰かを想像するとき，画像として脳裏に浮かぶのは，九分九厘，その人の「顔」でしょう。（幸せの顔づくり）（再掲）　＜不特定＞

(95) ある人に言わせれば，総合交通体系というのは絵にかいたもちだ，こうおっしゃられるかもしれない。（国会会議録）（再掲）＜不特定＞

(96) 先日，ある人に教えていただいたんですけど，終局後，ヨセがめちゃくちゃだっていわれてしまいました。（なぜそう打つなぜそうなる）（再掲）　　　　　　　　　　　　　　　　　　　　　＜特定＞

　次に，聞き手が当該人物を同定できるかという視点から見れば，「誰か」も「ある人」も「定」指示を表さず「不定」指示しか表さない。上の (96) は話し手は同定できるので，「特定」指示であるが，話し手が当該人物の情報を減じて提示しているため，聞き手にとっては同定できない。これは「不定」指示を表す。例えば，上で取り上げた (92) ～ (95) ではいずれも話し手が当該人物を同定できないため，聞き手も同定できない。下の (97) と (98) における「誰か」と「ある人」も聞き手が当該人物が同定できないので，両者とも「不定」指示である。したがって，「誰か」・「ある人」ともに「不定」指示を表す。

(97) 河合が電話で誰かと話し，しばらくすると立派な口髭をたくわえた大男が現れた。（小説宝石）（再掲）　　　　　　　　　　＜不定＞

(98) このグラウンドは 1 周が 400 メートルあります。つまり，例えば

<u>ある人</u>が５周走ったとすると２キロ走ったことになるわけです。
（建石 2017：52）（再掲）　　　　　　　　　　　　　　＜不定＞

　最後に，「ある人」には，（99）のような「ある人は〜，ある人は〜」構文がある。２つの「ある人」は正反対の動作，性質を表すので，前後の２つの「ある人」を合わせると，１つの完全な集合，つまり「結婚に対する考え方を持つ人」という集合となる。典型的な指示ではないが，「総称」指示になる。一方，「誰か」はこのような指示性を表さない。

（99）結婚に対する考え方は人によって大きく異なる。<u>ある人は</u>，幸せの始まりと捉え，逆に<u>ある人は</u>不幸の始まりと捉える。
　　　（建石 2017：82）（再掲）　　　　　　　　　　　　＜総称＞

　続いて，中国語の場合を見ていく。
　まず，中国語の場合も，「対比」を表す"有人……，有人……"には前後で正反対の性質あるいは動作を伴う。前後の２つの"有人"を合わせると，１つの完全な集合，つまり写真を撮った人という集合となる。この場合の指示は典型的な指示ではないが，「総称」指示になる。一方，"有个人"にはこのような指示性はない。

（100）<u>有人上照</u>，<u>有人不上照</u>，很难看的人往往照相很好，你别上当。
　　　（钱钟书）（再掲）　　　　　　　　　　　　　　　　＜総称＞
　　　（<u>写真写りがいい人</u>もいれば，<u>写りが悪い人</u>もいます。ものすごいブスが時々逆に写真写りがいいですよ。騙されないでね。）

　次に，話し手が当該人物が同定できるかという視点から見れば，"有人"も"有个人"も「特定」指示と「不特定」指示の両方を表す。
　まず，"有人"の場合を見ていく。（101）においては"在外面有人犯法"（皇宫以外で誰かが法を犯した場合）のことを仮定して述べているので，すでに発生した事実ではないため，話し手は当該人物が同定できない。ここの"有人"

は「不特定」指示である。(102) においては，文脈から見れば，すでに発生した事実の叙述ではあるが，話し手にとって，"打电话给队长"（隊長に電話をした）人物は誰か，同定できる可能性もあれば，同定できない可能性もある。同定できる場合は，話し手は情報を省略するという形で，「隊長に電話をした」人物の紹介を省いている。この場合の"有人"は「特定」指示である。同定できない場合の"有人"は「不特定」指示を表す。

(101) 皇帝出门，随带的是太仆，在外面<u>有人</u>犯法，就是廷尉的事。
（当代）（再掲）　　　　　　　　　　　　　　　　　＜不特定＞
（皇帝がお出かけの時，太僕が付いていくのですが，皇宮以外で<u>誰か</u>が法を犯した場合は，それは廷尉の責任になります。）

(102) 陈水扁那边也<u>有人</u>打电话给队长，也是问我要电话号码的。
（李敖对话录）（再掲）　　　　　　　　　　　　＜不特定＞＜特定＞
（陳水扁氏のところからも<u>ある人</u>が隊長に電話をかけてきて，私の電話番号を教えてほしいって。）

次に，"有个人"の場合を見てみる。(103) は"仿佛是<u>有个人</u>把刀递到他手上似的"（まるで誰かが包丁を手渡したみたい）という文は祖父の感覚の描写であり，比喩表現である。現実世界に存在する人物ではないため，話し手は同定できない。この場合の"有个人"は「不特定」指示である。(104) においては，話し手は"不停给我打电话"（ずっと電話をしている）の人物が同定できるが，当該人物を明示する必要はないか，あるいは，情報を減らすという形を取るというどちらかの理由で，"有个人"の情報を提示しない。ここの場合の"有个人"は「特定」指示である。

(103) 祖父说他也不知道怎么回事就拿起了玄铁刀，仿佛是<u>有个人</u>把刀递到他手上似的。（作家文摘）（再掲）　　　　　　　　　　＜不特定＞
（祖父はなぜか分からないが，玄鉄の包丁を手に持った。まるで<u>誰か</u>が包丁を手渡したみたいと言った。）

(104) ～～～拜托，<u>有个人</u>不停给我打电话，我朋友给我打电话都打不进来，

我微博一下告诉他们怎么回事, 你们别老往自己身上安好么～～～ (微博) (再掲)　　　　　　　　　　　　　　　　　　　　　　　　　＜特定＞

（あのね, ある人からね, ずっと電話があったのよ。親友からの電話も入らなくてね。それで, ウェイボーで彼らにどういうことかって説明したのよ。あんたたち, いつも自分が言われているように思わないでよ。）

　最後に, 聞き手が当該人物が同定できるかという視点から見れば, "有人" も "有个人" も「定」指示と「不定」指示の両方を表す。(105) においては, 上で述べたが, "在外面有人犯法"（皇宮以外で誰かが法を犯した場合）のことを仮定して述べているので, すでに発生した事実ではない。話し手は当該人物が同定できないため, 聞き手も同定できない。この場合の "有人" は「不特定」指示であるが, 「不定」指示でもある。(106) の "有人" についても, 上述したが, 文脈から見れば, すでに発生した事実の叙述であるが, 話し手は情報を省略するという形で,「隊長に電話をした」人物の紹介を省いている。したがって, 聞き手は当該人物が同定できない。この場合の "有人" は「不定」指示を表す。(107) には 2 つの "有人" がある。後ろに "马拉说有人时, 眼睛瞧着丹东"（マラーは「ある人」について言いながら, タントウを見つめた）という場面があり, 聞き手の "丹东"（タントウ）は話し手が誰のことを言っているのか分かり, すぐに "叫了起来"（叫んだ）ので, この場合の "有人" は「定」指示である。

(105) 皇帝出门, 随带的是太仆, 在外面有人犯法, 就是廷尉的事。
　　　 （当代）（再掲）　　　　　　　　　　　　　　　　　　　＜不定＞
　　　 （皇帝がお出かけの時, 太僕が付いていくのですが, 皇宮以外で誰かが法を犯した場合は, それは廷尉の責任になります。）
(106) 陈水扁那边也有人打电话给队长, 也是问我要电话号码的。
　　　 （李敖对话录）（再掲）　　　　　　　　　　　　　　　　＜不定＞
　　　 （陳水扁氏のところからもある人が隊長に電話をかけてきて, 私の電話番号を教えてほしいって。）
(107) "…从前莫里和卡扎莱斯常去, 后来西埃耶斯和韦尔尼奥常去, 现在

有人每星期去一次。"马拉说有人时，眼睛瞧着丹东。丹东叫了起来："我要是有一分权力，那就厉害了。"（九三年）（再掲） ＜定＞
（「…前はモリとカジャライスがよく行ったが，その後シアヤスとウィニオもよく行っている。今はある人が週に1回行っている。」マラーは「ある人」について言いながら，タントウを見つめた。タントウは「もし僕に，あと少し権力があれば，すごいことになるぞ！」と叫んだ。）

　次に，"有个人"の場合においては，(108)は"总有一天会有个人拍拍我的肩膀"（いつか誰かが私の肩を叩いて）という文は未発生のことである。将来私の肩を叩く人は誰か，話し手が同定できないので，聞き手も同定できない。したがって，この場合の"有个人"は「不定」指示を表す。(109)では，疑問文が使用されており，「窓の外で煙草を吸っている人」は話し手は同定できないが，聞き手は同定できる対象となっている。この場合の"有个人"は「定」指示を表す。

(108) 我无法想象 12 个月后我退役的情景，但总有一天会有个人拍拍我的肩膀，说：时间到了。（新华社 2004 年 2 月份新闻报道）（再掲）
＜不定＞
　　　（12 か月後退役時の状況が想像できないが，いつか誰かが私の肩を叩いて，「もう時間だよ」という日が来るでしょう。）
(109) "窗外有个人在抽烟，他是谁？""啊，那不是小王吗？"（作例）
＜定＞
　　　（「窓の外では誰かが煙草を吸ってるんだけど，彼は誰？」「あ，王さんじゃない？」

以上のものをまとめてみると，表 11.1 となり，次のようにまとめられる。
　①「対比」を表す「ある人」・"有人"ともに非典型な「総称」指示がある。
　②「誰か」・「ある人」は「不定」指示しか表しえないが，"有人"・"有个人"は「定」指示と「不定」指示という指示性を持つ。
　③「誰か」は「不特定」指示しか表しえないが，ほかの「ある人」，"有人"，

"有个人" は「特定」指示・「不特定」指示ともに表しうる。

表11.2　指示性における「誰か」「ある人」と "有人" "有个人" の対照分析結果

指示の種類	誰か	ある人	有人	有个人
「総称」指示	－	＋　－	＋　－	－
「定」指示	－	－	＋　－	＋　－
「特定」指示	－	＋　－	＋　－	＋　－

11.4.4　談話的機能

　本項で談話的機能における「誰か」，「ある人」と "有人"，"有个人" の類似点と相違点を考察する。

　第6章で述べたが，建石（2017）では，「ある人」の用法・機能について，次のような考察結果が提示されている。「ある人」には①「聞き手に注目させる用法」，②「聞き手に配慮する用法」，③「事態の現実性を表す用法」，④「構文的な用法」，⑤「変項を表す用法」がある。これらの用法では談話的な動機と呼ぶべき動機によって，「ある人」が使用される。建石（2017）は用法①～③において，話し手が聞き手に対して談話内でなんらかの働きかけを行っていると指摘したうえで，聞き手の存在は必要不可欠なものであり，談話的な動機によって「ある人」が使用されていることが分かると示している。例えば，(110)は聞き手に注目させるために，前に「ある人」を提示し，その後「それは田中先生です」と聞き手に教える。しかし，この談話的機能に関しては，「誰か」については，述べられていない。

（110）私は<u>ある人</u>の影響をずっと受けています。それは田中先生です。

（建石 2017:77）

（111）「この療養所はね，営利企業じゃないのよ。だからまだそれほど高くない入院費でやっていけるの。この土地も<u>ある人</u>が全部寄付したのよ。法人をつくってね。昔はこのへん一帯はその人の別荘だったの。二十年くらい前までは。古い屋敷見たでしょ？」

（建石 2017:79）（再掲）

(112) このグラウンドは 1 周が 400 メートルあります。つまり，例えば<u>あ
る人</u>が 5 周走ったとすると 2 キロ走ったことになるわけです。

（建石 2017：52）（再掲）

　「ある人」は上述した 3 つの機能①〜③においては，いずれも聞き手の立場
が必要である。つまり，「ある人」には聞き手の存在が求められており，聞き
手が必要不可欠となっているということである。一方，次の（113）の「誰か」
は，話し手の独り言であり，聞き手が存在しないかあるいはその存在を意識し
ていないと考えられる。

(113) ダイニングルームへ入って，台所の方へ行こうとすると，車の音が
聞こえた。<u>誰か</u>来たのかな？（三毛猫ホームズの騒霊騒動）（再掲）

　上で述べたものをまとめると，「ある人」は聞き手の存在が必要不可欠であ
るが，「誰か」は話し手の独話の場合もあり，聞き手の存在を必要としない場
合もあるということになる。
　次に，中国語の場合を見ていく。次の（114）は作例であるが，日常生活で
よく生じる場面である。

(114) （玄関から足音がしてきた。1 人で家にいる王小紅が）
<u>有人</u>来了。　　　　　　　　　　　　　　　　　　　　（作例）
（誰か来た。）
(115) 好像<u>有人</u>敲门，好像……看着窗外温柔的阳光，才知道平静的生
活对于我来说多么的重要。还是最爱平凡生活！　　　（微博）
（<u>誰か</u>がノックしてるみたい。誰かが…窓の外の柔らかい日差しを
見て，平穏な 生活が私にとってどんなに大切なのか，分かってきた。
やはり平凡な生活が一番好きなんだ！）

　上の（114）と（115）は，独話による発話が考えられる。一方，"有个人"
の場合は，どうであろうか，（112）を"有个人"に置き換え，見てみる。

(116) （玄関から足音がしてきた。 1 人で家にいる王小紅が）

＊<u>有个人</u>来了。　　　　　　　　　　　　　　　　　　（作例）

（誰か来た。）

このような場面においては，"有个人"の使用は不適格である。なぜなら，"有个人"の場合は特定の人物を想定しているのに対し，"有人来了"の文脈においては，話し手は「誰か分からないが，人が来た」ということだけに焦点を当てて述べているので，来たのは何人なのかについては気にかけないか，あるいは来た人数については不明であるからである。

上述したことをまとめると，次のことが言えよう。談話的機能においては，「ある人」は聞き手の存在が必要不可欠であるが，「誰か」は話し手の独話の場合もあるので，聞き手の存在は必要不可欠の場合もあれば，必要ない場合もある。一方，中国語では，"有人"は独話にも対話にも使用されるが，"有个人"は対話にしか使用されないということが明らかになった。

11.4.5 文体的特徴

第 7 章で言及したように，BCCWJ-NT からダウンロードした「ある人」の用例にも，「誰か」の用例にも出典が法律関係の著書の用例が複数ある。しかし，次の（117）に「誰か」を入れて置き換えてみると，不自然かつ不適格な文となる。したがって，(117) のような法律関係の硬い書き言葉の文体においては，「ある人」しか使用されず，「誰か」は使用されないことが分かった。

(117) なお，表見代理には， 1 今までにのべた代理権の範囲を超えた場合
　　　（百十条）2 ｛<u>ある人</u>／＊<u>誰か</u>｝に代理権を与えたと第三者にいい
　　　ながら，実際は与えていなかった場合（百九条）3 代理権が消滅し
　　　た後の代理行為の場合（百十二条）の三種類があります。

（民法の基礎知識）（再掲）

一方，中国語の CCL と BBC からダウンロードした用例の中には，"有人"と"有个人"が使用されている法律文書の用例は 1 件もなかった。この結果から，中

国語の "有人"・"有个人" ともに法律文書には現れないことが分かった。

　まとめてみると，法律関係の硬い書き言葉に現れうるものは，日本語の「ある人」のみであるということである。つまり，ほかは現れえないことが明らかになった。

11.4.6　対応形式と非対応形式

　以上，5 つの項に分けて，意味的特徴，文法的特徴，指示性の性格，談話的機能と文体的特徴から「誰か」，「ある人」と "有人"，"有个人" の対照分析を行った。この対照分析結果をまとめると，表 11.3 となる。

表 11.3 「誰か」，「ある人」と "有人"，"有个人" の対照分析結果

カテゴリー		下位分類	誰か	ある人	有人	有个人
意味的特徴		人数	= 1	≥ 1	≥ 1	= 1
		「対比」	−	+	+	−
		「列挙」	+（複数人物）	+（複数人物）	+（複数人物）	+（同一・複数人物）
文法的特徴	意味役割レベル	動作主	+	+	+	+
		対象	+	+	−	+
		呼び掛け	+	−	−	−
		相手，着点，場所，起点，手段，比較	+	+	−	−
	格レベル	主格	+	+	+	+
		対格	+	+	−	+
		仲間格	+	+	−	+
		与格，方向格，奪格，所有格	+	+	−	+
	情報構造レベル	主題表示	+	+	╲	−
		「評言」事象叙述	+	+		+
		「評言」属性叙述	+	−		+
		「評言」性質叙述	−	+	╲	+
	統語機能レベル	主語	+	+	+	+
		目的語	+	+	−	+
		呼び掛け語	+	−	−	−
		連用修飾語	+	+	−	−
		連体修飾語	+	+	+	−
指示性の性格		「総称」指示	−	+ −	+ −	−
		「定」指示	−	−	+ −	+ −
		「特定」指示	−	+ −	+ −	+ −
談話的機能		対話	+	+	+	+
		独話	+	−	+	−
文体的特徴		硬い書き言葉	−	+	−	−

表 11.3 が示す分析結果に基づき,「誰か」,「ある人」と"有人","有个人"における日中対応形式と非対応形式について,検討を試みる。以下は日中・中日における言語間の対応形式・非対応形式に関する考察なので,コーパスからダウンロードした中国語の例を日本語に翻訳し,日本語の例を中国語に翻訳する方法を用いて,考察を行う。

まず,「対比」を表す"有人……,有人……"構文は日本語の「ある人は〜,ある人は〜」と完全に対応している。このような場合は,「〜人もいれば,〜人もいる」と訳してよい。例えば,次の（118）と（119）である。

(118) a. <u>有人</u>努力改变自己,<u>有人</u>努力改变别人。　　　　　　（作例）
b. <u>ある人は</u>自分を変えようとするが,<u>ある人は</u>他人を変えようとする。[60]
c. 自分を変えようとする<u>人もいれば</u>,他人を変えようとする<u>人もいる</u>。

(119) a. そういったことから,自由な労働競争の中で,賃金は下がってもそれぞれの人が自由な形態,例えば<u>ある人は</u>一日に六時間だけ働く,<u>ある人は</u>週に三日だけ働く,<u>ある人は</u>年に十か月だけ働く,<u>ある人は</u>一日八時間週五日,十二か月全部働く,これが選べるような形になるべきだと思います。　　　　　　（国会会議録）（再掲）
b. 在这种背景下,在自由的劳动竞争中,即使人工费下降,各自的人们也应该以自　由的形态进行选择。比如,比如<u>有人</u>一天只工作 6 个小时,<u>有人</u>一周工作只工作 3 天,<u>有人</u>一年只工作 10 个月,<u>有人</u>一天 8 小时一周 5 天,12 个月全工作。

次に,条件文における主格である「誰か」,「ある人」と"有人","有个人"は基本的に対応する。（120）と（121）は条件文であり,条件を表す従属節にある「誰か」と「ある人」は,中国語の"有人","有个人"と対応している。

60　本章の（118）〜（131）の a はコーパスか引用の原文であり,b と c は筆者が訳した訳文である。翻訳の客観性を保証するために,筆者が訳した後,10 人の中国人日本語教師に確認してもらった。

(120) a. このグラウンドは 1 周が 400 メートルあります。つまり，例え
　　　　ば<u>ある人</u>／<u>誰か</u>が 5 周走ったとすると 2 キロ走ったことになるわけ
　　　　です。　　　　　　　　　　　　　　　　（建石 2017：81）（再掲）

　　　 b. 这个操场一圈 400 米。也就是说，如果<u>有个人</u>／<u>有人</u>跑了 5 圈的
　　　　话相当于他跑了 2 公里。

(121) a. 要是<u>有人</u>／<u>有个人</u>不信，他也不会说什么。　　　（青年近卫军）

　　　 b. <u>誰か</u>／<u>ある人</u>が信じなくても，彼は何も言わない。

　　さらに，日本語の連体修飾語が先行しない「誰か」と「ある人」が主語か主
題である場合は，中国語の "有人"，"有个人" と基本的に対応するが，それ以
外の場合は，対応しない。(122) は「誰か」の前に連体修飾語がないので，"有
人" と対応するが，(123) の場合は，「誰か」の前に連体修飾語があるので，"有
人" と対応しない。また，(124) における「ある人」は主語であるので，"有人"
とも "有个人" とも対応する。(125) ～ (127) はいずれも主語以外の「誰か」
と「ある人」なので，"有人" とも "有个人" とも対応しない。

(122) a. 正面玄関に，タクシーが停まる音がした。どうやら，<u>誰か</u>戻っ
　　　　てきたようだ。　　　　　　　　　　　　（約束の少年）（再掲）

　　　 b. 大门口响起了出租车停车的声音。好像<u>有人</u>回来了。

(123) a. しかし，<u>三人の中の誰か</u>が犯人と断定することも出来なかった。
　　　　　　　　　　　　　　　　　　　　　　（みちのく殺意の旅）（再掲）

　　　 b. 但是，不能断定三人中的<u>哪个人</u>是犯人。

(124) a. <u>ある人</u>が，キャッシュで車を買うなんてバカだ。

　　　　　　　　　　　　　　　　　　　　　　　　　　（Yahoo！知恵袋）

　　　 b. <u>有（个）人</u>用现金买车，这可真够蠢的啦。

(125) a. <u>ある人</u>を心に思い浮かべるとき，あなたはその人の何をイメー
　　　　ジしますか。　　　　　　　　　　（幸せの顔づくり）（再掲）

　　　 b. 你脑海里浮现出<u>一个人</u>的时候，你想他的哪里呢？

(126) a. 菜摘はダイニングルームの椅子に座って，<u>誰かと</u>電話で喋って
　　　　いる。夫かもしれない。　　　　　　　　（週刊朝日）（再掲）

b．菜摘坐在餐厅的椅子上，正在跟<u>什么人</u>打电话。也许是他老公。

(127) a．ある時，ある場所で，<u>ある人に</u>お会いした。その方と先日，改
　　　めてお会いする機会に恵まれた。　　　　　（Yahoo！ブログ）（再掲）

　　　b．有一次，在一个地方，见到了<u>一个人</u>。前几天很幸运的是跟他又
　　　碰到了。

　最後に，"有人" と "有个人" が（128）のような「特定」指示である場合は，
「ある人」と対応し，(129) と (130) のような「不特定」指示である場合は，「誰
か」と対応する。ただし，(131) のように，後部に "他们" のような複数を表
すマーカーが付いているケースは，「ある人」とも「誰か」とも対応せず，「〜
人がいる」と訳さなければならない。

(128) a．后来<u>有个人</u>来了。他是当地一个社会福利团体的团员，这次是轮
　　　到他陪我到医院来的。　　　　　　　　　　　　　（读者（合订本））

　　　b．その後，<u>ある人</u>が来ました。彼は地元の社会福祉団体のメンバー
　　　ですが，今回 は彼が私を病院に連れていったのです。

(129) a．周老实一惊，叫道："熄灯，<u>有人</u>来了……"。　　　　　（BCC）

　　　b．周老実さんが驚いて，「電気を消せ！<u>誰か</u>来たよ…」と言った。）

(130) a．大娘，你站门口，<u>有人</u>来就通知我一声。　　　　　　　（BCC）

　　　b．おばあさん，玄関に立っててね。<u>誰か</u>が来たら，すぐ声をかけて！）

(131) a．<u>有人</u>去调查汶川地震，但是<u>他们</u>得到了什么真相？

　　　　　　　　　　（分裂的真相——关于钱云会案的对话）（再掲）

　　　b．汶川地震の調査に行った<u>人がいる</u>んですが，<u>彼ら</u>は何か真相を
　　　明らかにしたんですか。）

11.5　本章のまとめ

　本章では，第 5 章から第 7 章までの日本語の不定名詞句である「誰か」と「あ
る人」の考察結果及び第 8 章から第 10 章までの中国語の不定名詞句である "有
人" と "有个人" の考察結果を踏まえ，意味的特徴，文法的特徴，指示性の性

格，談話的機能，文体的特徴をめぐり，日本語の「誰か」，「ある人」と中国語の"有人"，"有个人"の対照分析を通し，日本語と中国語の不定名詞句の類似点と相違点を明らかにしたうえで，以下のような2対4形式の対応関係と非対応関係を明らかにした。

①「対比」を表す"有人……，有人……"構文は日本語の「ある人は〜，ある人は〜」と完全に対応している。

②条件文における主格である「誰か」，「ある人」と"有人"，"有个人"は基本的に対応する。

③日本語の連体修飾語が先行しない「誰か」と「ある人」が主語か主題である場合は，中国語の"有人"，"有个人"と基本的に対応するが，それ以外の場合は，対応しない。

④"有人"と"有个人"は「特定」指示である場合は，「ある人」と対応し，「不特定」指示である場合は，「誰か」と対応する。ただし，後部に"他们"のような複数を表すマーカーが付いているケースは，「ある人」とも「誰か」とも対応せず，「〜人がいる」と訳さなければならない。

第12章 結論

12.1 本研究のまとめ

　本研究は，日本語の「誰か」，「ある人」及び中国語の“有人”，“有个人”を取り上げ，日中両言語における不定を表す名詞句の対照研究を行うものである。対照言語学的立場から，張麟声（2016）によって提唱された「対照研究・誤用観察・検証調査三位一体」の研究モデルを援用し，学習者の母語言語との対照分析を行うことにより，中国語母語話者を対象とする日本語の習得研究のための基盤作りを目指す研究である。

　本研究の目的は，中国語母語話者への日本語教育のために，日本語と中国語の綿密な観察と比較・対照を通し，日本語の「誰か」，「ある人」及び中国語の“有人”，“有个人”を中心に，両言語の不定名詞句における以下のことを明らかにすることである。

①日本語の「誰か」の意味・用法を明らかにする。………………………第5章
②日本語の「ある人」の意味・用法を明らかにする。…………………第6章
③日本語の「誰か」と「ある人」の使い分けを明らかにする。………第7章
④中国語の“有人”の意味・用法を明らかにする。…………………第8章
⑤中国語の“有个人”の意味・用法を明らかにする……………………第9章
⑥中国語の“有人”と“有个人”の使い分けを明らかにする。…… 第10章
⑦日本語の「誰か」，「ある人」と中国語の“有人”，“有个人”の
　対応関係・非対応関係を明らかにする。…………………………… 第11章

　本研究における上述した7つの研究目的を明らかにし，その研究成果がを示すことが，中国人学習者向けの日本語教科書作成につながればと思う。本研究成果を反映した日本語教科書の普及は，学習者に，日中両言語の上記不定名詞句への十分な理解を促すばかりでなく，日本語習得への確実な歩みを導き，中国語母語話者を対象とした日本語教育にも少なからず寄与することとなるだろう。

　以下，本研究の中心部分となる第 5 章から第 11 章までの議論をまとめる。

　第 5 章においては，「誰か」の意味・用法を考察した。まず，「誰か」における「格助詞顕在型」と無助詞が併存するケースにおいて，「誰かが」と「誰か」，「誰かを」と「誰か」，「誰かに」と「誰か」の 3 対における「格助詞顕在型」と「無助詞型」の使い分けを考察した。次に，「誰か」における「格助詞顕在型」のみのケースにおいて，「誰かと」，「誰かから」，「誰かより」，「誰かへ」の意味・用法を記述した。また，主題化した「誰か」と書き言葉における「誰か」について考察した。その結果，次のことを明らかにした。まず，「誰か」における「格助詞顕在型」と「無助詞型」の使い分けについては，「誰か」節に連体修飾語がある場合は，「格助詞顕在型」しか使えない。一方，「誰か」節に連体修飾語がない場合について，「格助詞顕在型」と「無助詞型」が置き換えられる可能性の高さの程度を示すと，ガ格＞ヲ格＞ニ格の順となる。次に，「誰か」は普通名詞の「無助詞型」の可能な条件と若干異なる。さらに，「誰か」は不定を表すが，「その誰か」という形で主題及び「列挙」をも表しうる。最後に，普通名詞の場合は話し言葉において「無助詞型」が可能であるが，一方，「誰か」のような不定名詞の場合は，書き言葉においても「無助詞型」が可能である。

　第 6 章においては，「ある人」の意味・用法を考察した。ガ格，ヲ格，ニ格，カラ格，ト格，ヘ格を伴う「ある人」及び主題化した「ある人」の意味・用法を考察し，分析した結果，次のことを明らかにした。まず，「誰か」に見られる「無助詞型」が，「ある人」からは観察されなかったことから，「ある人」においては，「無助詞型」がないということになる。次に，「ある人」は格助詞によって，それぞれ動作主，変化の主体，動作の対象，移動の到着点などを表す。最後に，「ある人」は主題マーカーであるハあるいはカラハ，ニハ，トハによって，主題を表しうる。ほかに，「ある人は〜，ある人は〜」のような構文によって，「対比」と「列挙」の意味を表しうる。

　第 7 章においては，第 5 章と第 6 章の研究成果を踏まえ，構文的特徴，意味的特徴，主題化，談話的機能，指示性の性格と文体的特徴について，「誰か」と「ある人」の使い分けについて，考察を行い，次のことを明らかにした。

　①構文的特徴については，「誰か」には「格助詞顕在型」・「無助詞型」ともにあるが，「ある人」には格助詞の「無助詞型」はない。「誰か」・「ある人」と

もにガ格，ヲ格，ニ格，カラ格，ト格，ヘ格，デ格を伴うことが可能である。

②意味的特徴については，「誰か」は集合の中の任意の1人を表わすが，「ある人」は部分集合を表すこともある。「誰か」は「列挙」しか表さないが，「ある人」は，「対比」・「列挙」ともに表す。

③主題化については，「誰か」も「ある人」もハによって主題を表わしうるが，「誰か」は「その」という指示詞に後続することによって，前に提示された「誰か」あるいは「何者か」を再び取り立てて，話題を展開させる。一方，「ある人」はガ格，カラ格，ニ格とト格が主題化しうる。

④談話的機能については，「ある人」は聞き手の存在が必要不可欠であるが，「誰か」は話し手の独話の場合もあり，聞き手の存在は必要ない場合もある。

⑤指示性の性格においては，「誰か」も「ある人」も「定」指示がなく，「不定」指示という指示性を持つ。「誰か」は「不特定」指示しか表さないが，「ある人」は「特定」指示・「不特定」指示ともに表す。「対比」を表す「ある人」には非典型な「総称」指示があるが，「誰か」にはない。

⑥文体的特徴においては，法律関係の硬い書き言葉には「ある人」しか使用されず，「誰か」は使用されない。

第8章と第9章においては，それぞれ"有人"と"有个人"を前部要素と後部要素に分けて，構文的特徴を考察したうえで，意味的特徴を検討した。

第10章においては，第8章と第9章の研究成果に基づき，構文的特徴，意味的特徴，統語機能と指示性の性格について，現代中国語の不定名詞句である"有人"と"有个人"の使い分けについて，考察を行った。考察結果では以下のことが明らかになった。

①構文的特徴については，"有人"も"有个人"も，前に時間詞，場所詞，集合名詞，感覚あるいは思考を表す動詞，気持ち，あるいは，感情を表す形容詞が先行してもよい。この場合は，両者は置き換え可能であり，意味は変わらない。また，"有人"と"有个人"の前に動詞と形容詞が先行する場合は，"有人"・"有个人"ともに包含文の子文の主語になる。一方，"有人"・"有个人"ともに副詞が先行するが，複数回にわたり実施される動作を修飾する場合と複数の人によって実施される動作を修飾する場合に使用できるのは"有人"のみである。

②意味的特徴については，"有人"は単数と複数を表しうるが，"有个人"は

単数しか表しえない。また，"有人"は「対比」と複数の人物に対する「列挙」
を表すが，"有个人"は同一人物・複数の人物の異なる事項の「列挙」を表す。

③主題化については，"有人"は主語しか表示しえないが，"有个人"は主語・
主題ともに表示しうる。

④指示性の性格については，"有人"・"有个人"ともに「特定」指示，「不特
定」指示，「定」指示と「不定」指示という指示性を持つ。一方，「対比」を表
す"有人"には「総称」指示があるが，"有个人"にはない。

第 11 章においては，意味的特徴，文法的特徴，指示性の性格，談話的機能，
文体的特徴という 5 つのカテゴリーから，日本語の「誰か」，「ある人」と中国
語の"有人"，"有个人"について対照分析を行った。考察結果は以下のように
まとめられる。

①「対比」を表す"有人……，有人……"構文は日本語の「ある人は～，あ
る人は～」と完全に対応している。

②条件文における主格である「誰か」，「ある人」及び"有人"，"有个人"は
基本的に対応する。

③日本語の連体修飾語が先行しない「誰か」及び「ある人」が主語か主題で
ある場合は，中国語の"有人"，"有个人"と基本的に対応するが，それ以外の
場合は，対応しない。

④"有人"及び"有个人"が「特定」指示である場合は，「ある人」と対応するが，
「不特定」指示である場合は，「誰か」と対応する。ただし，後部に"他们"の
ような複数を表すマーカーが付いているケースは，"有人"は「ある人」とも「誰
か」とも対応せず，「～人がいる」と訳さなければならない。

12.2　本研究の意義

本研究はこれまで研究の数が少ないとされてきた日中不定名詞句を対象に，
言語間の対照分析を行い，その結果に基づき，両言語間における不定名詞句の
対応形式と非対応形式を提示した。以下では，本研究の意義について述べる。

12.2.1 現代日本語の無助詞の議論への貢献

　現代日本語における無助詞に関する従来の研究は，話し言葉における普通名詞を研究対象に行われてきた。なぜなら，従来の研究では，書き言葉には「無助詞型」がないと記述されてきたからである。本研究では，第5章で書き言葉をも考察の射程に入れ，「誰か」の意味・用法を考察する際に，「誰かが」と「誰か」,「誰かを」と「誰か」,「誰かに」と「誰か」を中心に，「誰か」における「格助詞顕在型」と「無助詞型」の使い分けについて考察を行った結果，以下の3点を明らかにした。これらは現代日本語の無助詞の記述に資するものである。

　①現代日本語においては普通名詞と同様に，不定名詞句にも「無助詞型」が存在する。
　②書き言葉にも「誰か」のような不定名詞句の「無助詞型」が存在する。
　③話し言葉・書き言葉ともに，「誰か」における「格助詞顕在型」と「無助詞型」の使い分けがある。
　a.「誰か」節に連体修飾語がある場合は，「格助詞顕在型」しか使えない。
　b.「誰か」節に連体修飾語がない場合について，「格助詞顕在型」と「無助詞型」が置き換えられる可能性の高さの程度を示すと，ガ格＞ヲ格＞ニ格の順となる。

12.2.2 現代中国語の名詞句表示への貢献

　従来の中国語における不定名詞句についての研究は，"一量名"（"一"＋助数詞＋名詞）に限られていた。本研究は，"有（个）人"を中心に，"有（量）名"のような不定名詞句を対象に，意味的特徴，構文的特徴，指示性の性格などをめぐり，考察を行った。以下では，本研究が従来の不定名詞句についての研究の流れの中でどこに位置づけられ，新たにどのような形式の補充を行ったかを示す。

　まず，陈平（1987）は，中国語における名詞性成分にかかわる以下のような4組の概念を示した。

　　「有指（referential)」と「无指（nonreferential)」
　　「定指（identifiable)」と「不定指（nonidentifiable)」

「实指（specific）」と「虚指（nonspecific）」
「通指（generic）」と「单指（individual）」

（陈平 1987：109）

さらに，陈平（1987）は上記の4組の概念に関しては，次のような名詞句の
形を取り扱っていると指摘した。

A．人称代词　→（人称代名詞）
B．专有名词　→（固有名詞）
C．"这＼那"＋（量词）＋名词　→（指示代名詞＋（助数詞）＋名詞）
D．光杆普通名词（Bare Noun）　→（裸名詞）
E．数词＋（量词）＋名词　→（数詞＋（助数詞）＋名詞）
F．"一"＋（量词）＋名词　→（"一"＋（助数詞）＋名詞）
G．量词＋名词　→　助数詞＋名詞

（陈平 1987：114）

これが，张斌（2010）に至れば，次のように修正されている。

A．专有名词　→（固有名詞）
B．同位短语　→（同格名詞句）
C．人称代词　→（人称代名詞）
D．"这＼那"＋（量词）＋名词　→（指示代名詞＋（助数詞）＋名詞）
E．光杆普通名词　→　裸名詞
F．数词＋（量词）＋名词　→（数詞＋（助数詞）＋名詞）
G．"一"＋（量词）＋名词　→（"一"＋（助数詞）＋名詞）
H．疑问代词／"任何"＋名词　→（疑問代名詞／「いかなる」＋名詞）

（张斌 2010：792）

本研究では，考察結果に基づき，次の図が示すように，张斌（2010）で提示
されたA～GとIの8形式の上に，GとIの間にH「"有"＋（量词）＋名词

265

→　（"有" +（助数詞）+ 名詞)」を提案する。

A．专有名词　→　（固有名詞）
B．同位短语　→　（同格名詞句）
C．人称代词　→　（人称代名詞）
D．"这＼那" +（量词）+ 名词　→　（指示代名詞 +（助数詞）+ 名詞）
E．光杆普通名词　→　裸名詞
F．数词 +（量词）+ 名词　→　（数詞 +（助数詞）+ 名詞）
G．"一" +（量词）+ 名词　→　（"一" +（助数詞）+ 名詞）
H．<u>"有" +（量词）+ 名词　→　（"有" +（助数詞）+ 名詞)</u>
I．疑问代词 / "任何" + 名词　→　（疑問代名詞／「いかなる」+ 名詞）

これは現代中国語の名詞句表示に関する記述への補充となると言えよう。

12.2.3　中国語母語話者を対象とした日本語教育への貢献

　本研究は，対照言語学的立場から，張麟声（2011）によって提唱された「対照研究・誤用観察・検証調査三位一体」の研究モデルを援用し，学習者の母語言語との対照分析を行うことで，中国語母語話者を対象とする習得研究のための基盤を作ることを位置づけとしている。本研究で明らかにした以下の３点は日本語教育現場に適用できると考えられる。

　①「誰かが」と「誰か」，「誰かを」と「誰か」，「誰かに」と「誰か」の３組の使い分け
　②中国人学習者が間違えやすい「誰か」と「ある人」の使い分け
　③「誰か」，「ある人」と"有人"，"有个人"の対照分析を行った結果に基づき，この２対４形式における対応形式と非対応形式の区別

　この研究成果が，中国人学習者向けの日本語教科書への提示・記載につながることが期待される。本研究成果を反映した日本語教科書の普及は，学習者に，日中両言語の不定名詞句への十分な理解を促すばかりでなく，日本語習得への

確実な歩みを導き，中国語母語話者を対象とした日本語教育にも少なからず寄与することとなろう。

12.3　今後の研究に向けての示唆

　本研究は，日中両言語における「誰か」,「ある人」及び“有人”,“有个人”の意味・用法について記述したうえで，日本語の「誰か」と「ある人」及び中国語の“有人”と“有个人”の使い分けについて記述した。さらに，考察結果に基づき，日中両言語における不定名詞句についての対応形式と非対応形式を明らかにした。さらにこの考察結果を踏まえ，日本語教育のための対照分析結果に基づき，日中両言語間における不定名詞句の対応形式と非対応形式を明らかにした。この研究結果は，最終的に日本語教育現場で使われる教科書への提示・記載に還元されることが望まれる。中国人日本語学習者が「誰か」,「ある人」と“有人”,“有个人”について正確に記述・説明がなされた教科書を使うことで，正しい理解が得られれば，現場における学習者の誤用減少に資するはずである。中国語母語話者に向けた，研究成果を十分に反映したよりよい教科書を作成することは,学習者の日本語学習環境を教材という側面から考えれば，大変重要なことである。本研究は，このような意味からも，今後の研究のための重要な示唆を与えるものとなるであろう。

12.4　今後の課題

　本研究は，張麟声（2016）によって提唱された「対照研究・誤用観察・検証調査三位一体」の研究モデルの第1段階における研究である。今後，本研究は第1段階に続く第2，第3段階の研究をもって，張麟声（2016）の「三位一体」研究モデルを完結することになると考えれば,本研究はまだ完結の途上にある。今後は，中国人日本語学習者の「誰か」,「ある人」に関する誤用を観察したうえで，さらに検証調査を行っていくことが課題として残されている。

参考文献

【日本語の文献】

庵功雄 (2017)「学習者コーパスを用いた誤用観察の一試案－格助詞「に」を例に－」庵功雄・杉村泰・建石始・中俣尚己・劉志偉 (編) (2017)『中国語話者のための日本語の教育文法を求めて』pp. 1-14, 日中言語文化出版社.

庵功雄・杉村泰・建石始・中俣尚己・劉志偉 (編) (2017)『中国語話者のための日本語の教育文法を求めて』日中言語文化出版社.

石神照雄 (1989)「ハとガー主題と主語－」北原保雄 (編)『講座日本語と日本語教育 第4巻 日本語の文法・文体 (上)』pp. 327-354, 明治書院.

石綿敏雄・高田誠 (1990)『対照言語学』桜楓社.

井上優 (2002)「「言語の対照研究」の役割と意義」国立国語研究所 (編)『対照研究と日本語教育』pp. 3-20, くろしお出版.

于康 (1999b)『日本語に於ける不定語の構文的機能に関する歴史的研究－副詞的不定語を中心に－』溪水社.

エリス・ロッド (著) 牧野高吉 (訳) (1988)『第2言語習得の基礎』ニューカレントインターナショナル.

王亜新 (2001a)「中国語の「有人VP」構文について」『言語と文化』1, pp. 277-294, 東洋大学紀要.

王亜新 (2001b)「中国語の"有字句"の拡張式」『人間科学総合研究所紀要』5, pp. 61-74, 東洋大学.

王亜新 (2011)『中国語の構文』アルク.

大江三郎 (1975)『日英語の比較研究』南雲堂.

大鹿薫久 (1991)「万葉集における不定語と不定の疑問」『国語学』165, pp. 53-66.

大谷博美 (1995a)「ハとヲとφ－ヲ格の助詞の省略－」宮島達夫・仁田義雄 (編)『日本語類義表現の文法 (上) 単文編』pp. 62-66, くろしお出版.

大谷博美 (1995b)「ハとガとφ－ハもガも使えない文－」宮島達夫・仁田義雄 (編)『日本語類義表現の文法 (上) 単文編』pp. 287-295, くろしお出版.

大槻文彦 (1890)『語法指南：日本文典摘録』小林新兵衛.

岡田正美 (著) 永井一孝 (補) (1900)『新式日本文法 上巻』大日本図書.

尾上圭介 (1983)「不定語の語性と用法」『副用語の研究』pp. 404-431, 明治書院

尾上圭介 (1987)「主語にハもガも使えない文について」国語学会春季大会発表要旨.

268

影山太郎（1993）『文法と語形成』ひつじ書房．

加藤重広（1997）「ゼロ助詞の談話機能と文法機能」『富山大学人文学部紀要』27, pp. 19-82.

加藤重広（2003）『日本語修飾構造の語用論的研究』ひつじ書房．

金井勇人（2010）「不定語（句）「誰」「誰か」「誰も」について」『国際交流センター紀要』
　　4, pp. 21-29, 埼玉大学国際交流センター．

金水敏（1986b）「連体修飾成分の機能」『松村明教授古稀記念　国語研究論集』pp. 603-624,
　　明治書院．

国広哲弥（1967）「比較表現論の基礎」『表現研究』5, pp19-23.

国広哲弥（編集）（1980）『日英語比較講座　第1巻（音声と形態）』大修館書店．

国広哲弥（編集）（1981）『日英語比較講座　第2巻（文法）』大修館書店．

国広哲弥（編集）（1981）『日英語比較講座　第3巻（意味と語彙）』大修館書店．

国広哲弥（編集）（1982）『日英語比較講座　第4巻（発想と表現）』大修館書店．

国広哲弥（編集）（1982）『日英語比較講座　第5巻（文化と社会）』大修館書店．

久野暲（1973）『日本文法研究』大修館書店．

呉忠恩（2011）「日本語と中国語における不定名詞句主題・主語文」『神戸市外国語大学研究
　　科論集』14, pp. 1-9, 神戸市外国語大学大学院外国語学研究科．

朱徳熙（著）（1982）杉村博文・木村英樹（訳）（1995）『文法講義－朱徳熙教授の中国語文法要説』
　　白帝社．

ジョン・ライアンズ（著）近藤達夫（訳）（1988）『言語と言語学』岩波書店．

鈴木重幸（1972）『日本語文法・形態論』むぎ書房．

建石始（2017）『日本語の限定詞の機能』日中言語文化出版社．

田中望（1981）「「こそあ」をめぐる諸問題」国立国語研究所『日本語教育指導参考書8　日本
　　語の指示詞』pp. 1-50, 大蔵省印刷局．

張麟声（2007a）「言語研究のための対照研究について：日本国内の事例を中心に」『言語文化
　　学研究　言語情報編』pp. 1-14, 大阪府立大学人間社会学部言語文化学科．

張麟声（2007c）「言語研究のための対照研究について」『日中言語対照研究論集』9, pp. 26-
　　39, 日中対照言語学会．

張麟声（2010）「言語教育のための対照研究の方法論について」『言語文化学研究　言語情報編』
　　pp. 1-19, 大阪府立大学人間社会学部言語文化学科．

張麟声（2016）『新版日中ことばの漢ちがい』日中言語文化出版社．

陳臻渝（2018）『現代日本語の前置き表現の記述的研究』日中言語文化出版社．

269

陳風 (2009)『連体修飾の日中対照研究－限定的修飾を中心に』牧歌舎．

角田太作 (2009)『世界の言語と日本語改訂版 言語類型論から見た日本語』くろしお出版．

寺村秀夫 (1991)『日本語のシンタクスと意味Ⅲ』くろしお出版．

中俣尚己 (2010)「学習者の「も」の使用状況－「同類」の「も」の不使用に注目して－」『中国語話者のための日本語教育研究』1, pp. 15-27, 日中言語文化出版社．

中俣尚己 (2013)「中国語話者による「も」構文の習得－『AもBもP』『AもP, BもP』構文に注目して－」『日本語教育』156, pp. 16-30.

日本語記述文法研究会（編）(2003)『現代日本語文法4 第8部モダリティ』くろしお出版．

日本語記述文法研究会（編）(2008)『現代日本語文法6 第11部複文』くろしお出版．

日本語記述文法研究会（編）(2009a)『現代日本語文法5 第9部とりたて 第10部主題』くろしお出版．

日本語記述文法研究会（編）(2009b)『現代日本語文法7 第12部談話 第13部待遇表現』くろしお出版．

日本語記述文法研究会（編）(2009c)『現代日本語文法2 第3部格と構文 第4部ヴォイス』くろしお出版．

日本語記述文法研究会（編）(2010)『現代日本語文法1 第1部総論 第2部形態論 総索引』くろしお出版．

丹羽哲也 (1989)「無助詞格の機能 主題と格と語順」『国語国文』58-10, pp. 38-57, 京都大学．

丹羽哲也 (2004)「名詞句の定・不定と「存否の題目語」」『国語学』55-2, pp. 1-15.

野田尚史 (1996)『「は」と「が」』くろしお出版．

野田尚史 (2001a)「日本語学の解体と再生」日本言語学会第122回大会予稿集．

野田尚史 (2001b)「日本語とスペイン語の無題文」『日本語と外国語との対照研究Ⅰ日本語とスペイン語 (1)』(国立国語研究所報告108), pp. 83-103, くろしお出版．

橋本進吉 (1934)『国語法要説』明治書院．

原由起子 (1991)「"有・N・VP"構造に於けるNとVPの関係」『中国語学』238, pp. 63-71.

ビレーム・マテジウス（著）千野栄一・山本富啓（訳）(1986)『マテジウスの英語入門：対照言語学の方法』三省堂．

福田嘉一郎・建石始（編）(2016)『名詞類の文法』くろしお出版．

福田嘉一郎 (2016)「主題に現れうる名詞の指示特性と名詞述語文の解釈」福田嘉一郎・建石始（編）『名詞類の文法』pp. 167-184, くろしお出版．

堀口和吉 (1995)『「～は～」のはなし』ひつじ書房．

馬真・郭春貴 （2001）『簡明 中国語文法ポイント 100』白帝社.

益岡隆志・田窪行則 （1992）『基礎日本語文法改訂版』くろしお出版.

松下大三郎 （1930）『標準日本口語法』中文館書店.

松本哲也 （1999b）「不定を表す連体詞「ある」「某」について」『函館国語』15, pp. 40-46, 北海道教育大学函館校.

丸山直子 （1996）「対話の科学－助詞の脱落現象」『言語』25-1, pp. 74-80, 大修館書店.

宮島達夫・仁田義雄 （編） （1995）『日本語類義表現の文法 （上） 単文編』くろしお出版.

宮島達夫・仁田義雄 （編） （1995）『日本語類義表現の文法 （下） 複文・連文編』くろしお出版.

山田孝雄 （1908）『日本文法論』宝文館.

山田孝雄 （1936）『日本文法学概論』宝文館.

由志慎 （2020）「「誰か」における格助詞顕在型と無助詞型の使い分け－「誰か（が）」「誰か（を）」「誰か（に）」及び同格を表す「誰か」を中心に－」『日本語文法』38. pp53-61.

姚佳秀 (2016)「不定を表す日本語の「誰＋か」の構文的分布」『鹿児島国際大学大学院学術論集』8, pp. 61-69, 鹿児島国際大学大学院.

姚佳秀 （2017）「不定を表す日本語の「誰＋か」と中国語の"谁"の構文的分布」『国際文化学部論集』18-3, pp. 279-294, 鹿児島国際大学国際文化学部.

雷桂林 （2008）「不定名詞句主語文の場面描写機能」『中国語学』255, pp. 137-156.

【中国語の文献】

蔡维天 （2004）〈谈"有人""有的人"和"有些人"〉《汉语学报》2, pp. 16-25.

陈平 （1987）〈释汉语中与名词性成分相关的四组概念〉《中国语文》2, pp. 109-120.

丁声树・吕叔湘・李荣・孙德宣・管燮初・傅婧・黄盛璋・陈治文 （1999）《现代汉语语法讲话》商务印书馆.

范继淹 （1985）〈无定 NP 主语句〉《中国语文》5, pp. 321-328.

范晓・杜高印・陈光磊 （1987）《汉语动词概述》上海教育出版社.

范晓 （主编） （1987）《汉语的句子类型》书海出版社.

黄师哲 （2004）〈无定名词主语同事件论元的关系〉 黄正德 （主编）《中国语言学论丛第 3 辑》pp. 93-110, 北京语言大学出版社.

金裕卨 (1986)〈日语"不定称＋格助词／副助词"的语法特点〉《日语学习与研究》2, pp. 24-27.

李英哲・郑良伟・贺上贤・侯炎尧・Larry Foster・Moira Yip （1990）《实用汉语参考语法》北京语言学院出版社.

林芝羽（2013）〈"有 +NP+VP"和"有 +VP+ 的 +NP"结构的差异探析〉《言語情報科学》11, pp. 87-103, 東京大学大学院総合文化研究科言語情報科学専攻 .

吕必松（1982）〈关于"是……的"结构的几个问题〉《语言教学与研究》4, pp. 21-37.

吕叔湘（1942）《中国文法要略》商务印书馆 .

吕叔湘（1944）〈個字的应用范围，附论单位词前一字的脱落〉《金陵，齐鲁，华西大学中国文化会刊》第四卷 [另载吕叔湘（1999）《汉语语法论文集（增订本）》]pp. 145-175, 商务印书馆 .

吕叔湘（1984）〈汉语语法分析问题〉《汉语语法论文集》pp. 481-571, 商务印书馆 .

吕叔湘（1999）《汉语语法论文集（增订本）》商务印书馆 .

吕叔湘（2002）《吕叔湘全集第一卷 中国文法要略》辽宁教育出版社 .

馬建忠（1983）《中華現代学術名著叢書 馬氏文通》商務印書館 .

孟艳丽（2009）〈"有"的语法意义及其成因〉《解放军外国语学院学报》32-1, pp. 14-18.

内田慶市（1989）〈汉语里的"无定名词主语句"—另外一种"存现句"—〉《福井大学教育学部紀要》32- 1 , pp. 25-38.

沈家煊（1999）《不对称和标记论》江西教育出版社 .

石毓智（2001）〈汉语的主语与话题之辨〉《语言研究》2, pp. 82-91.

唐翠菊（2005）〈从及物性角度看汉语无定主语句〉《语言教学与研究》3, pp. 9-16.

王红旗（2004）〈功能语法指称分类之我见〉《世界汉语教学》2, pp. 16-24.

徐烈炯（1990）《语义学》语文出版社 .

徐烈炯・毛丹青（2018）《话题的结构与功能（增订本）》上海教育出版社 .

徐通锵（1997）《语言论》东北师范大学出版社 .

易正中（1994）〈"有"字句研究〉《天津师大学报（社会科学版)》3, pp. 74-77.

Yuenren Chao（著）吕叔湘（译）（1979）《汉语口语语法》商务印书馆 .

云汉・峻峡（1991）〈"有"的宾语琐谈〉《逻辑与语言学习》1, pp. 47, 34.

詹开第（1981）〈有字句〉《中国语文》1, pp. 27-35.

张斌（主编）（2010）《现代汉语描写语法》商务印书馆 .

张豫峰・范晓（1996）〈"有"字句的后续成分〉《语言教学与研究》4, pp. 22-36.

张豫峰（1998）〈"有"字句研究综述〉《汉语学习》3, pp. 28-32.

张豫峰（1999）〈"有"字句的语用研究〉《河南大学学报（社会科学版)》3, pp. 19-23.

张豫峰（1999）〈"有"字句的语义分析〉《中州学刊》3, pp. 131-133.

张麟声（2015）〈再谈对比语言学的学术划界问题〉《国际汉语学报》6- 1 , pp. 48-67, 厦门大学

　　出版社.

张麟声（2016）《汉日对比研究与日语教学》高等教育出版社.

张麟声（2017）〈关于对比研究学科建设的几点思考—以"也"和"も"为例〉汉日对比语言学
　　研究会（编）《汉日语言对比研究论丛第 8 辑》pp. 1-15, 华东理工大学出版社.

赵日新（1999）〈说"个"〉《语言教学与研究》2, pp. 36-52.

朱德熙（1982）《语法讲义》商务印书馆.

朱德熙（1985）《语法答问》商务印书馆.

【英語の文献】

Avery D. Andrews (2013) The major functions of the noun phrase. Timothy Shopen
　　(ed.) *Language Typology and Syntactic Description:Clause Structure (2nd ed)*,
　　Cambridge University Press, pp. 132-223.

Hawkins, J. (1978) Definiteness and Indefiniteness. Croon Helm, pp. 203-214.

Li, Charles N. and Sandra A. Thompson. (1976) Subject and topic:a new typology and
　　language. in charles N. Li (ed.) , *Subjiect and Topic*, Academic Press, pp457-489.

Masunaga, Kiyoko (1988) Case Deletion and Discourse Context. William J. (ed.) *Papers
　　from the second workshop on Japanese syntax CSLI*, pp. 145-56.

Tsao, Feng-fu(1977) Subjiect and Topic in Chinese, 汤廷池等(编)《中国语言学会议论文集》
　　学生书局.

【辞書類】

［日本語］

愛知大学中日大辞典編纂処（1989）『中日大辞典増訂第二版』大修館書店.

愛知大学中日大辞典編纂処（2010）『中日大辞典第三版』大修館書店.

伊地智善継（2002）『白水社中国語辞典』白水社.

北浦藤郎・蘇英哲・鄭正浩（1991）『50 音引き基礎中国語辞典』講談社.

香坂順一（1982）『現代中国語辞典』光生館.

香坂順一（1988）『新版中国語常用単語 3000』光生館.

香坂順一・太田辰夫（1991）『基準中日辞典増訂版』光生館.

近藤安月子・小森和子（2012）『研究社日本語教育事典』研究社.

K. ジョンソン・H. ジョンソン (著) 岡秀夫 (監訳)（1999）『外国語教育学大事典』大修館書店.

大辞泉編集部 (2012)『大辞泉第二版』小学館.

田中春美 (1988)『現代言語学辞典』成美堂.

日本語学会 (2018)『日本語学大辞典』東京堂出版.

日本語教育学会 (1982)『日本語教育事典』大修館書店.

日本語教育学会 (2005)『新版日本語教育事典』大修館書店.

日本語文法学会 (2014)『日本語文法事典』大修館書店.

野村雅昭 (1981)『東京堂　用字用語辞典』東京堂.

長谷川良一・相原茂・小峯王親 (1998)『講談社中日辞典』講談社.

文化庁 (1971)『外国人のための基本語用例辞典』文化庁.

小学館・商務印書館 (2003)『中日辞典第2版』小学館.

Peter Hugoe Matthews (著) 中島平三・瀬田幸人 (訳) (2009)『オックスフォード言語学辞典』
　　朝倉書店.

呂叔湘 (主編) 牛島徳次・菱沼透 (監訳) (2003)『中国語文法例辞典：現代漢語八百詞増訂本「日
　　本語版」』東方書店.

［中国語］

龚学胜 (2018)《商务国际现代汉语大词典》商务印书馆.

吕叔湘 (主编) (1999)《现代汉语八百词增订本》商务印书馆.

阮智富・郭忠新 (2009)《现代汉语大词典》上海辞书出版社.

中国社会科学院语言研究所 (1996)《现代汉语词典修订本》商务印书馆.

中国社会科学院语言研究所 (2013)《新华字典第11版》商务印书馆.

調査資料

曹大峰（2010）《基础日语综合教程 1》高等教育出版社．

曹大峰（2011）《基础日语综合教程 2》高等教育出版社．

曹大峰（2011）《基础日语综合教程 3》高等教育出版社．

曹大峰（2011）《基础日语综合教程 4》高等教育出版社．

贺静彬・于飞・胡小春（2014）《新经典日本语基础教程第一册》外语教学与研究出版社．

贺静彬・于飞・王猛（2014）《新经典日本语基础教程第二册》外语教学与研究出版社．

贺静彬・尹贞姫・陈丽（2015）《新经典日本语基础教程第三册》外语教学与研究出版社．

贺静彬・尹贞姫・陈丽（2016）《新经典日本语基础教程第四册》外语教学与研究出版社．

彭广陆・守屋三千代（2015）《综合日语第一册 修订版》北京大学出版社．

彭广陆・守屋三千代（2015）《综合日语第二册 修订版》北京大学出版社．

人民教育出版社・光村图书出版株式会社（2005）《新版中日交流标准日本语初级上》人民教育出版社．

人民教育出版社・光村图书出版株式会社（2005）《新版中日交流标准日本语初级下》人民教育出版社．

人民教育出版社・光村图书出版株式会社（2008）《新版中日交流标准日本语中级上》人民教育出版社．

人民教育出版社・光村图书出版株式会社（2008）《新版中日交流标准日本语中级下》人民教育出版社．

宿久高・周异夫（2006）《日语精读第一册》外语教学与研究出版社．

宿久高・周异夫（2010）《日语精读第二册》外语教学与研究出版社．

由志慎・李捷（2017）《新综合日本语 基础日语 1 第 3 版》大连理工大学出版社．

由志慎・吴世兰（2017）《新综合日本语 基础日语 2 第 3 版》大连理工大学出版社．

周平・陈小芬（2009）《新编日语第一册（修订本）》上海外语教育出版社．

周平・陈小芬（2010）《新编日语第二册（修订本）》上海外语教育出版社．

スリーエーネットワーク（1998）『みんなの日本語初級 I 本冊』スリーエーネットワーク．

スリーエーネットワーク（1998）『みんなの日本語初級 I 翻訳・文法解説中国語版』スリーエーネットワーク．

スリーエーネットワーク（1998）『みんなの日本語初級 II 本冊』スリーエーネットワーク．

スリーエーネットワーク（1998）『みんなの日本語初級 II 翻訳・文法解説中国語版』スリーエーネットワーク．

あとがき

　本書は 2020 年 8 月に城西国際大学大学院人文科学研究科に筆者が提出した博士論文に修正を加えて出版したものです。博士論文の執筆中，多くの方々からご指導・ご支援を賜りました。あとがきにはこの学恩に対する感謝の言葉を述べたいです。

　まず，熱心なご指導を頂いた主指導教員である板井美佐先生に深く感謝しております。板井先生の献身的なご指導のおかげで，博論の書き方を身に付け，博論を完成することが叶いました。

　次に，元主指導教員で，定年退職なさった高見澤孟先生，副指導教員かつ審査委員をご担当頂いた原やすえ先生と陳岩先生，連携大学院のコース長である杜鳳剛先生にも深く感謝致します。長い在学期間中，常に親身にご助言と励ましの言葉を頂きました。主査である吉田朋彦先生からも丁寧なご指摘・ご助言を頂き，感謝の念に堪えません。

　大阪府立大学の張麟声先生にも感謝の意を申し上げたいと存じます。私は，張先生のお陰で，言語学の研究への道を歩み始めたと言っても過言ではありません。学会で張先生にお目にかかり，研究についての悩み相談をしたところ，日本語教育のための日中対照言語学の研究を勧めてくださいました。その後，中日対照言語学シンポジウムで 2 回共同サロン発表をし，日中の不定名詞句に関する考察を深めることができました。

　博論執筆中には，名古屋大学の丸尾誠先生から中国語文法についてご意見やご指摘を頂きました。ここに記して感謝の意を表します。

　大連理工大学日本語学部の日本人の先生方，中国人の先生方，自分の指導する修士と学部生の皆様に，置き換えによってできた用例の文法性の確認，用例の翻訳文の確認など，幾度もご協力頂きました。ここで感謝の意をお伝え致します。

　さらに，これまで自分の信じる道を進む私を温かく見守り，同時に辛抱強く支えてきてくれた両親，家族，同僚，板井先生ゼミの皆様に対して深い感謝の意を表します。

　最後に，本書の執筆に多大なご配慮をいただいた日中言語文化出版社の関谷一雄社長と原稿を細かくチェックしてくださった同社の中村奈々様にこころから感謝を申し上げます。

2021 年 11 月

大連理工大学外国語学院にて

由　志慎

日本語と中国語の不定名詞句の対照研究
―「誰か」,「ある人」と"有人","有个人"を中心に―

2021 年 10 月 20 日　初版第 1 刷発行

著　者　由　　志　慎
発行者　関　谷　一　雄
発行所　日中言語文化出版社
　　　　〒 531-0074 大阪市北区本庄東 2 丁目 13 番 21 号
　　　　TEL　06（6485）2406
　　　　FAX　06（6371）2303
印刷所　有限会社 扶桑印刷社